교실에서 바로 쓰는
교과융합 생태전환 수업

초판 1쇄 발행 2025년 1월 31일

지은이 어쩌다, 산소쌤
　　　　김묘연, 김기훈, 김은지, 문은교, 박소리, 박영현, 박희정, 이진미, 임이랑, 정동숙, 정소형, 채송화

펴낸이 이형세
펴낸곳 테크빌교육㈜
테크빌교육 출판 서울시 강남구 언주로 551, 5층 | **전화** (02)3442-7783 (333)

기획 한아정 | **편집** 조윤숙 | **디자인** 어수미 | **제작** 예림인쇄 | **종이** 페이퍼프라이스

ISBN 979-11-6346-196-8 03370
책값은 뒤표지에 있습니다.

테크빌교육 채널에서 교육 정보와 다양한 영상 자료, 이벤트를 만나세요!

블로그 blog.naver.com/njoyschoolbooks　　　**페이스북** facebook.com/njoyschool79
티처빌 teacherville.co.kr　　　　　　　　　**쌤동네** ssam.teacherville.co.kr
티처몰 shop.teacherville.co.kr

교실에서 바로 쓰는

교과융합
생태전환
수업

어쩌다, 김묘연 · 김기훈 · 김은지 · 문은교 · 박소리 · 박영현 ·
산소쌤 박희정 · 이진미 · 임이랑 · 정동숙 · 정소형 · 채송화 지음

테크빌교육

어린이 청소년의 생태 감수성을
선생님들께 부탁드리며

2022 교육과정의 총론에서는 생태전환교육을 핵심 내용으로 다루고 있습니다. 2022 교육과정의 각론에서는 이를 다루는 전문 교과목을 새롭게 개설하는 것에 그치지 않고, 모든 교과목에 자연과의 공생·공존의 소중함을 다루도록 하였습니다. 그러나 일선 학교에서 모든 교과목에 생태전환교육을 녹여 넣어 수업을 진행하는 것은 간단한 일이 아닙니다. 일선에서 선생님들이 마주하게 될 어려움을 돕자는 마음으로 초·중·고 교사 12명이 나서서 이 책을 만들었습니다. 저자로 참여한 선생님들의 전공은 국어, 영어, 사회 등으로 다양합니다. 이 교재는 초·중·고 학생들의 학습 단계를 감안하여 각각 3~4개의 학습 주제를 설정하고, 수업 차수를 고려하여 적정한 분량을 안배하고 있습니다. 또한 학생들의 흥미를 끌 수 있는 다양한 활동도 반영하고 있습니다.

교재 집필에 참여한 선생님들이 적잖은 시행착오를 겪는 바람에 책의 출판 일정도 애초에 예정보다 많이 늦어졌다는 말을 전해 들었습니다. 이런 시행착오의 과정은 책의 완성도를 높여 학교 현장에 보다 손쉽게 적용할 수 있도록 돕는 데에 오히려 도움이 될 것이라 생각합니다.

2008년 이후로 긴 암흑기를 보낸 우리나라 학교 환경교육이 다시 제자리를 찾아가는 데에 이 교재가 길잡이 역할을 하게 되기를 바라며, 우리나라에서도 생태전환교육(학교 환경교육)이 제대로 이루어져야 하는 이유를 소개하고자 합니다.

19세기 중후반에 시작된 산업혁명이 가져온 물질적 풍요로 지구의 총인구는 30배 가까이 증가했으며 한 사람이 사용하는 물질과 에너지 또한 엄청나게 늘어났습니다. 사람이 사용하는 모든 물자와 에너지의 원재료는 인간이 스스로 만들어낼 수 없으며, 오직 자연으로부터 가져와야 합니다. 그 원재료는 지하자원을 채취하고, 자연의 다른 생명체들이 누려야 할 먹거리를 빼앗아 오는 방식으로 얻어집니다. 오늘날 인간 문명의 물질적 번성은 자연의 일방적인 희생을 바탕으로 이루어졌으며, 선진 국가일수록 더욱 그러합니다. 과도한 화석에너지 사용으로 기후위기와 대기오염 문제가 발생하였고, 과도한 물질 소비로 수질과 토양오염이 발생하며 다수의 생물종이 멸종하고 있습니다. 우리나라의 경우, 전 세계인이 우리나라 사람들만큼 소비를 할 수 있도록 원재료를 공급하려면 지구가 3~4개 정도 추가로 필요하다고 합니다.

인류가 지금과 같은 방식으로 물자와 에너지를 소비한다면 자원의 고갈과 자연환경의 오염으로 인간의 삶은 지속가능하지 않을 것이라는 경고는 이미 오래전에 나왔습니다. 인간의 지속가능한 삶을 우려하는 지식인들의 모임인 로마클럽이 1969년에 출범하였고, 그들은《성장의 한계》라는 기념비적인 보고서를 작성했습니다. 이 보고서의 핵심 내용은 무분별한 산업화와 폭발적인 인구 증가는 지속가능하지 않다, 불가능하다는 지적이었습니다. 이 보고서로 유엔은 1972년에 유엔 인간환경회의(스웨덴 스톡홀름)를 열어 인간 활동에 따른 지구환경 파괴에 대한 대책을 마련하는 계기를 만들었습니다.《하나뿐인 지구(Only One Earth)》라는 기치 아래 열린 이 회의에서 거둔 가장 큰 성과는 모든 나라에서 환경교육을 실시하자는 데에 합의한 것이었습니다. 전 세계 시민들에게 실상을 제대로 알려야 해결책을 찾아갈 수 있기 때문입니다.

유엔은 이를 위해《유엔환경계획(UNEP)》을 창설하여 지구환경을 감시하고 대응 방안을 제시하는 일을 시작했으며, 유네스코(UNESCO) 국제환경교육 프로그램에서 학교 환경교육 과정을 만들어 회원국에 제공했습니다. 학교 환경교육은 그렇게 시작되었습니다. 유네스코의 학교 환경교육의 핵심 사항은 자연과 인간의 관계 설정을 제대로 이해시키자는 점에 있습니다. 즉, 인간이 자연을 일방적으로 희생시키고 있다는 사실을 이해하고, 인간 삶의 방식을 '자연과의 공생·공존 우선'으로 변화시켜 나가자는 것입니다. 이렇게 해야만 인간의 삶이 지구에서 지속가능할 수 있기 때문입니다. 이 문제를 교육 전반에 녹여 넣는 것이 바로 생태전환교육입니다. 학교에서의 생태전환교육은 유엔을 통한 국제사회와의 약속이자, 학생들이 자연과의 공생 · 공존을 우선하는 삶의 태도를 갖도록 돕는 과정입니다.

이 책을 쓴 선생님들은 다양한 주제를 다루고 있지만 그 모든 주제는 공통적으로 '생태 감수성 키우기'를 지향하고 있습니다. 생태 감수성은 우리와 함께 살아가고 있는 모든 생명체에 대해 존중감을 갖는 것입니다. 2021년에 유엔환경계획은 《자연과 함께 평화를 만들어 가자(Making peace with nature)》라는 제목의 지구환경보고서를 발표했습니다. 이 보고서는 현재 지구환경이 기후위기와 각종 환경오염(대기, 수질, 토양) 및 생물다양성 훼손으로 위험한 상황에 있으며, 그로 인해 매년 대규모 재산 피해와 인명 손실이 일어나고 있다고 지적했습니다. 이 문제를 방치한다면 인간이 겪게 될 피해는 더욱 가파르게 증가할 것이라고 경고했습니다. 우리에게는 자연과의 공생 · 공존의 길을 방치할 여유가 없다는 말이 됩니다. 이런 점에서 생태전환교육은 선택이 아니라 필수라는 점을 꼭 고려해 주시기 바랍니다.

2008년 이후 우리나라의 학교 환경교육은 다소 긴 암흑기를 보냈습니다. 환경문제를 경제성장의 장애로 간주한 잘못된 사고방식 때문이었습니다. 이제는 미래 시민인 우리 어린이 청소년이 이런 잘못된 인식에 영향받지 않고 국제사회의 일원으로서 지구상의 모든 생명체와의 공생 · 공존을 우선하는 삶을 살아갈 수 있도록 하는 교육을 학교에서, 공교육에서 맡아 주셔야 할 때입니다. 이 책은 학교 현장에서 생태전환교육을 실천하고자 하는 모든 분들의 옆을 지키는 친근한 벗이 될 것이라 생각합니다.

2025. 1.

계명대학교 환경공학과 교수 김해동

조금 늦지 않았을까 고민하는 지금이
가장 중요한 시간

    재난 영화보다 더 무서운 기후 재난이 지구촌 곳곳에서 일어나고 있습니다. 6개월간이나 한반도 전체 면적에 가까운 면적을 잿더미로 만들고 30억 마리 이상의 야생동물이 사라진 호주 산불은 악몽처럼 느껴지지만, 엄연한 현실입니다. 우리나라에서도 며칠 동안 대형 산불이 진행된 적이 있었으며, 2025년 캘리포니아주에서 발생한 동시다발적 산불을 앞으로 더 자주 경험하게 될 것입니다.

    2019년에 호주 국립기후보건센터 연구팀은 2050년이면 인류의 60%가 환경난민이 되어 지금 살고 있는 곳에서 떠나야 할 것이며, 주요 도시 대부분에서는 생존이 불가능해질 것이라는 보고서를 내놔 충격을 줬습니다. 한편 과학자들은 이제 기후 온난화보다 '양의 되먹임 현상[1]'을 우려하고 있습니다. 생태계에서 일어나는 모든 일은 서로 연결되어 있습니다. 지금 우리가 해야 할 일은 악순환의 연결고리를 끊고 선순환으로 돌리는 일입니다.

    그래도 아직까지는 인간의 노력으로 지구 온난화를 막을 수 있다는 희망을 이야기할 수 있는 시대라는 점이 정말 다행입니다. '지금 인식하고 행동하는 건 조금 늦은 게 아닐까?'라고 고민하는 지금이 가장 중요한 시간입니다. 환경 문제를 해결하기 위해서는 전 세계적 약속을 바탕으로 한 각국의 법과 제도도 마련되어야 하지만, 우선적으로 꼭 필요한 것이 한 가지 더 있습니다. '삶의 주체인 우리 각자가 이 시대를 어떤 방식으로, 함께 살아갈 것인가?'라는 질문을 가지고, 그 답을 찾아가는 지구생태시민으로 거듭나는 것입니다. 우리, 선생님들이 할 수 있는 가장 친환경적인 일은 우리 아이들을 지구생태시민으로 자랄 수 있도록 생태전환 수업을 하는 것입니다.

2022 개정 교육과정 총론에는 지속가능한 미래 준비를 위한 핵심소양으로 생태전환교육이 명시되어 있습니다. 생태전환교육이란 환경교육이나 생태교육과 초점을 약간 달리하여 생태소양(eco literacy)을 키우는 일을 중시합니다.[2] 생태소양은 인간과 자연의 요소 모두가 서로 연결되어 영향을 미치며 순환한다는 생태학 기본 원리와 생태적 감수성을 바탕으로 일상생활을 이해하고 행동하는 소양입니다.[3] 이 소양을 길러 주고 일상생활과 우리 교육 전반을 생태적 관점으로 새롭게 인식하고 전환하도록 독려하는 것이 생태전환교육의 중심입니다.

하시만 이 '전환'이라는 해결책은 실행하기가 쉽지 않습니다. 본질이나 현실과 괴리가 있는 일회적 활동에 치중하는 것이 아니냐는 환경교육의 오랜 난점도 있고, 환경교육을 전문적으로 연구하고 전공한 교사가 현장에 아주 부족한 실정이기도 하고, 입시라는 문제 앞에서 생태나 환경 문제는 고민할 엄두를 내기 어려운 분위기도 있습니다.

그래도 선생님, '나는 환경수업을 한번 준비해 보겠다!' 마음만 먹어 주세요. 머릿속에 무수한 물음표가 떠올라 계시다는 것을 알고 있습니다. 무엇을 어떻게 가르쳐야 할지, 활용할 수 있는 자료는 어떤 게 있는지, 내가 구성한 수업이 생태전환교육의 본질에 잘 맞는 수업인지, 평가는 어떻게 하면 되는지 불안하고 궁금하실 것 같습니다.

저도 이 무수한 물음표를 머릿속에 떠올린 채로 시작했습니다. 해답을 주변에서 찾고 싶었지만 주변에서 쉽게 얻을 수 없었습니다. 그러던 중 2020년에 환경교육을 전공하고 계시던 이지원 선생님을 중심으로 10명 정도의 선생님이 줌으로 만나 생태환경책을 읽고 각자의 질문을 조금씩 해결해 나가기 시작했습니다. 모임의 선생님들과 수시로 논의하면서 어떻게든 시도해 보니 각자의 '전환점'이 생기기 시작했습니다. 그 힘으로 다음 해에는 다른 수업으로 확장해 보았습니다. 생태전환교육의 본질을 놓치지 않으려고 검토에 검토를 거듭했습니다.

이 활동을 시작으로, 어딘가에는 생태교육에 관심을 가지면서도 시도도 못하고 있을 선생님들이 계시지 않을까 하여 2021년에 '어쩌다, 산소쌤'이라는 이름의 온라인 전국 교사 모임을 만들게 되었습니다. 생태환경교육의 시작은 어떻게 해야 하는 건지 망설이던 선생님, 한두 차시만이라도 수업해 보려는데 어떤 수업을 준비하면 좋을지가 궁금해진 선생님, 수업 후기를 나누고 다른 선생님들께 피드백을 받아보고 싶었던 전국 유 · 초 · 중 · 고 선생님들이 연결되었습니다. 이렇게 '어쩌다, 산소쌤'은 자발적인 생태교육 연구 공동체로 꾸려지게 되었습니다.

각자 다른 지역에서 학년과 교과가 다른 선생님들이 모여 있습니다. 환경교육은 처음이신 분도 있지만 환경교육 모임 활동을 오래 해 오신 선생님도 계십니다. 생태 그림책만큼은 전문가인 선생님, 과학 분야에 지식이 두터운 선생님도 계십니다.

모두가 모여 있는 오픈톡방은 자유롭고 민주적입니다. 각자의 형편에 따라 발생하는 문제와 질문을 톡방에 올립니다. 그러면 '저는 이렇게 해 봤어요!' 하는 의견들이 덧붙습니다. 실시간 자료 추천이나 공유, 피드백이 이어져 서로의 수업 준비를 돕습니다. 하지만 제일 중요한 것은 생태교육을 잘해 보겠다는 마음이 한곳에 모여 서로에게 힘이 되고 있다는 점입니다. '어쩌다, 산소쌤'은 누구나 할 수 있는 생태교육을 지향하는 느슨한 연대입니다.

이 책은 '어쩌다, 산소쌤' 모임을 통해 기획되고 확장된 생태전환수업들을 선별해 다듬어 엮은 것입니다. 한 차시 수업부터 한 학기에 이르는 긴 프로젝트 수업까지 다양한 길이의 수업을 제시해 두었고 초등과 중등 수업 사례를 구분해 넣었습니다. 융합형 수업 활동지를 바탕으로 수업 방법을 순차적으로 설명하여 생태 감수성을 키우고 실천적 변화를 이끌어 내는 과정이 수업에서 차근차근 생생하게 진행될 수 있도록 하였습니다. 책에 제시된 내용은 교실에 바로 적용하여 손쉽게 생태전환수업을 해 보실 수 있도록 신경을 썼습니다.

그리고 혹시 이 책의 수업을 선생님 지역과 학생들의 특성에 맞게 재구성하시게 되면 '어쩌다, 산소쌤'에 공유해 주시겠어요? 선생님의 작은 아이디어도 다른 선생님에게는 오래 찾아 헤매던 답이나 힌트가 될 가능성이 아주 높거든요. 선생님의 첫 번째 생태전환 수업을 우리가 진심으로 응원하는 이유입니다.

'어쩌다, 산소쌤' 운영사, 서사진 대표
김묘연

---

1) 양(+)의 되먹임(feedback)은 지구 온난화 요소들이 서로 작용을 하면서 강화되는 연쇄 반응으로 온실 기체 1이 2~3의 지구 온난화 효과를 불러오는 것을 의미합니다. 2015년 파리기후변화협약에서 지구 평균기온 상승을 1.5도로 제한하도록 규정했는데 이를 도달하더라도 양의 되먹임 현상이 지구 온난화를 가속시킬 수 있습니다.
2) 서울교육정책연구소(2021), 생태전환교육 목표 체계 구축 및 성과관리 방안 연구. 서울특별시교육청교육연구정보원.
3) 상동

차 례

**초등학생을 위한
생태전환 수업**

Reduce co₂

2

중학생을 위한
생태전환 수업

3

고등학생을 위한
생태전환 수업

4

**연대하며
함께 환경하기**

recycling

잠깐 짬이 난다면!
한 토막
환경수업 하기

수업자료는 QR코드로 이용할 수 있습니다.

1
초등학생을 위한
생태전환 수업

no plastic

Reduce CO₂

recycling

save water

우리 모두가
하루에 세 번씩
꼬박꼬박
하고 있는 일은?

프로젝트 1. 밥상 차리기 : 먹거리가 밥상에 오르기까지

과학, 도덕, 실과, 국어   #채식 #육식 #탄소발자국 #탄소중립 #동물권

차시	활동	관련 교과	2022 개정 교육과정 성취기준
1~2	• 밥상 속에 숨겨진 비밀 - 밥상 사진 찍어 누리집에 올리기 - 식재료와 관련된 환경 이슈 찾고 나누기 - 내 밥상 탄소발자국 찾기 - 지구를 생각하는 밥상 차려 보기 • 탄소중립	과학	〔6과14-04〕 연소 과정에서 생성되는 물질로 인한 생태계의 피해 사례를 수집하고 분석하여 해결책을 제안하고 공유할 수 있다.
		도덕	〔6도06-01〕 지구의 위기 상황을 이해하고, 이를 극복하기 위한 다양한 방안을 찾아 자신의 일상에서 실천하고자 노력한다.
3~4	• 달걀 난각번호 알기 - 동물권 - 생태 감수성	실과	〔6실02-04〕 식재료의 생산과 선택의 중요성을 인식하고 여러 식재료의 고유하고 다양한 맛을 경험하여 자신의 식사에 적용한다.
		과학	〔6과04-03〕 우리 몸의 여러 기관과 관련된 질병을 조사하고, 건강을 유지하기 위한 생활방식을 실천할 수 있다.
5~7	• 토론 준비하기(학생 기획 활동) - 환경 관련 논제 설정하기 - 논제 분석, 입안문 작성 - 자료 찾기 - 비판적으로 사고하기	국어	〔6국06-02〕 뉴스 및 각종 정보 매체 자료의 신뢰성을 평가한다.
		도덕	〔6도06-02〕 지속 가능한 삶의 의미를 탐구하고 미래 세대에 대한 책임을 강화하여 자연의 다양성과 생산성 유지가 가능한 미래를 위해 실천할 수 있는 방안을 찾는다.
8	• 토론하기(학생 기획 활동) - 짝 토론, 전체 토론	국어	〔6국01-07〕 절차와 규칙을 지키고 타당한 이유와 근거를 제시하며 토론한다.
		국어	〔6국01-02〕 주장을 파악하고 이유나 근거가 타당한지 평가하며 듣는다.
9~10	• 소감문 쓰기 • 환경 책 발간하기 - 모은 글 다듬기 - 책 만들기	국어	〔6국03-03〕 체험한 일에 대한 감상을 나타내는 글을 쓴다.
		실과	〔6실02-11〕 생태 지향적 삶을 위해 자신의 의식주 생활에서 할 수 있는 구체적인 행동을 계획하여 실천한다.

밥상에 숨겨진 비밀이 있다고 하면 아이들이 매우 궁금해한다. 재미있게 비밀을 찾아가면서 여러 환경 이슈들을 접하게 된다. 잔뜩 신이 난 아이들에게 첫 번째 미션이 전달된다. '내 저녁 밥상 찍어서 학급 게시판에 올리기'.

우리 반 친구들의 저녁 밥상 사진이 게시판에 올라온다. 밥, 생선구이, 달걀 프라이, 소고깃국, 김치, 김밥, 초밥, 라면 등 맛있어 보이는 음식에 아이들의 얼굴이 겹쳐 보인다. 알파벳이 그려진 식탁 위에 놓인 비빔밥과 물, 캐릭터가 그려진 젓가락이 짧은 다리를 편 아기같이 놓여 있고, 한 개의 접시에 서너 가지 반찬이 오순도순 모인 밥상 사진들이다.

밥상에 숨겨진 비밀이라고 말했지만 실은 불편하면서도 꼭 마주해야 할 진실에 가깝다. 공장식 축산과 동물권에 대해 달걀을 통해 알아본다. 스파게티에 들어간 새우에서 동남아시아의 노동 착취와 환경오염 문제를 발견하고 공정무역 이슈를 찾는다. 블랙타이거 새우 양식장을 만들기 위해 인도네시아에 있는 맹그로브 숲이 매주 축구장 세 개 면적만큼 사라지고 있다. 아보카도와 아몬드는 건조한 지역에서 기르는데 다른 농작물보다 더 많은 물이 필요하다. 주변에서 물을 많이 끌어와야 하기 때문에 인근 지역 사막화가 더욱 빨라진다는 것을 학생들은 알게 된다. 사람이 먹으려고 기르는 식물과 동물로 인해 인근 지역의 생물이 멸종위기에 몰린다. 연어 등의 물고기 양식이 연안을 오염시켜 해양 생태계를 파괴한다. 대규모 어획이 바다 생물종의 멸종과 연결되어 있음을, 폐어구가 유령낚시를 하며 바닷속 생물을 죽인다는 사실을 접한다. 기르고 잡아서 먹는 양보다 버려지는 양이 더 많다는 사실에 놀라다 못해 어안이 벙벙해진다. 인간의 먹거리를 위해 내뿜는 온실가스를 찾아보고 줄이려는 노력을 해 본다. 소비자로 눈을 감고 외면했던 사실들과 직면하는 시간을 가진다.

두 번째 밥상 프로젝트에서는 무시하지 못할 이슈, 미세플라스틱을 다룬다. 어마어마한 양의 플라스틱이 썩지 않고 작게 쪼개져 강과 바다, 산과 들을 떠돌다가 생물의 몸에 축적된다. 미세플라스틱은 우리가 접하는 모든 곳에 자리 잡고 있다. 이미 밥상을 통해 섭취되어 인간의 몸속 깊은 곳과 뇌, 신생아에게도 발견된다. 미세플라스틱의 문제는 어떤 결과가 일어날지 가늠할 수 없다는 점에서 두렵다. 이에 플라스틱 쓰레기를 줄여보고자 제로웨이스트와 연결해 합성 수세미를 조사하고 천연 수세미 기르고 팔아서 기금을 조성한다.

학생 기획 활동은 학생들과 함께 만들어 가는 수업이다. 프로젝트의 목적과 방향을 설정하면 세부적인 활동은 학생들이 희망하는 것으로 선택한다. 이번 프로젝트에서는 토론을 넣기로 했고 다음 프로젝트에서는 줍깅과 급식 잔반 줄이기 캠페인을 계획했다. 학생들이 하고 싶은 활동을 넣는 것은 주도권을 학생에게 이양함에 있어 필수적인 선택이다. 학생들은 자신들에게 권한이 주어질 때 더 열심히 잘한다. 오히려 교사가 배우는 기회이기도 하다.

차시	활동	비고
1~2	• 프로젝트 주제망 짜기 - 주제망이 그려진 전지에 학생들의 의견을 모아 주제별로 묶고 순서 정하기(허니컴보드) • 밥상 속에 숨겨진 비밀 - 미션: 밥상 사진 찍어 누리집에 올리기 - 식재료와 관련된 환경 이슈 찾고 나누기 · 모둠별로 식재료 한 가지 선택해서 심층조사하기(새우, 아보카도, 아몬드, 달걀, 연어, 참다랑어, 상어, 고래, 커피, 카카오 등) · 조사결과 발표자료 만들기 · 조사결과 발표하기 - 내 밥상 탄소발자국 찾기 · 탄소발자국 사이트 활용하기 · 탄소발자국이 적은 식재료 찾기 - 지구를 생각하는 밥상 차려 보기	▫ 자료: 주제망 게시판, 모둠별 조사결과 발표자료 ○ 평가: 탄소발자국이 적은 식단 짜기(수행) ※ 주의점: 주제망을 짤 때 '학생 기획 활동' 1~2개 넣는 등 학생 주도형 프로젝트로 만들기

			자료: 탄소중립 안내 동영상

<table>
<tr><td>
• 탄소중립
   - 탄소중립의 뜻 알기
   - 탄소중립 실천사항 살펴보기
</td><td>
▢ 자료: 탄소중립 안내 동영상
※ 주의점: 탄소중립의 큰 의미와 밥상과의 연결고리에 대해서 인식한다.
</td></tr>
</table>

먼저 밥상 이야기로 프로젝트를 연다. 친구들이 올린 밥상 사진 가운데 한 개를 모둠별로 선택하도록 한 뒤 상차림의 탄소발자국이 얼마인지를 '탄소발자국 계산기'로 계산해 본다. 내가 찾고 싶은 음식이 계산기에 없으면 비슷한 종류로 대체하거나 인터넷에서 조사해서 기록하도록 한다. ⎋ 탄소발자국 계산기

모둠	밥상	탄소발자국 (kgCO$_2$e)	좀 더 조사해 보고 싶은 먹거리
1	쌀밥, 미역국, 햄 볶음, 김치, 콩나물무침	2	돼지고기
2	치킨, 콜라	3	닭고기
3	참치마요네즈 덮밥	2.3	참치
4	라면, 김치	2.4	밀가루
5	김밥, 계란국	1.5	게맛살
6	잡곡밥, 된장찌개, 시금치나물	1.5	콩

조사해서 나온 탄소발자국은 추정치이며 여러 요인(생산 과정에서 배출되는 기체의 양과 발생 경로, 원재료 운송 방법, 제품 소비에 따른 폐기물 배출량 등)에 따라 달라진다는 점을 안내한다. 한식보다 치킨, 라면이 발생시키는 탄소발자국이 많고, 참치마요네즈 덮밥의 탄소발자국도 많은데 이는 참치가 수입되어 오는 과정에서 탄소발자국이 많이 발생하기 때문이라는 것도 아이들이 조사하면서

찾아낸 사실이다.

밀, 콩, 바나나 등은 대량생산하기 위해 유전자를 조작하고 그로 인해 생물의 다양성이 사라져 간다는 점, 돼지나 소가 길러지는 데 얼마나 많은 탄소가 발생하고 지구를 사막화시키는지에 관한 정보를 발견할 수 있다. 로컬 푸드나 유기 농법으로 재배되는 몇 가지 식재료를 제외하고 새우, 아보카도, 아몬드, 달걀, 연어, 참다랑어, 상어, 고래, 커피, 카카오 등 우리가 먹는 대부분의 음식들이 환경 이슈를 가지고 있다. 정보를 어느 정도 조사했다면 이제 새로 알게 된 사실을 일종의 전문가로서 반 전체 친구들과 공유하고 서로 질의 응답하는 시간을 가지게 한다. 초등학생들에게 심각하게 다가갈 수 있는 이슈도 있으므로 교사가 수위를 적절히 조절해야 한다.

이후 탄소중립에 대해 자세히 알아보고 왜 그것을 해야 하는지 배운다. 탄소가 나쁜 것이 아니라 공기 중에 탄소가 많아지는 것이 문제다. 공기 중의 이산화탄소, 메탄과 같은 기체는 온실효과를 일으켜 지구 온도를 높이기 때문이다. 탄소중립이란 인간 활동으로 인한 탄소 배출을 줄이고 산림이나 기술로 온실가스를 흡수하게 하여서 공기 중으로 배출되는 탄소의 양을 0으로 만드는 것을 말한다.

경제성장, 산업화와 더불어 소비 중심의 생활 패턴이 더 많은 탄소를 만들어 낸다. 더 편리하고 더 안락한 생활이 더 많은 탄소를 배출하는 것이다. 지금 대한민국의 소비 패턴으로 산다면 지구가 네 개 이상이 필요하다. "하나의 지구를 위한 생활(one-planet living)"[1]을 위해서 탄소중립 등 지속가능한 생활방식으로 변화가 필요하다는 것을 배운다.

탄소중립을 실천하는 방법으로 가장 필요한 것이 탈성장, 소비를 줄이는 것이다. 그리고 화석 연료를 사용하지 않고, 신재생에너지와 자연에서 유래하는 에너지를 사용해야 한다. 나무를 많이 심고 에너지를 아끼는 것도 실천 방법 중 하나다. 그 외에도 학생이 알아볼 방법이 있는데 이는 환경부에서 운영하는 '탄소중립 실천포털'[2]에서 제공하는 생활 수칙 가이드를 참고해 본다. 가정에서, 학교에서, 기업에 적용해 볼 수 있는 실천 수칙을 구분해 제시하고 있어서 학생들이 정보를 정리하기에 편리하다. 실천할 수 있는 것들을 따로 기록하게 하여 실천표를 만들어 본다거나 퀴즈를 만들고 서로 풀어보는 활동으로 연결시킬 수도 있다. 물론 이런 실천들이 달걀로 바위 치기라는 느낌이 들기도 한다. 경제 성장과 소비 중심의 사회에서 근본적인 원인이 있음을 모르지 않지만 우리는 희망을 선택하고 지금 할 수 있는 것을 실천하면서 함께 변화를 추구할 것이다.

닭은 야생에서 살면 수명이 8~25년에 이른다. 하지만 식재료로 길러지는 닭은 생후 한 달 후면 도축되고, 산란용 닭은 평균 2년 뒤면 도축된다. 사는 동안도 열악한 환경을 버틴다.

차시	활동	비고
3~4	• 내가 먹는 달걀은 어떻게 사는 닭이 낳았을까? - 닭의 사육환경 상상해 보기 - 우리 집에서 먹는 달걀의 난각번호를 본 적이 있나요?	※ 돼지, 소 등의 가축의 사육환경으로 알아보아도 좋다.
	• 달걀에 찍힌 난각번호의 뜻 알아보기 - 산란 일자, 생산자 고유번호, 사육환경번호 알기 • 동물권 알아보기 - 닭의 수명은 얼마나 될까요? - 수컷 병아리는 어디로 갈까요? - 동물권이 지켜지지 않는 사례 찾아보기	※ 다른 동물들의 수명도 조사해 본다.
	• 지구를 생각하는 밥상 - 어떤 것이 지구를 생각하는 밥상인지 모둠별 의논하기 - 행동 변화: 우리의 소비를 바꿔야 하는 이유 찾기 - 지구를 생각하는 밥상 꾸미기(탄소중립과 동물권을 고려한 밥상) - 발표하기	
	• 난각번호 1번 달걀 구매해서 학급 누리집에 올리기 • 소감문 쓰기	※ 소감문은 책 쓰기와 연계한다.

닭은 야생에서 살면 수명이 8~25년에 이른다. 하지만 식재료로 길러지는 닭은 생후 한 달 후면 도축되고, 산란용 닭은 평균 2년 뒤면 도축된다. 사는 동안도 열악한 환경을 버틴다.

유럽연합에서는 동물복지를 위해 2012년에 우리나라 기준 사육환경 4에 해당하는 닭장식(케이지) 계사가 금지되었다. 독일에서는 최소 8시간 소등해야 하고 계사 내 바닥면적의 3% 이상 햇빛이 들어오게 해야 한다. 독일은 축사도 환경문제와 건축법 때문에 함부로 짓지 못하고 시설 비용이 한국에 비해 두 배 정도 높다.

유럽 내 달걀 수출국 1위는 네덜란드다. 수출량이 많은 이곳에서도 유럽연합이나 독일처럼 동물복지를 지키고 있다. 천천히 자라게 해서 건강한 닭과 달걀을 소비자에게 제공한다. 소비자들은 40일 이상 사육하지 않은 닭은 사지 않는다고 하니 생산자가 그에 맞춰 생산할 수밖에 없게 되었다. 태양열과 지열 난방을 하므로 유기농법으로 키운 닭의 가격이 그리 높지 않다. 소비자들은 내 몸에 좋아서 유기농법을 고수하는 것이 아니라 후손들에게 건강한 땅을 물려준다는 공익적인 목표를 지키는 것이다.[3]

사육환경번호(난각번호) 1이 찍혀 있는 달걀을 구입한 뒤 학급 게시판에 사진을 올리는 활동을 진행한다. 난각번호 1을 파는 곳은 생각보다 찾기 어렵다. 겉포장지에 '1등급 달걀'이라는 광고문구가 있어도 정작 난각번호는 2나 3이 찍혀 있는 경우도 있다. 게다가 사육환경번호가 1인 달걀은 비싸기 때문에 가정에서 지속적으로 이 달걀을 사 먹기가 어려울 수 있다. 다만 많은 사람이 동물권에 대해 인식하고 기꺼이 비용을 지불하는 일종의 소비 운동에 참여할 수 있다면 우리 사회의 소비 수준을 높일 수 있다는 것을 인식하도록 학생들을 지도한다.

닭의 동물권과 관련한 안타까운 사실이 또 있다. 달걀을 얻기 위해 사육되는 닭들은 모두 암컷이다. 그럼 태어난 수평아리는 어디로 갔을까? 수컷은 태어나자마자 살처분된다. 산란계를 얻기 위해 달걀을 부화시키고 그 과정에서 태어난 수컷은 필요가 없기 때문이다.

왜 이런 끔찍한 일이 벌어질까? 병아리를 생명으로 보지 않고 경제적 가치로만 인식하기 때문이다. 생명과 자연을 경제 논리로만 보면 이런 일이 일어난다는 점을 학생들이 생각해 보도록 지도한다. 그리고 달걀 상태에서 암수를 구별할 수 있는 기술이 하루빨리 국내에 도입되기를 기대해 본다.

차시	활동	비고
5~8	• 토론하기(학생 기획 활동) 1. 논제 선정하기(학생 관심 주제로 설정) 2. 논제 분석하기 3. 찬성 반대 근거 마련하기(함께 찾기) 4. 찬성 반대 경험 나누기 5. 입안문 쓰기(찬성, 반대 모두 쓰기) 6. 1:1 토론(짝을 바꿔가며 찬성, 반대 모두 경험하기) 7. 전체 토론하기 8. 감사와 소감 나누기	□ 자료: 타이머, 입안문 기록장 ○ 평가: 입안문을 작성할 때 근거를 논리적으로 쓰는가 / 토론에 적극적으로 참여하는가 ※ 주의점: 한 가지 관점을 강요하는 것이 아니라 여러 입장을 이해하기 위한 토론 운영을 해야 한다.

이전 차시에서 밥상의 탄소발자국을 조사하고 여러 환경 이슈들을 찾고, 난각번호에서 닭의 생육환경을 알아보았다. 이제는 토론을 통해 아이들의 생각을 정리하고 자신의 논리를 세워볼 시간이다. 토론 수업은 학생들이 기획한 활동으로 진행할 수 있으며 국어 3차시, 도덕 1차시로 총 4차시로 설정할 수 있다. 1차시는 논제 선정과 분석, 근거 찾기 활동으로 진행하고 2차시는 입안문을 작성하고 짝 토론과 전체 토론을 진행한 뒤 감사와 소감을 나누는 활동으로 진행하면 좋다.

논제 선정 단계에서는 학생들이 토론하고 싶어 하는 환경과 관련된 몇 가지 논제를 칠판에 적은 후 다수결로 결정한다. 우리 반 친구들이 선택한 논제는 '학교 급식에 한 달에 한 번 고기 없는 날을 만들어야 한다.'이다. 토론 이전에 학생들의 의견을 확인해 수직선에 표시하고 전후를 비교해 보면 재미있다. 고기 없는 급식은 단 하루도 싫다고 저항하던 학생들이 토론 과정을 거치면서 생각이 변화하는 모습을 확인할 수 있다.

논제 분석하기는 논란이 있을 법한 내용을 학생들과 합의해서 단어의 의미를 명확히 하는 과정이다. 이 과정에서 쟁점을 정확하게 한다. 예를 들어 '고기 없는'의 정의는 메인으로 나오는 고기를 말하며 눈에 보이는 고기로만 한정하고 생선은 포함하며 국물 내기용 생선은 제외한다.

찬성과 반대의 근거는 함께 찾는다. 아이들이 발표한 내용을 교사가 칠판에 정리해서 기록한다. 이것을 바탕으로 학생들은 공책에 찬성, 반대 입안문 두 가지 모두 작성한다. 두 가지 다 써 보는 과정을 통해 학생들은 양측의 입장을 입체적으로 생각해 볼 수 있다. 이를 통해 균형적인 시각을 기르게 되며 토론 중에는 상대측이 무슨 근거로 반론을 할지 예측할 수도 있다.

짝토론(1:1 토론)은 찬성과 반대의 역할을 모두 경험해 보도록 한다. 자신이 선택한 입장에서만 토론할 경우 상대가 틀렸다는 마음이 더 고착화되고 더 큰 대립이나 사고의 고착으로 이어질 수 있다. 특히 환경과 관련된 주제는 개개인의 입장과 삶의 경험 등에 따라 첨예하게 대립하는 경우가 많다. 따라서 찬반의 입장을 모두 경험하여 합리적인 선택을 하는 연습, 중심을 잡는 연습을 하도록 하는 것이 좋다. 토론 이후 학생들이 어떤 쪽을 자신의 입장으로 가지더라도 특정 입장을 강요하지 않도록 한다. 선택은 학생들이 스스로 하도록 남겨 두는 것이 좋다. 변화는 내면에서 시작되기 때문이며 입장 변화의 과정을 학생이 직접 경험하도록 할 수 있기 때문이다. 다행히 토론을 거치고 우리 반 아이들의 인식이 조금 바뀌었다. 채식 급식에 대해 긍정적인 의견으로 돌아선 아이들이 생겼다. 쉽지 않은 길이지만 아이들을 지속적으로 교육하고 작은 실천이라도 해내자고 독려한다.

차시	활동	비고

9~10	• 프로젝트를 마무리하며 소감문 쓰기
	   – 프로젝트 활동 되돌아보기
	   – 소감문 써서 게시판에 올리기
	• 환경 책 발간하기
	   – 편집부 조직하기
	   – 편집회의 하기
	   – 글 모으기
	   – 모은 글 다듬기
	   – 책 만들기
	    · 책 제목 공모하기
	    · 책표지디자인 공모하기
	    · 전자책 만들기 사이트 이용하여 발간하기
	   – 책 발간 기념회
	    · 전자책 완료기념
	    · 기념용 종이책 택배 받기
	    · 사인회 열기
		▢ 전자책 발간 사이트
		○ 평가
		   – 경험 글, 주장글 등 기록을 국어과 수행평가로 계획할 수 있다.
		   – 평소 활동하면서 글쓰기 공책에 글을 써둔다. 편집부에서는 그런 글들을 모아서 책을 만든다.

　　내 밥상에 대해 알아보고, 밥상에 올라오는 먹거리의 비밀에 대해 알게 되었다. 토론을 통해 관점을 정리하게 되면 자신만의 쓸거리들이 떠오른다. 환경에 대한 인식과 변화를 통한 실천이 글을 통해 전파되면 그 힘이 커진다. 조금만 정보를 찾아보면 전자책으로도 손쉽게 책을 만들 수 있으므로 도전해 보기를 권한다. 학생들은 자신들이 책을 냈다는 사실만으로도 성취감과 자신감, 세상을 바꿀 수 있다는 희망을 가지게 된다.

1)　J. B. 매키넌, 〈디컨슈머〉, 문학동네, 2023
2)　환경부 KECI 한국환경보전원(https://www.gihoo.or.kr) 접속 〉 탄소중립 실천포털 〉 생활실천 알아봐요
3)　김재홍, 〈유럽의 육계산업 현황〉, 월간양계 11월호, 2016

프로젝트 2. 먹고 나면 무얼 하지? : 쓰레기 처리하고 설거지 하기

22차시	실과, 사회, 과학, 도덕, 미술, 국어	#음식물쓰레기 #잔반줄이기 #줍깅 #제로웨이스트 #미세플라스틱 #천연수세미 만들기

차시	활동	관련 교과	2022 개정 교육과정 성취기준
1~2	• 음식물 쓰레기는 어디로 가지? - 내가 버린 음식물 쓰레기의 여정 알아보기 - 내가 버린 음식물 쓰레기의 영향 알아보기	실과	〔6실02-10〕 자신의 생활공간을 쾌적하고 위생적으로 관리하는 것의 중요성을 알고, 정리정돈과 청소 및 쓰레기 처리의 방법을 익혀 실천한다.
	• 제로웨이스트와 순환경제 - 제로웨이스트란? - 순환경제란? - 순환경제를 위해 할 수 있는 것들 알아보기	사회	〔6사12-02〕 지구촌을 위협하는 다양한 문제들을 파악하고, 지속 가능한 미래를 위한 해결방안을 탐색한다.
3~6	• 학교 급식 잔반 줄이기 캠페인(학생 기획 활동) - 평소 학교 급식 잔반량 확인하기 - 잔반 줄이기 캠페인 기획하기 - 결과 공유하기	실과	〔6실02-11〕 생태 지향적 삶을 위해 자신의 의식주 생활에서 할 수 있는 구체적인 행동을 계획하여 실천한다.
7 ~10	• 줍깅(학생 기획 활동) - 학교 주변 쓰레기 줍기 활동 기획하기 - 포스터 만들기 - 알림 활동하기 - 줍깅 참여하기	과학	〔6과08-01〕 우리가 생활에서 이용하는 다양한 자원을 조사하고, 자원의 유한함을 설명할 수 있다.
		미술	〔6미02-05〕 미술과 타 교과의 내용과 방법을 융합하는 활동을 자유롭게 시도할 수 있다.
11 (+α)	• 수세미 기르기 - 수세미 오이에 대해 알아보기 - 모종 심기, 가꾸기, 수확	실과	〔6실04-08〕 생활 속 동식물을 기르고 가꾸는 방법을 알고, 동식물을 기르고 가꾸는 체험을 통해 생태 감수성을 갖는다.

12	• 수세미와 미세플라스틱 - 합성 수세미 실태조사 - 천연 수세미와 비교하기	실과	〔6실02-11〕 생태 지향적 삶을 위해 자신의 의식주 생활에서 할 수 있는 구체적인 행동을 계획하여 실천한다. 〔6실02-03〕 생활자원의 올바른 사용이 가정과 환경에 도움이 됨을 이해하고 재활용, 재사용 등 환경을 고려한 관리 방법을 실천한다.
13 ~15	• 천연 수세미 만들기 - 수세미 세척하기 - 수세미 포장하기	실과	〔6실04-09〕 동식물 자원의 친환경 농업 사례를 통해 지속 가능한 농업이 순환되고 있음을 인식한다.
16 ~17	• 수세미 판매 계획 세우기 - 학급 회의 - 기부금 조성하기	실과	〔6실02-03〕 생활자원의 올바른 사용이 가정과 환경에 도움이 됨을 이해하고 재활용, 재사용 등 환경을 고려한 관리 방법을 실천한다.
18	• 기부처 찾기 - 환경단체 찾아보기 - 우리에게 적절한 기부처에 대해 논의하기 - 학급 회의로 결정하기	도덕	〔6도06-02〕 지속 가능한 삶의 의미를 탐구하고 미래 세대에 대한 책임을 강화하여 자연의 다양성과 생산성 유지가 가능한 미래를 위해 실천할 수 있는 방안을 찾는다.
		국어	〔6국01-06〕 토의에 협력적으로 참여하며 서로의 의견을 비교하고 조정한다.
19 ~20	• 알림 글쓰기 - 자료를 활용해 글쓰기 - 체험을 나눌 수 있는 방안 토의하기	국어	〔6과16-01〕 미래 사회에 일어날 수 있는 문제를 조사하고, 문제를 해결하는 데 과학이 기여할 수 있는 방법을 토의할 수 있다.
		국어	〔6국03-03〕 체험한 일에 대한 감상을 나타내는 글을 쓴다.
21 ~22	• 알림 영상 만들기(학생 기획 활동) - 콘티 짜기 - 역할 나누기 - 영상 찍기 - 영상 공유하기	국어	〔6국02-04〕 문제 상황과 관련된 다양한 관점의 글을 읽고, 이를 문제 해결에 활용한다.
		미술	〔6미02-05〕 미술과 타 교과의 내용과 방법을 융합하는 활동을 자유롭게 시도할 수 있다.

먹거리 관련 두 번째 프로젝트에서는 쓰레기를 살펴보고, 자원 재활용과 순환경제에 대해 알아본다. 전교생이 참여하는 급식 잔반 줄이기 캠페인과 더불어 학교 주변 줍깅을 계획하고 쓰레기를 줍는 체험도 한다. 처음부터 쓰레기가 발생하지 않도록 하는 제로웨이스트에 대해 학습하고 실천까지 연결시키는 흐

름으로 프로젝트를 진행하면 좋다. 학교 실정에 맞춰서 제로웨이스트 수업을 계획하면 되는데 우리 반에서는 천연 수세미를 길러서 사용하는 것으로 실천해 보았다. 천연 수세미를 직접 재배하고 판매해서 환경기금을 마련하는 것까지가 이 프로젝트의 큰 흐름이다.

학교 급식을 먹으면서 우리들이 버린 잔반이 어떻게 처리되는지 관심을 가지는 학생은 극히 드물다. 음식물 쓰레기가 지구온난화에 많은 영향을 미친다는 사실이 연구결과로 밝혀졌지만 굳이 알아보지 않으면 학생들은 잘 모른다. 인식의 범위를 벗어났기 때문에 밥을 남기지 말라고 급식 지도를 하더라도 행동의 변화를 이끌어 내기 어렵다. 인식의 변화를 위해 먼저 우리가 남긴 음식물 쓰레기가 어떤 과정을 거쳐서 처리되는지 지구환경에 어떤 영향을 미치는지 알아보아야 한다.

급식을 남기는 이유는 여러 가지가 있었다. 그중 학생들이 선택한 가장 큰 이유가 배식의 양이 많다는 것이었다. 하지만 잔반의 양과 당일 식단을 비교해 본 결과 아이들이 좋아하는 고기반찬이 나오면 잔반이 줄고, 나물 반찬이 나오면 잔반이 늘었다. 맛없는 반찬은 안 먹고 남긴다는 것이다. 잔반의 양이 호불호에 따라 결정이 된다면 내적인 변화가 잔반을 줄일 수 있다는 긍정적인 신호다. 대체로 아이들이 먹을 수 있는 양이 배식된다는 가정하에 다 먹을 수 있도록 동기를 올리는 지점에 초점을 맞추고 수업의 흐름을 잡았다.

차시	활동	비고

1~2	• 프로젝트 주제망 짜기
	  – 주제망이 그려진 전지에 학생들의 의견을 모아 주제별로 묶기(허니컴보드)
	  – 학생기획활동 정하기
	  – 활동 순서 정하기
	• 음식물 쓰레기는 어디로 가지?
	  – 음식물 쓰레기의 발생 현황
		□ 자료: 주제망 게시판

첫 차시에 음식물 쓰레기에 대해 알아본다. 2023년 자원순환정보시스템에 게시된 전국 폐기물 발생 및 처리현황에 따르면 한 해 동안 전국에서 발생한 생활계 폐기물량이 2,304만t이다. 일인 평균 하루 1.20kg이며 음식물 쓰레기의 양은 일인 평균 하루 0.26kg이다. 음식물 쓰레기는 전체 생활 쓰레기 발생량의 약 21.6%를 차지하고 있으며 전체 발생하는 쓰레기의 양도 매년 증가하는 추세이다.[4] 이에 따라 음식물 쓰레기 처리비용도 증가하며 그 과정에서 발생하는 온실가스도 상당하기 때문에 경제적 손실과 환경부담을 낮추기 위해서라도 음식물 발생량을 줄이는 노력이 필요하다는 것을 공부한다. 이때 제로웨이스트와 순환경제의 개념도 함께 안내하면 좋다.

순환경제의 측면에서 보면, 음식물 쓰레기는 대부분 사료나 퇴비로 재활용된다. 그러나 음식물 쓰레기는 염분이 많아 퇴비 사용이 어렵다. 따라서 음식물 쓰레기 문제를 해결하기 위해서는 근본적으로 음식물 쓰레기 자체를 줄여야 한다. 전체 음식물 쓰레기 중 약 70%는 가정과 소형 음식점에서 발생하며, 대형 음식점에서 16%, 집단 급식소에서 10%, 유통단계에서 4% 정도가 발생한다.[5] 학교 같은 집단 급식소에서 발생하는 비율이 10%로 꽤 높기 때문에 우리 학교에서 음식 제로웨이스트 캠페인을 학생들에게 제안해 본다. 제안한다는 것은 주도권을 교사가 아니라 학생에게 넘겨준다는 뜻이다. 이는 다음 차시에 활동하는 학생 기획 활동에 원동력이 된다.

우리 학교에서 버려진 급식 잔반이 어떻게 처리되는지도 알아본다. 잔반수거

업체와 처리업체가 달랐는데 잔반수거업체는 특수차를 이용해 잔반을 음식물 처리공장으로 이송한다. 음식물 처리공장은 이를 퇴비용과 사료용으로 분리해서 재활용하는데 대부분이 영세한 공장이었다. 음식물 쓰레기에 이물질과 수분이 많은 경우 재활용이 더 어렵다. 이물질이 많으면 재활용도 잘 안 될 뿐 아니라 기계가 고장이 나기도 한다. 담당자와 면담한 내용을 학생들에게 전해도 좋고 학생들이 직접 인터뷰하는 활동으로 계획해도 좋다. 가정에서 비닐이나 이쑤시개 같은 이물질을 잘 걸러서 분리배출을 해야 된다고 교육하는 것이 아니라 실제 담당자의 이야기를 학생들에게 전달하기만 해도 학생 스스로 판단하고 환경을 지킬 수 있는 변화를 선택한다.

차시	활동	비고
3~6	• 학교 급식 잔반 줄이기 캠페인(학생 기획 활동) 　- 평소 학교 급식 잔반량 확인하기 　- 잔반 줄이기 캠페인 기획하기 　　· 회의하기 　　· 역할 나누기(잔반 기록, 홍보하기, 포스터 작성, 포스터 붙이기, 포스터 각반에 배부 등) 　- 잔반 없는 주간 실천하기 　- 일주일간 결과 전교에 공유하기	☐ 자료: 포스터, 반별 결과 기록지 ※ 학생 기획 활동은 잘하지 못해도 괜찮다. 실수는 그 자체로 의미가 있기 때문이다. 일단 해 보자. 그러면 방법이 생긴다.

　앞서 단체급식에서 버려지는 음식물 쓰레기의 문제점을 인식한 학생들은 스스로 캠페인을 하겠다고 선택한다. 학생들의 열정이 모이면 놀랍게도 여러 가지 창의적인 방법들을 생각해낸다. 다만, 게시물 게시 장소와 기관, 참여 대상, 예산 운영 등에 대해서 학생들이 어려움을 겪을 수 있으므로 교사는 적절한 도움을 줄 수 있다. 학생 기획 활동에서 교사는 촉진자의 역할을 해야 한다. 교사가 계획하고 이끌어 나가면 학생들이 부딪히면서 배울 수 있는 것들을 놓칠 수 있다. 계획대로 되지 않거나 계획이 부족해 실패하더라도 값진 경험임을 인식

하게 한다. 활동 마지막에 학생들이 느끼는 것이 '해봤다'가 아니라 '해냈다'가 되어야 한다. '해냈다'는 많은 것을 의미한다. 계획을 수정하고 협력하면서 어려움을 이겨낸다. 포기하지 않고 나아가는 마음을 갖는 것이다. 학생들이 온전히 해냈다고 생각할 때 전이로 확장되어 삶으로 연결될 것이다.

잔반 줄이기 캠페인

우리 학교에서는 환경교육주간에 잔반 줄이기 캠페인을 열었다. 잔반 줄이기 활동을 시작하기 전에 평소 잔반이 얼마나 발생했는지 영양 선생님께 도움을 받아 확인했다. 확인된 잔반량을 파란색 막대그래프로 그렸다. 크게 플로터로 출력해 급식실 앞에 붙여둔다. 하루하루 잔반량을 확인할 수 있기 때문에 전날 잔반량을 붉은색 막대그래프로 매일 추가해 기록했다. 기록도 학생이 맡는다. 학생들은 급식실에 들어갈 때 표시된 붉은색 그래프를 보면서 잔반량을 확인한다. "잔반을 줄입시다."라고 외는 것보다 줄어드는 잔반량을 확인하는 것이 더 효과가 좋다. 평소 배출되는 잔반량이 하루 평균 약 180kg이었다가 캠페인하는 동안 평균 150kg으로 줄었다.

각 반에는 결과 기록지도 미리 배부했다. 칠판이나 게시판에 붙여두고 다 먹은 날 스스로 스티커를 붙이거나 동그라미로 체크한다. 일주일이 지난 뒤 기록지를 확인하여 매일 실천에 성공한 친구들에게 대나무 칫솔이나 동물 홀로그램 책갈피를 선물로 나눠주었다. 제로웨이스트 물건을 알리거나, 생물에 대한 관심을 선물을 통해 가지게 되면 좋겠다는 마음으로 고심해서 고른 선물이다.

차시	활동	비고

7
~10
	• 줍깅(학생 기획 활동)
	 - 영상 보기(줍깅 하는 모습, 주의점 등)
	 - 줍깅 기획 회의하기
	  · 학교에 있는 줍깅 도구(집게, 종량제봉투, 장갑 등) 파악하기
	  · 역할 나누기(참여자 기록, 포스터 담당, 안전지도, 뒷정리, 브이로그 제작 등)
	 - 포스터 만들기
	  · 캔바, 미리캔버스 등을 이용하여 미니 포스터 작성
	  · 전지 크기 포스터 디자인하고 만들기
	 - 피켓 만들기
	  · 택배 상자 등을 이용하여 친환경 피켓 만들기
	 - 알림 활동하기
	  · 각 교실로 미니 포스터 배부
	  · 학교 건물 포스터 설치
	 - 줍깅 참여하기
	 - 사후 회의 하기
		□ 자료: 줍깅 포스터, 피켓, 집게, 종량제봉투
		※ 교외에 나가기 때문에 사전 내부결재가 필요하다. 환경교육 주간계획이나 환경교육계획에 포함하면 따로 기안하지 않아도 된다.

줍깅은 환경에 관심 있는 학교에서 많이 실천하는 활동이다. 학생 주도적인 기획 활동으로 운영해 보기를 권한다. 학생들이 기획부터 실행, 마무리까지 계획하고 준비하면 더욱 적극적이고 활기차게 참여할 것이다.

줍깅을 할 때 그냥 쓰레기를 줍자고 하기보다 '우리 학교 주변에 떨어진 쓰레기 종류를 조사해 보자.', '작년에는 1시간 동안 150명이 참여해서 20L 종량제봉투 6개를 채웠는데 올해는 어떤 결과가 나올지 확인해 보자.', '제로웨이스트를 실천하는 목적을 전교생에게 알리자.'와 같은 세부 목표를 정한다. 올해는 기후 정의 피켓 행진을 함께 해서 2인 1조로 피켓을 들고 줍깅을 실시하기도 했다. 학생들이 많다면 모둠을 만들어 역할을 정하고 협력한다.

포스터 만들기를 할 때에도 학생들이 원하는 방법을 선택한다. 요즘은 인터넷에서 무료로 이미지를 제공하는 사이트가 많다. 완성된 이미지는 크기를 다양하게 바꾸어 출력한다. 손 그림과 손 글씨가 좋다는 친구들은 직접 종이에 디

자인하면 된다. 경쟁하는 것이 아니라, 목표를 이루기 위해 함께하는 것이므로
어떤 선택을 하든 교사는 시간과 약간의 도움을 주고 응원한다. 준비하는 과정
과 노력이 중요하다. 영상을 잘 만드는 친구가 있으면 브이로그 제작을 맡겨도
좋다.

택배 상자를 이용하여 다양한 모양과 크기의 피켓을 만든다. 각자 한 개씩 만
들어서 줍깅 할 때 들고 가거나, 평소에는 복도나 교실 한구석에 연결해서 걸개
그림으로 걸어두기도 한다. 학생들이 피켓을 들고 찍은 사진으로 영상을 제작
하는 것도 좋다. 초상권에만 주의하면 된다.

줍깅 시간은 학교 사정에 맞춰서 아침 활동 시간에 해도 좋고, 방과 후에 한
시간 정도 해도 좋다. 희망하는 누구나 참여할 수 있도록 계획한다. 보통 2주 정
도 전에 준비를 시작하고 포스터는 늦어도 일주일 전에 학교 곳곳에 붙여 두어
야 한다. 당일에 학생이 참여 명단에 이름을 쓰면, 줍깅 도구와 비닐을 나눠준
다. 줍깅이 끝나면 단체 사진을 찍는다. 모은 쓰레기를 중간에 놓고 의기양양한
표정으로 구호를 외친다. "지구는 우리가 지킨다. 우리는 환경지킴이!"

차시	활동	비고
11 (+α)	• 수세미 기르기 　- 수세미 오이에 대해 알아보기 　　· 조사하기 　　· 도감 만들어 보기 　- 모종 심기 　　· 모종 구매하기(예산확보) 　　· 모종 만들기: 씨앗을 모종판에서 싹틔우기 　- 가꾸기 　　· 덩굴이 뻗어 나갈 수 있는 망이나 줄 연결해 주기 　　· 거름주기 　　· 잡초 뽑아 주기 　　· 물주기 　- 수확하기 　- 말리기	▢ 자료: 수세미 모종, 　텃밭 재배 도구(꽃 　삽, 비료 등) ※ 텃밭 작물은 학급 　아이들과 함께 의논 　해서 정한다. 다른 　작물을 심어 가꾸고 　수확물을 판매하는 　것도 좋다.

텃밭 활동은 초록 식물을 더 가깝게 접하면서 생태를 이해하는 데 꼭 필요하다. 식물을 키우다 보면 이타심을 커진다. 인성교육도 동시에 된다. 텃밭 활동의 특성이기도 한데, 시간 확보가 되어야 한다. 차시에 +α라고 한 것은 아침 활동 시간, 점심시간, 하교 시간 등 수확이 끝나는 9월경까지 수시로 텃밭에 가기 때문이다.

수많은 작물 가운데 수세미를 선택한 이유는 수확물을 판매하여 기금을 만들 수 있고, 해만 좋으면 기르기 까다롭지 않으며, 열매의 크기가 큰 편이기 때문에 학생들의 성취감을 충분히 느낄 수 있기 때문이다. 길러서 사용하고 난 수세미는 분해되어 자연으로 돌아가니 진정한 제로웨이스트를 실천할 수 있다. 다른 작물을 선택해도 목적에 맞다면 어떤 것이든 학급 친구들과 함께 기르는 것을 추천한다.

수세미란?

(표준국어대사전) 설거지할 때 그릇을 씻는 데 쓰는 물건. 예전에는 짚이나 '수세미외'의 열매 속 따위로 만들었으나 오늘날에는 공장에서 만들어 나온다.

(표준국어대사전 어원 정보) 수세미의 어원은 [신증유합]이라는 문헌에 '수세'라는 표기로 기록되어 있다.

(국가생물종 정보시스템) '수세미외'는 수세미를 만드는 오이라는 의미로 '수세미 오이'라고도 한다. 박과의 한해살이 덩굴식물이다. 꽃은 노란색이며 암꽃과 수꽃이 따로 핀다. 국내 각지에서 재배되며 어릴 때는 식용으로 사용하며 화장수로도 쓰인다.

중부 지방 기준으로 수세미 파종은 5월, 모종은 6월이 적절하다. 수세미는 햇빛을 많이 받아야 잘 자라므로 학교 옥상 텃밭 등 실외에 심는 것이 좋다. 모종을 화분에 심어 복도에 놓아두면 열매를 맺지 못할 수 있으니 유의한다. 옥상 텃밭을 이용한 수세미 기르기의 전 과정을 대략 정리하면 다음과 같다.

시기	주요 내용

4
~5월
	• 프로젝트 계획하기
	  - 수세미 프로젝트 활동 계획하기
	  - 텃밭 마련하기(텃밭이 없다면 화분)
	  - 담당자, 관리자와 의논하기
	  - 예산 확보하기
	• 수세미 키울 준비하기
	  - 파종하기

6월	• 수세미 모종 심기(파종하지 않았다면 모종 구입) - 거름 주기 • 지지대 세우기 • 물주기 담당 정하기
7월	• 잡초 관리하기
8월	• 방학 동안 수세미 물 주기 담당 활동 진행하기

9월	• 인공 수세미 종류와 환경에 미치는 영향 조사하기
	• 수세미 수확하기
	  - 수세미 말리기
	  - 수세미 씨앗 받기(내년에 모종으로 쓸 것 남겨두기)
	  - 수세미 씨앗 나눔 하기

10월	• 기부하기 위해 환경 활동 NGO 단체 찾아보기

11월	• 수세미 만들기
	  - 완전히 마른 수세미를 적당한 크기로 자르기
	  - 친환경 라벨을 붙여서 판매 준비하기
	• 수세미 판매기금 마련하기
	  - 판매 대상, 방법, 금액 등 학급 회의
	• 수세미 판매기금 기부
	• 활동 돌아보기

연간	• 물주기, 잡초 관리

수세미는 작년에 받은 씨앗을 작은 모종판에 넣고 발아시켜도 잘 자라고, 씨앗이 없다면 모종을 구입해도 좋다. 텃밭에 수세미 모종을 심을 때는 1미터 정도의 간격으로 심는다. 조밀하게 심지 않도록 주의한다. 덩굴이 많이 번지기 때문에 영양을 충분히 주기 위해서이다. 학생들이 직접 모종을 심고, 줄을 매고,

잡초를 뽑고, 물을 주는 활동을 할 수 있도록 고민해야 한다. 풀 알레르기가 있거나 벌레를 무서워하는 학생, 그밖에 텃밭 활동에 참여가 어려운 학생들이 있다. 이런 친구들은 어떻게 참여시켜야 할지도 고민해야 한다. 부모님과 학생 건강에 대한 소통도 소홀히 할 수 없는 지점이다. 텃밭 체험을 넉넉히 경험해 봐야 그 보람도 학생들이 가져가기 때문에 최대한 각자의 상황에 맞게 참여하는 방향으로 방법을 찾는다. 활동마다 글쓰기 활동을 함께 진행하면 수세미 혹은 환경에 대한 학생들의 기대감과 고민 등을 확인하며 피드백할 수 있다.

거름을 주어야 열매가 실하게 열린다. 많이 쓰는 비료로 무기질비료(화학비료)가 있다. 하지만 남용하면 텃밭 생태계를 파괴할 수 있으니 유기질비료를 적절히 혼용하는 것이 바람직하다. 친환경 거름을 만들어 쓸 수도 있다.

처음 수세미를 수확할 때는 겉이 충분히 익은 것처럼 보이더라도 하나를 까서 미리 확인한 뒤 수확해야 실패 가능성이 작다. 덜 익은 수세미는 과육에 진액이 많아서 껍질을 깐 뒤라도 말리는 데 어려움이 생긴다.

우리 반 친구들이 찾아낸 수세미 재배 요령

- 수세미는 배수가 잘되는 토양이 좋다.
- 해를 좋아하므로 볕이 잘 드는 야외에서 재배해야 한다.
- 덩굴성 식물이기 때문에 지지대나 울타리를 설치해 주어야 한다.
  (3~4m까지 자란다.)
- 거름: 유기질비료는 심기 전에 흙에 섞고, 성장기 때 무기질비료를 2~3회 주면 좋다.
- 열매의 길이가 40㎝까지 크기 때문에 땅에 닿지 않도록 관리해 주어야 한다.
- 열매가 무겁기 때문에 지지대를 튼튼하게 만들어 주어야 한다.
- 병해충을 예방하기 위해서 윤작을 하는 게 좋다.

차시	활동	비고
12	• 수세미와 미세플라스틱 - 합성 수세미 실태조사 · 아크릴, 우레탄, 금속 등의 재료로 만든 수세미 특징 조사 · 합성 수세미에서 발생하는 미세플라스틱 알아보기 - 천연 수세미와 비교하기 · 천연 수세미 종류 알아보기(옥수수 전분, 해면, 삼베, 마 등) - 조사결과 패들렛이나 구글 프레젠테이션에 공유하기	▫ 자료: 패들렛 자료 공유
13 ~15	• 천연 수세미 만들기 - 수세미 세척하기 · 말려진 수세미를 한 번 더 세척해서 말리면 깨끗해진다. (말릴 공간이 여의치 않다면 그냥 자르기만 해도 된다.) - 수세미 포장하기 · 적당한 크기로 자른다. (10㎝ 내외가 한 손에 잡기 좋음.) · 학생들이 재배한 수세미임을 나타내는 라벨을 준비한다. · 수세미를 판매하는 취지와 만드는 과정 등을 쓴 안내장을 준비한다.	※ 수확한 수세미를 말리는 곳은 환기가 잘 되고 습하지 않는 공간이 좋다. 장마 기간에 수세미를 말리게 되면 곰팡이가 생기므로 주의한다.

　활동 중간에 자연스럽게 천연 수세미의 장점에 대해 더 알아보고 인공 수세미가 환성을 얼마나 오엄시키는시에 대해 알아보는 시간을 갖는나. 실세로 전연 수세미의 장점 가운데 하나는 기름때가 빨리 빠진다는 점이다. 끈적끈적한 고기 기름도 금방 물에 씻겨 내려간다. 스펀지처럼 생겨서 음식물 찌꺼기가 잘 안 빠질 것처럼 생겼지만 아크릴 스펀지보다 훨씬 깨끗하게 세척된다.

　학생들이 조사한 결과는 패들렛에 모은다. 조사 활동을 통해 정보를 모으고 글을 쓰는 과정에서 논리를 세우게 된다. 글쓰기를 싫어하던 아이들도 이 환경 글쓰기는 재미있어할 수가 있다. 다음은 한 학생이 쓴 글이다.

일반적으로 우리가 쓰는 수세미는 합성물질로 만듭니다. 아크릴, 우레탄 등은 플라스틱 사촌이죠. 친환경 재료로 옥수수 전분, 해면, 삼베, 마 등을 이용한 수세미도 판매되지만, 그 사용량은 매우 적습니다. 보통 가정집에서 3~4개월에 한 번씩 수세미를 새 것으로 바꾼다고 가정하면 일 년에 대한민국에서 소비되는 합성물질로 만든 수세미의 양은 어마어마합니다. 요즘은 일회용 수세미가 두루마리 형태로 판매됩니다. 편리하지만 쓰레기는 더 많이 더 빨리 만들어지겠죠.

또, 사용하다 보면 닳아서 수세미의 작은 섬유들이 떨어져 나갑니다. 설거지하다가 떨어진 수세미 조각은 미세플라스틱이 되어 하천과 바다를 떠돌게 됩니다. 이는 돌고 돌아 다시 우리 식탁 위로 올라옵니다.

반면 천연 수세미는 미세플라스틱 걱정은 없습니다. 쓰다가 헤져도 다시 자연으로 돌아가니까요. 천연 수세미는 약용으로도 쓰입니다. 호흡기에도 좋고 변비를 해결하며 피부 미용에도 좋다고 합니다. 수세미즙, 탕, 죽, 차 등 섭취하는 방법도 다양합니다.

수세미를 수확했다면 껍질을 벗겨야 천연 수세미로 만들 수 있다. 수확, 세척에 이어 천연 수세미를 만드는 방법은 다음과 같다. 단, 초록색 껍질일 때 딴 수세미는 과육과 씨를 제거할 때 거품이 가득한 점액이 많이 나오니 앞치마를 준비한다. 잘못 털면 진액을 뒤집어쓰게 되기도 한다. 완전히 익어서 누렇게 된 수세미는 앞치마가 필요 없다. 말려진 상태이기 때문에 껍질을 불려 까면 된다.

천연 수세미 만드는 방법

1. 부드러운 수세미를 만들고 싶을 때
   - 9~10월쯤 수확한다. (중부 지방)
   - 손으로 눌렀을 때 스펀지처럼 물렁물렁하다.
   - 진한 초록색이 연한 초록색으로 변하면 수확 가능하다.
   - 오렌지 껍질 까듯이 두꺼운 껍질을 깐다.
   - 바람이 잘 통하는 곳에 말린다.
   - 안에 씨앗을 털어내고 사용한다.
   - 한 손에 잡힐 정도의 크기로 잘라서 사용한다.

2. 섬유질이 강한 수세미를 만들고 싶을 때
   - 10~11월까지 충분히 익도록 놔둔다.

- 수세미 껍질이 누렇게 된다.
- 흔들었을 때 가볍고 속에서 덜거덕거리는 씨 소리가 난다.
- 얇은 껍질이 말라붙어 잘 까지지 않으면 끓는 물에 10~20분 삶아서 깐다.
  (학교에서 깔 때는 물에 2~3시간 넣어두면 불어서 잘 까진다.)
- 집게로 집어 말린 뒤 씨앗을 털어 낸다.
- 한 손에 잡힐 정도의 크기로 잘라서 사용한다.

"껍질 까고 씨 빼기를 무한 반복했다. 방금 침을 삼켰는데 수세미 냄새가 난다. 내가 한 개를 마무리하고 있을 때쯤, 친구들은 노하우가 생겼나 보다. 야! 야! 때리면 잘돼, 쑤시고 눌러 같은 말들을 한다."

"오늘 수세미를 까서 짰다. 짜는 게 너무 힘들었다. 그래도 많던 수세미를 모두 깠다. 오늘 일로 꿈이 농부가 된 친구들도 있었다. 오늘 급식은 특히 더 맛있다."

"껍질을 까면서 내가 싫어하는 애, 동생 얼굴을 생각하면서 깠다. 이럴 때만 동생이 필요하다. 수세미 특유의 향이 있었는데 난 그 향이 중독성 있어서 좋았다. 다음에 다른 식물도 키워 보고 싶다."

차시	활동	비고
16 ~17	• 수세미 판매 계획 세우기 - 학급 회의 · 언제, 어떻게, 누구에게, 얼마로 판매할 것인지 회의하기 · 팸플릿을 만들고 판매 조 짜기 - 기부금 조성하기 · 판매하기(학부모, 교직원 등)	※ 돈을 학생들이 받아서 모으기 때문에 분실의 위험이 있으므로 주의한다. 일부 학부모의 반대를 대비해 취지를 잘 안내해야 한다.

18	• 기부처 찾기 　- 환경단체 찾아보기 　　· 여러 종류의 환경단체를 찾아보기 　- 우리에게 적절한 기부처에 대해 논의하기 　- 학급 회의로 결정하기	※ 임의로 판매하거나 기부하기보다 연초에 계획을 세워서 미리 결재를 받아둔다. 기부금도 행정실과 의논해 기탁금으로 세입을 잡은 뒤, 학교에서 투명하게 집행하도록 한다.

수세미 판매와 기부를 위해 학급 회의를 연다. 학생들은 직접 수세미를 수확하고 과육을 제거하면서 애를 많이 썼기 때문에 안건에 관심이 매우 높다. 실제로 학생들이 낸 아이디어와 결과는 다음과 같다.

"공개수업이 다음 주 수요일인데 그때 오신 부모님께 나눠드리면 좋겠습니다."(7표)

"도움을 주신 분들에게 나눠드리고 남는 것은 기부합시다."

"장터를 열어 팔고, 모은 돈은 기부하면 좋겠습니다."(2표)

"다음 주에 줍깅을 할 때 참여한 사람들에게 나눠줍시다."

"제로웨이스트 가게에 모두 드리고 팔아달라고 한 뒤 수익금을 반으로 나눕시다."

"우리 반 친구들이 모두 적당히 나눠 가서 개인적으로 판매한 뒤 수익금을 모읍시다."(8표)

표를 얻은 세 의견으로 재투표한 결과 '개인적으로 팔아 오기'가 과반수를 넘겼다. 학생들의 관심이 수익화에 집중될 때는 교사가 개입하여 수세미를 재배하려는 처음 목적(환경을 지키고 세상을 바꾸는 실천)을 상기시키는 것이 좋다. 그리고 도움을 준 사람들에게 나누어줄 것을 제안한다. 누구에게, 어떻게 감사함을 표현할 것인지도 학급 회의로 결정한다. 이 학급 회의는 학생들이 스스로 자연을 지키고 나아가 인간도 지키는 논의와 결정에 이르는 시간이라고 볼 수 있다.

기부금과 관련된 학급 회의는 한 번에 끝나지 않을 수 있다. 논의 과정에서 환경 의식이 자라나니 학생들이 논의를 차근차근 진행할 수 있도록 피드백하는 게 좋다. 1차 회의에서 기부금을 조성할 것인지 여부를 논의하고 2차 회의에서는 수세미 판매 방식과 가격을 논의한 뒤 3차 회의에서 기부처를 결정하기도 했다.

실제 수업 사례에서 학생들은 학교 선생님과 부모님에게 판매하기로 했다. 집으로 수세미를 가져가 그동안의 활동도 소개하고 판매 취지도 설명했다. 학급 임원들은 교장 선생님과 교감 선생님께 수세미를 판매하였다. 80여 개 수세미 판매에 대한 총수익으로 270,900원의 기금이 형성되었다. 학생들이 결정한 최종 기부처는 당시 해피빈에 올라 있던 대구 환경운동연합의 〈녹조 독이 없는 안전한 수돗물을 마시고 싶어요〉로 결정되었다. 이유는 "우리가 낙동강 물을 마시므로, 이것은 우리 삶을 개선해 주는 환경운동이다. 그리고 낙동강 물로 길러져 녹조의 독이 축적된 농작물이 전국으로 팔려나간다는 것을 배웠기 때문"이라고 하였다. 기부한 게시글에 대구환경운동연합에서 댓글을 달아 주어 학생들은 사회적 소통의 경험과 보람을 경험하기도 했다. 그다음 해에는 그린피스에 기부하자는 회의 결과에 따라 수세미 판매금 전액을 기부했다.

환경 관련 시민단체(기부처)

- 국제자연보호연맹(IUCN): 세계의 자원과 자연 보호를 위해 설립된 세계 최대 규모의 환경보호 관련 국제기구
- 그린피스: 지구 환경보호와 평화를 위해 비폭력 직접 행동을 평화적인 방식으로 캠페인 진행
- 기후변화청년모임(Bigwave): 2016년 파리협정 직후 5명의 청년들이 모여 기후 위기 대응을 위한 청년의 주도적 역할이 필요하다는 공감대 아래 빅 웨이브가 시작됨

- 기후정의동맹: 기후 위기를 해결하고 기후정의를 실현하기 위해서 기후 위기 최일선 당사자/공동체와 함께 아래로부터의 사회적 권력을 형성하여 체제전환을 이루기 위해 모임
- 녹색교통: 사람을 위한 교통 친환경적인 교통을 위한 실천
- 녹색연합: 우리나라 자연을 지키는 환경단체. 주요 생태 축인 백두대간과 DMZ를 보전하고 야생동물과 서식지를 지키는 노력을 수행
- 녹색전환연구소: 지구 평균기온 상승을 1.5℃ 이내로 제한하는 국가, 지역, 경제와 삶의 전환을 연구하는 기후정책 연구 민간 싱크탱크
- 세계자연기금(WWF-WORLD WIDE FUND FOR NATURE): 세계 최대 비영리 자연보전기관
- 생명다양성재단: 최재천 교수 대표. 생물과 환경에 대한 연구를 지원하고, 과학을 바탕으로 자연 및 환경문제를 올바로 이해하고 해결하고자 2013년 설립된 공익 재단법인
- 생태지평: 대안 사회를 꿈꾸는 이 땅의 사람들과 함께 환경운동의 질적 전환을 유도하기 위한 전략 기지의 역할을 하고자 모임
- SFO˚C(Solution For Our Climate): 2016년, 한국의 기후 논의 및 변화를 과학적 근거와 솔루션에 기반한 방식으로 가속화 하고자 하는 포부로 설립
- 여성환경연대: 자연과 인간, 여성과 남성, 현세대와 미래 세대가 건강하고 평등한, 유해 물질로부터 안전한 세상에서 살 수 있도록 자연의 속도에 맞는 느리고 단순한 삶을 위해 여성과 환경의 교차점에서 행동하는 사람들의 모임
- 에너지기후정책연구소: 현 에너지체제를 기후친화적이면서도 동시에 사회적으로 정의로운 방식으로 전환할 수 있는 비전과 담론을 개발하며, 장기간의 전환 과정을 관리해 나갈 방법론을 연구함
- 에너지정의행동: 평등하고 정의로운 에너지 세상을 향한 도전, 자극적인 선동이나 언론 보도 위주의 활동보다 잘 알려지지 않았으나 반드시 필요한 활동을 지속적으로 하는 단체
- 지구의 벗(Friends of the Earth): 기업의 세계화에 대해 문제 제기 환경적으로 지속 가능한 사회를 창조하자는 운동 수행
- 청년기후긴급행동: 다양한 주체들과의 상호 연대를 통해 정부와 기업의 실패를 고발하여 역사적 책임을 지도록 노력하는 단체
- 청소년기후행동(Youth 4 Climate Action): 기후 위기의 위험 수준을 줄이고, 위기 속에서 누구도 타자화되지 않고 삶이 안전할 수 있을 변화를 만드는 단체, 2018년 기후 위기를 인식한 청소년들의 작은 모임에서 시작, 기후 헌법소원을 청구하여 국가 온실가스 감축 목표의 강화를 요구
- 카라: 동물권에 대한 인식을 널리 알리기 위한 비영리 동물단체
- 플랜1.5(Plan1.5): 지구 평균 온도 상승을 1.5도 이내로 막아내는 것을 목표로 우리나라의 온실가스 감축을 보다 효과적이고 정의로운 방식으로 이루기 위해 설립된 비영리 단체
- 환경운동연합: 생명 · 평화 · 생태 · 참여를 중심 가치로 하여, 아름답고 건강한 미래를 위해 중장기적인 비전과 대안을 수립하고 실현하기 위한 활동을 전개
- 해피빈: 환경 관련 기부처 검색하여 기부 가능

차시	활동	비고

19 ~20	• 알림 글쓰기
	 - 자료를 활용해 글쓰기
	  · 천연 수세미를 사용하자는 주장의 글쓰기
	  · 찾은 자료를 정리해 알림 글쓰기
	 - 체험을 나눌 수 있는 방안 토의하기
	  · 노래 만들어 유튜브 올리기
	  · 신문에 기고하기
	  · 학교 홈페이지 게시판에 올리기
	  · 환경 학생 기자단 활동하기
	  · 정책 제안문 쓰기
		※ 쓴 글을 모아서 환경 전자책으로 발간할 수 있다.

21 ~22	• 알림 영상 만들기(학생 기획 활동)
	 - 콘티 짜기
	 - 역할 나누기
	  · 감독, 배우, 촬영, 편집 등의 역할을 나눈다.
	 - 영상 찍기
	 - 영상 공유하기
	  · 학교방송에 상영하기
	  · 유튜브로 공개
		□ 무료 영상 제작 사이트
		※ 학교 방송 시간에 상영할 수 있도록 전교 회의 시간에 건의한다.
		※ 유튜브에 올릴 때는 저작권, 초상권 등을 체크한다.

전체 프로젝트를 마무리하면서 알리는 글을 쓰거나 영상을 만드는 활동을 한다. 둘 다 해도 좋고, 선택해서 하나만 해도 좋다. 학생들에게 충분히 만들 수 있는 시간을 제공하려면 차시를 더 늘리면 된다. 학생들이 원하는 나른 활동이 있으면 창의적으로 계획해도 좋다.

알림 글쓰기는 지금까지 캠페인 활동을 하고 제로웨이스트를 실천하면서 느낀 것들을 정리하는 활동이다. 주장의 글이나 알림글, 편지 쓰기, 지자체에 정책 제안문 쓰기 등 여러 글쓰기 활동으로 확장할 수 있다. 쓴 글은 환경책으로 발간하여, 다음 해에 자료로 활용할 수 있다.

환경 활동을 기록하고 널리 알리기 위해 알림 영상을 만든다. 영상의 질보다 아이들의 성취 수준이 더 중요하므로, 엔딩 크레디트에 이름과 역할을 꼭 넣어 주도록 한다. 그리고 완성본은 환경에 관심을 가진 사람들과 서로 응원하고 연대할 수 있도록 학교에 공유한다.

1)   J. B. 매키넌, 〈디컨슈머〉, 문학동네, 2023
2)   환경부 KECI 한국환경보전원(https://www.gihoo.or.kr) 접속 〉 탄소중립 실천포털 〉 생활실천 알아봐요
3)   김재홍, 〈유럽의 육계산업 현황〉, 월간양계 11월호, 2016
4), 5)   환경부 자원순환정보시스템, 〈전국 폐기물 발생 및 처리현황(2023)〉
        https://www.recycling-info.or.kr/rrs/stat/envStatDetail.do • menuNo=M13020201&pageIndex=1&bb
        sId=BBSMSTR_000000000002&s_nttSj=KEC005&nttId=1416&searchBgnDe=&searchEndDe=

2

동물이 동물로
살아갈 권리

7 차시	실과, 음악		#공장식 축산 #그린워싱 #비건패션
차시	활동	관련 교과	2022 개정 교육과정 성취기준

1~4	• 공장식 축산과 동물복지
	  - 그림책 〈돼지 이야기〉 읽기
	  - 공장식 축산 개념 알기
	  - 동물복지 인증마크 알기
		실과	〔6실01-04〕 균형 잡힌 식사의 중요성과 조건을 탐색하여 자신의 식습관을 검토해 보고 건강한 식습관 형성에 적용한다.

5~7	• 비건 패션과 소리 오케스트라
	  - 의생활과 동물권 관련 텍스트 읽기
	  - 비건 패션 개념 알기
	  - 소리 오케스트라 활동하기
		음악	〔6음03-04〕 생활 주변 상황이나 이야기를 활용하여 음악을 만들며 열린 태도를 갖는다.

		실과	〔6실02-11〕 생태 지향적 삶을 위해 자신의 의식주 생활에서 할 수 있는 구체적인 행동을 계획하여 실천한다.

프로젝트 1의 주제는 음식과 의류에서 짚어 보는 일상과 밀접하게 연관된 동물권이다. 첫 번째 활동에서는 그림책 〈돼지 이야기〉를 읽으며, 공장식 축산이 동물들에게 미치는 영향을 이해하고, 동물들이 처한 환경을 생각해 보는 시간을 가진다. 그리고 동물복지를 위한 인증마크의 의미와 중요성을 함께 알아보며, 우리가 일상생활에서 실천할 수 있는 방법들을 고민해 본다.

두 번째 활동은 비건 패션의 의미를 배운다. 우리가 입는 옷이 동물권과 어떤 연관이 있는지 알아보기 위해, 동물권과 의생활을 다룬 텍스트를 읽는다. 이를 통해, 우리가 옷을 선택할 때 동물들에게 미치는 영향을 고려해야 함을 배운다. 마지막으로, 소리 오케스트라 활동을 하며 동물 소리와 동물을 둘러싼 환경을 창의적으로 표현하는 시간을 갖는다. 이 두 활동을 통해 동물권에 대한 우리의 인식을 넓히고, 생활 속에서 실천할 수 있는 다양한 방법을 함께 모색한다.

차시	활동	비고
1	• 그림책 〈돼지 이야기〉 읽기 - 그림책 표지 보고 내용 추측하기 - 그림책 읽고 이야기 나누기	▢ 유리, 〈돼지 이야기〉, 이야기꽃
2	• 공장식 축산 개념 알기 - 공장식 축산, 동물복지 개념 알기 - 동물복지 인증마크, 무기농 및 유기농 마크 알기	※ 그린 워싱 제품 구분 방법 안내하기
3~4	• 동물복지 인증마크 찾아보기 - 동물복지 인증마크, 무기농, 유기농 마크 제품 찾기 - 발표하기	
사후 활동	• 학교 급식 동물복지 인증마크 여부 조사 후 결과 공유하고 동물복지 홍보하기	※ 활동 전, 학교에 활동 취지를 공유한다.

우선 유리 작가의 그림책 〈돼지 이야기〉를 함께 읽는 활동으로 첫 수업을 시작한다. 이 책은 2010년에 우리나라를 휩쓴 돼지 구제역 살처분 사태를 다룬다. 가축을 공산품처럼 다루는 공장식 축산 시스템에서 가축의 삶이 어떠한지 담담한 문체와 흑백 삽화로 표현한 작품이다. 책을 읽으며 아이들은 문제에 대해 차분하게 생각할 시간을 가지게 될 것이다.

2차시는 공장식 축산과 동물복지의 개념, 인증마크에 대해 알아보는 수업을 진행한다. 돼지뿐만 아니라 소, 닭, 오리 등의 가축들도 사육환경이 열악한 건 마찬가지다. 인류세 화석으로 닭뼈와 플라스틱이 발견되리라 이야기될 만큼 인기 1위 육류는 닭이다. 한국에서 유통 중인 달걀의 95% 이상은 A4용지보다 더 작은 케이지에 갇혀 사는 닭에게서 나온다. 몸도 돌릴 수 없는 좁은 사육 공간에서 스트레스를 받은 닭은 옆에 있는 닭을 쪼거나 병에 걸려 일찍 죽는다. 이를 막기 위해 부리를 자르고, 항생제를 축사 전체에 주기적으로 살포한다. 최대한 단시간에 많은 닭고기 생산을 위해 성장 촉진제가 들어간 사료를 먹이기도 한다.

동물복지란 가축이 살아 있는 동안 생명으로서 기본적인 권리를 누리도록 해주자는 개념이다. 동물복지를 위해 농장에서는 더 낮은 사육밀도를 유지하고, 무항생제 사료를 사용한다. 돼지의 경우, 다음 사항이 동물복지 축산농장 인증 기준이다.[1] 인증 기준을 읽은 아이들은 동물복지의 필요에 대해 목소리 높여 대변할 것이다. "당연히 동물들도 몸을 돌릴 정도 공간이 필요하죠! 알이나 새끼만 낳는 기계가 아니잖아요!"

□ 분만실은 모돈이 몸을 완전히 뻗을 수 있는 충분한 크기이며 자돈이 압사되지 않는 구조 또는 보호시설 설치가 되어 있습니까?
□ 자돈은 생후 28일 이후에 이유하고 있습니까?
□ 배설물 청소와 깔짚 교체를 적절하게 하여 위생적이고 쾌적한 환경을 유지하고 있습니까?
□ 전기봉을 보유하고 있지 않습니까?

이후에는 친환경 인증마크인 동물복지 인증마크와 함께 무항생제와 유기농 마크를 소개하고 학생들이 이러한 인증마크가 부착된 제품을 찾아 발표하도록 한다. 이때 주의해야 할 점은 인증마크를 받았어도 그린워싱[2] 제품일 수도 있다는 것이다. 놀랍게도 무독성, 무첨가 또는 유기농, 무농약 등의 마크를 내세운 농산물 중 친환경과 연결되지 않은 제품도 있다. 무독성이나 무첨가는 인체에는 해가 없어서 좋지만, 꼭 친환경적이라는 보장은 없다. 그리고 유기농이나 무농약은 일반 농업에 비하면 더 친환경적이겠지만 친환경과 완전히 일치한다고는 할 수는 없다. 특히 유기농 마크는 합성농약과 화학비료를 전혀 사용하지 않아야 받을 수 있는 반면 무농약 마크는 합성 농약을 사용하지 않고 화학비료를 권장량의 3분의 1만 사용하면 부착할 수 있다.

무항생제 마크	유기농 마크	동물복지 축산농장 인증마크
무항생제 사료를 먹인 축산물.	농약과 화학비료, 항생제를 전혀 쓰지 않은 농·축산물.	농장 동물이 동물의 5대 자유[3]를 유지하면서 정상적으로 살 수 있도록 동물복지를 증진하는 축산농장과 인증 농장에서 생산된 축산물.

한 가지 조심해야 할 점은 동물권을 다루는 환경수업에서 '인간은 돈벌이를 위해 동물과 자연을 이용하는 나쁜 존재다.'라는 프레임이 만들어지기 쉽다는 것이다. 인간은 다른 생명체를 인식하며 공존하는 하나의 동물이고 무엇보다도 이 공존의 관계를 변화시킬 주체라는 점을 학생들이 인식할 수 있도록 하자. 실제로 동물복지를 인증 기준은 2012년에는 산란계, 2013년 양돈, 2014년 육계, 2015 한우, 육우, 젖소 및 염소, 2016년 오리까지 확대되었다. 동물복지 인증을 받는 동물 종이 확대된다는 것은 동물권 보호가 확대, 강화되고 있다는 증거이기도 하다.

사후 활동으로는 학교 급식에 나오는 닭고기, 돼지고기, 달걀 제품이 동물복지 인증마크가 붙은 제품인지 조사한다. 그리고 친환경 농축산물 인증마크가 부착된 제품 구입을 촉진하도록 동물복지 캠페인 활동을 해 볼 수도 있다. 이 활동은 급식, 학교 예산과 연계되어 있으니 학교 측에 본 활동의 취지를 설명하고 공감대 형성 후 호의적인 분위기에서 활동이 이루어지도록 하는 교사의 선행 작업이 필요하다.

차시	활동	비고
5	• 의생활과 동물권 관련 텍스트 읽기 - 옷과 동물의 관련성 떠올려보기 - 의생활과 동물권 관련 텍스트 읽기 - 질문 만들고 답하기	※ 학생 수준에 따라 텍스트 수준을 재가공한다.
6	• 비건 패션 개념 알기 - 비건 패션 개념 알기 - 비건 패션 제품 살펴보기 - 비건 패션 장점 알기	※ 교사가 미리 비건 패션 제품을 구입하여 보여 주는 것도 좋다.
7	• 소리 오케스트라 활동하기 - 사진 보고 장면 및 소리 상상하기 - 역할 나누어 소리 오케스트라 구성하기 - 모둠별 소리 오케스트라 발표하기	※ 쉬운 주제로 소리 오케스트라 기법에 익숙해진 후, 본 활동을 도입한다.
사후 활동	• 우리 반 동물권 앨범집 만들기	

의류는 우리의 삶과 밀접하게 연관된 지문을 읽는 국어 수업에서 빼놓을 수 없는 대상이다. 동물권 운동이 확산되면서 식물성 재료를 사용한 비건 패션 움직임이 전 세계적으로 일어나고 있다. 동물성 소재 의류에 대한 지문을 읽고 정보를 파악하는 국어 수업과 동물권이 침해된 상황을 소리로 표현하는 음악 수업을 연결하여 3차시 수업을 진행할 수 있다.

학생들에게 "우리가 입는 옷과 동물이 관련된 예로는 어떤 것이 있을까요?"라는 질문으로 수업을 시작해 보자. 악어가죽, 털조끼, 거위 털 패딩, 가죽 구두, 가죽 벨트와 밍크코트까지 다양한 답변이 쏟아질 것이다. 이 질문과 답변으로 동물권이 우리 실제 일상생활과 밀착되어 있는 문제임을 학생들에게 환기시킬 수 있다.

동물권 수업이 일반 환경수업과 다른 특이점은 잔인한 장면을 그대로 제시하는 경우 충격과 공포감을 조성하여 아이들이 거부감을 가질 수 있다는 점이다. 어떤 성격의 자료를 어떤 선까지 제공해야 할지 고민이 될 수밖에 없다. 영상

자료로 제시하는 경우 생생한 만큼 가혹한 충격을 남길 것이 분명하므로 자료를 글로 제시하여 문제의식을 구체화하도록 하자. 물론 제시 글 또한 아이들이 너무 잔인하다고 느끼지 않도록 하기 위한 교사의 세심한 재가공이 요구된다.

다음 글은 실제 수업에서 제시했던 글의 요약본이다. 학생들에게 제시할 글의 소재와 수위를 정할 때 참고하도록 한다.

제시글

배성호(2022), 〈지속 가능한 세상에서 동물과 공존한다는 것〉의 일부

요약본

밍크코트 한 벌을 만들기 위해서는 밍크(족제빗과) 30마리에서 70마리의 털이 필요하다. 패딩과 이불에 들어가는 부드러운 솜털을 위해서는 사람의 무릎 사이에 거위나 오리의 머리를 끼운 채로 털을 뽑는다. 이 과정에서 거위나 오리는 질식해서 죽거나 날개가 부러지고 생살이 찢어지기도 한다. 양모는 양털을 깎으니 동물 학대의 과정이 없으리라 생각하겠지만 그렇지 않다. 선택 교배(특정 형질을 골라서 하는 교배)를 통해 개발한 개량종 양들은 털이 부자연스럽게 많고 스스로 털갈이를 하지 못해 병에 걸리거나 죽는 경우도 있다. 피부 주름이 오줌이나 수분을 흡수하기 때문에 거기에 파리가 알을 낳아 구더기가 부화하기도 한다.

인간의 잔혹성에 너무 깊이 빠져들지 않도록 화제를 전환하는 게 바람직할 수 있다. 동물성 소재를 사용하지 않고 만든 '비건 패션' 관련 사진을 화면에 띄워 주의를 끌도록 한다.

비건 패션은 'Cruelty-free'로 동물 학대 없는 원재료를 이용해 만든 옷을 의미한다. 동물성 식재료를 배제하는 채식주의자를 의미하는 영어 단어 '비건(vegan)'이 패션계에까지 옮겨간 것이다.

실제로 2000년도부터 영국에서는 세계 최초로 모피 생산을 위한 동물 사육을 금지했다. 점차 동물 학대에 비판 의식이 높아지면서 세계 4대 패션쇼 중 하나인 런던 패션위크는 2018년부터 모피로 만든 옷을 금지했다. 가죽옷 대신 사

밍크코트 판매 매장   소리 오케스트라 발표 대형

과껍질, 선인장, 버섯, 파인애플, 종이, 포도 껍질, 종이를 이용해 옷을 만들기 시작했다. 식물성 재료로 생산된 비건 가죽은 동물 가죽보다 수질 오염이 적고, 생산 과정에서 발생하는 탄소 배출이 기존 인조 가죽보다 약 17배 더 적다.

먹는 음식이 옷이 된다는 사실에 아이들은 흥미를 보일 것이다. 집에 있는 가죽옷은 무엇으로 만들어졌는지 찾아보아야겠다는 반응을 보이기도 한다. 일상에서 당연하게 여겼던 것들을 새롭게 바라보는 경험으로, 새로운 시각과 환경 감수성을 키울 수 있었던 수업이었다고 할 수 있다.

동물성 소재로 만든 의류와 비건 패션을 학습했다면 이제 '소리 오케스트라' 활동을 진행해 보자. '소리 오케스트라' 활동은 교육연극 기법의 하나로 한 장의 사진을 보고 그 장면에 등장할 소리를 상상하여 음악적 요소로 표현하는 활동이다. 상상의 나래를 마음껏 펼치고 오케스트라라는 색다른 대형으로 발표하는 활동으로 아이들이 무척 흥미로워한다.

소리 오케스트라 활동 방법

1. 사진을 보고 사진에서 어떤 소리가 들릴지를 상상한다.
2. 모둠원 중에 한 친구는 지휘자를 맡고, 나머지 모둠원들은 각자 어떤 소리를 어떻게 표현할지 정한다. (도구 사용 가능)
3. 모둠원들은 반원 모양으로 서고 지휘자는 그 친구들을 바라보며 가운데에 선다. (오케스트라 대형)
4. 지휘자가 한 학생을 손으로 가리키면 그 학생은 자신이 맡은 소리를 낸다. 손으로 가리킬 때마다 학생은 자신의 소리를 반복한다.
5. 지휘자는 손짓하는 방향으로 학생의 소리를 키우거나 줄일 수 있다.
6. 마지막 마무리 손짓으로 오케스트라 지휘를 마친다.

예를 들어 밍크코트 상점의 매장 사진을 보여 주고 어떤 소리가 들릴지 상상해 보게 한다. 학생들은 "손님과 주인이 이야기하는 소리요.", "초인종 소리요.", "밍크코트 때문에 희생당한 밍크 소리요."라고 답한다. 그러면 이 소리들을 어떻게 표현할 수 있을지 생각하고 활동지에 정리해 보도록 한다.

활동지(예)

사진에 어울리는 소리를 생각해 보세요.

상상되는 소리	소리 내는 방법	준비물	맡은 사람
손님과 주인이 이야기하는 소리	손님 무엇을 찾으시나요?	목소리	○○
초인종 소리	핸드벨 치기: '딩'	핸드벨	○○
희생당한 밍크 소리	장난감 버튼 누르기: '끄아아아'	비명 소리 장난감 버튼	○○
지휘자	–	펜(지휘봉 역할)	○○

정리되었다면 소리 오케스트라 발표 대형으로 서도록 한다. 지휘자가 연주자들을 가볍게 터치하면 연주자들은 소리를 작고 짧게 만들어 내고 지휘자가 손짓을 조금 더 세게 하면 연주자들이 크고 길게 소리를 내도록 한다.

초인종 소리와 동물 울음소리가 번갈아 가며 배치되도록 지휘자가 연주자들을 자유롭게 지시하도록 안내한다. 가끔은 소리가 점점 작아지기도 하고 클라이맥스 부분에서는 모든 소리가 함께 모여 교실을 가득 채울 정도로 크게 울리도록 한다. 그리고 어느 순간, 지휘자의 신호에 따라 모든 소리가 동시에 멈추도록 한다. 방금까지 울려 퍼졌던 소리들이 귓가에 맴돌며 여운을 남길 것이다. 음악이 마무리되었다면 이제 한 벌의 코트와 패딩에 묻힌 생명들에 대해 어떤 생각이 들었는지 이야기 나누며 활동을 마무리하도록 한다.

참고 정보

모둠별 소리 오케스트라 연주를 촬영하여 우리 반 친구들의 작품을 묶으면 하나의 동물권 앨범집을 만들 수 있다.

---

1) 국가동물보호정보시스템에 접속하면 동물별 기준 및 농장 현황을 살펴볼 수 있다.
2) 실질적인 친환경 경영과는 거리가 있지만 녹색경영을 표방하는 것처럼 홍보하는 것.
3) 동물의 5대 자유: 배고픔과 갈증, 영양불량으로부터의 자유, 불안과 스트레스로부터의 자유, 정상적 행동을 표현할 자유, 통증·상해·질병으로부터 자유, 불편함으로부터의 자유.

6차시	미술, 사회, 국어		#동물보호법 #동물권선언문 #멸종위기동물
차시	활동	관련 교과	2022 개정 교육과정 성취기준
1~4	• 동물권 선언문 타이포그래피 만들기 – 〈세계 동물권 선언문〉과 우리나라의 〈동물보호법〉 알기 – 타이포그래피 만들기	미술	(6미02-05) 미술과 타 교과의 내용과 방법을 융합하는 활동을 자유롭게 시도할 수 있다.
		사회	(6사03-01) 사례를 통하여 법의 의미와 역할을 이해하고 헌법에 규정된 인권이 일상생활에서 구현되는 사례를 조사하여 인권 친화적 태도를 기른다.
5~6	• 동물권 변호사 정지 장면 만들기 – 〈세계 동물권 선언문〉 다시 보기 – 동물권 변호사 정지 장면 만들기	국어	(6국05-05) 자신의 경험을 시, 소설, 극, 수필 등 적절한 갈래로 표현한다.
		사회	(6사12-02) 지구촌을 위협하는 다양한 문제들을 파악하고, 지속 가능한 미래를 위한 해결방안을 탐색한다.

　　동물권 관련 두 번째 프로젝트로 동물권을 다루고 있는 실제 법 조항을 학습하고 법의 취지를 내면화하는 활동을 진행한다. 아이들은 동물 관련된 법 조항이 실제로 존재한다는 것 자체를 신기해하고 반가워할 수 있다.

　　최근 몇 년간 동물권의 중요성이 전 세계적으로 주목받고 있으며, 동물의 윤리적 대우와 보호의 필요성이 강조되고 있다. 40여 년 전에 선포된 〈세계 동물권 선언문〉은 동물들이 고통 없이 살아갈 권리 등 기본적인 권리를 명시한다. 한국에서도 〈동물보호법〉을 근거로 이러한 세계적인 노력에 발맞추어 동물복지를 보호하고, 학대를 방지하는 역할을 하고 있다.

이번 프로젝트에서는 〈세계 동물권 선언문〉과 〈동물보호법〉을 토대로 두 가지 흥미로운 활동을 전개한다. 먼저, 세계 동물권 선언문과 한국의 동물보호법에서 영감을 받은 타이포그래피 작품을 만들어 보며, 이러한 권리들의 중요성을 시각적으로 표현해 본다. 다음으로, 동물권 변호사를 주제로 장면 만들기(역할극) 활동을 한다. 이 활동들을 통해 동물권에 대한 더 깊은 이해를 얻고, 전 세계와 국내에서 동물들이 어떻게 보호받아야 할지 알아보는 시간을 갖는다.

차시	활동	비고
1	• 〈세계 동물권 선언문〉과 우리나라의 〈동물보호법〉 알기 - 〈세계 동물권 선언문〉 안내 및 읽기 - 우리나라의 〈동물보호법〉과 동물 보호 기본 원칙 이해하기	※ 조항이나 법령이 어렵게 느끼지 않도록 수준 조절이 필요하다.
2	• 조항 들여다보기 - 가장 마음에 드는 조항 고르기 - 가장 필요한 조항 고르기	※ 법을 설명할 때, 일상생활에서 적용되는 사례를 함께 제시하여 이해하기 쉽게 만든다.
3~4	• 〈세계 동물권 선언문〉 타이포그래피 만들기 - 타이포그래피 개념, 방법 알기 - 가장 필요한 조항으로 타이포그래피 만들기	
사후 활동	• 자신이 고른 조항으로 선서 외치기	

한 나라의 복지 수준을 알고 싶다면 그 나라의 동물 관련 법을 확인해 보라고들 말한다. 영국에서 1822년 제정된 〈마틴법(Martin's Act)〉[4]은 세계 최초의 동물보호법으로 가축의 부당한 취급을 방지하기 위한 법률이었다. 이후 다른 국가들도 동물보호법을 제정하고 보다 체계적이고 포괄적인 동물보호 체제를 구축하기 시작했다.

마틴법 제정 후 150년이 지난 1978년에 전 세계의 동물 운동가들이 파리 유네스코 본부에 모였고 14개 조항으로 이루어진 〈세계 동물권 선언〉[5]이 발표되었다. 모든 종은 생명으로서 동등한 기본적 권리를 가지며, 인간 또한 동물의 한 종으로서 다른 동물을 함부로 해서는 안 된다는 내용이다.

현재 유럽이나 미국 일부 주에서는 축사에서 소와 돼지, 닭들을 움직일 수 없는 상태로 키우는 것이 불법이다. 스위스에서는 살아 있는 가재를 끓는 물에 넣어 요리하는 것도 불법이다. 우리나라에도 동물보호법이 있다. 영국의 동물보호법을 참고하여 1991년에 탄생된 법으로 동물보호의 5가지 원칙이 근간을 이루고 있다. 우리나라의 〈동물보호법〉 조문 일부를 살펴보자. 네이버 등 인터넷 포털 사이트에서 '동물보호법'을 검색하면 법제처 국가법령정보센터에서 제공하는 법령 원문 정보를 바로 확인할 수 있다.

〈동물보호법〉

제1장 총칙

2조(정의)
1. "동물"이란 고통을 느낄 수 있는 신경체계가 발달한 척추동물로서 다음 각 목의 어느 하나에 해당하는 동물을 말한다.
가. 포유류
나. 조류
디. 파충류 · 양서류 · 어류 중 농림축산식품부장관이 관계 중앙행정기관의 장과의 협의를 거쳐 대통령령으로 정하는 동물
3조(동물보호의 기본원칙)
누구든지 동물을 사육 · 관리 또는 보호할 때에는 다음 각 호의 원칙을 준수하여야 한다.
1. 동물이 본래의 습성과 몸의 원형을 유지하면서 정상적으로 살 수 있도록 할 것
2. 동물이 갈증 및 굶주림을 겪거나 영양이 결핍되지 아니하도록 할 것
3. 동물이 정상적인 행동을 표현할 수 있고 불편함을 겪지 아니하도록 할 것
4. 동물이 고통 · 상해 및 질병으로부터 자유롭도록 할 것
5. 동물이 공포와 스트레스를 받지 아니하도록 할 것

제8장 벌칙

97조(벌칙) ① 다음 각 호의 어느 하나에 해당하는 자는 3년 이하의 징역 또는 3천만
 원 이하의 벌금에 처한다.
1. 10조 제1항 각 호의 어느 하나를 위반한 자
2. 10조 제3항 제2호 또는 같은 조 제4항 제3호를 위반한 자

10조(동물학대 등의 금지) 제1항
누구든지 동물을 죽이거나 죽음에 이르게 하는 다음 각 호의 행위를 하여서는 아
니 된다.
1. 목을 매다는 등의 잔인한 방법으로 죽음에 이르게 하는 행위
2. 노상 등 공개된 장소에서 죽이거나 같은 종류의 다른 동물이 보는 앞에서 죽음
  에 이르게 하는 행위
3. 동물의 습성 및 생태환경 등 부득이한 사유가 없음에도 불구하고 해당 동물을
  다른 동물의 먹이로 사용하는 행위
4. 그 밖에 사람의 생명·신체에 대한 직접적인 위협이나 재산상의 피해 방지 등
  농림축산식품부령으로 정하는 정당한 사유 없이 동물을 죽음에 이르게 하는 행
  위

10조(동물학대 등의 금지) 제3항 제2호
③ 누구든지 소유자등이 없이 배회하거나 내버려진 동물 또는 피학대동물 중 소유
자등을 알 수 없는 동물에 대하여 다음 각 호의 어느 하나에 해당하는 행위를 하여
서는 아니 된다.
1. 포획하여 판매하는 행위
2. 포획하여 죽이는 행위
3. 판매하거나 죽일 목적으로 포획하는 행위
4. 소유자등이 없이 배회하거나 내버려진 동물 또는 피학대동물 중 소유자등을 알
  수 없는 동물임을 알면서 알선·구매하는 행위

10조(동물학대 등의 금지) 제4항 제3호
④ 소유자등은 다음 각 호의 행위를 하여서는 아니 된다.
1. 동물을 유기하는 행위
2. 반려동물에게 최소한의 사육공간 및 먹이 제공, 적정한 길이의 목줄, 위생·건
  강 관리를 위한 사항 등 농림축산식품부령으로 정하는 사육·관리 또는 보호의
  무를 위반하여 상해를 입히거나 질병을 유발하는 행위
3. 제2호의 행위로 인하여 반려동물을 죽음에 이르게 하는 행위

미국에서는 연방정부 차원에서 동물학대범에게 최대 7년의 징역형을 내리는 법이 발효되었다. 영국도 동물학대범에 대한 최고 형량을 5년으로 늘렸다. 동물학대 행위에 대한 한국의 형량은 3년 이하의 징역 또는 3천만 원 '이하'의 벌금이다. 2021년 진행되었던 우리나라의 동물학대범 판결을 보도한 기사의 제목은 "반려견 잔인하게 죽였는데 벌금 300만 원…외국이었다면?"[6]이었다. 한국의 형량이 강력한 편은 아닌 것으로 보인다.

우리나라의 〈동물보호법〉과 〈세계 동물권 선언문〉을 비교해 보는 시간을 갖는다. 우리나라의 동물보호법은 형량, 징역 등 초등학교 5~6학년 친구들이 알기에 어려운 단어들이 포함되어 있기 때문에 단어를 설명하면서 조문을 함께 읽어야 한다. 반면, 세계 동물권 선언문은 어렵지 않은 단어로 적혀 있어서 학생들이 한 명씩 돌아가며 조항을 읽고 이해하도록 해도 좋다.

모두 읽었다면 이제 선언문의 조항들 가운데 가장 마음에 드는 조항을 하나 고르고 그 이유도 함께 패들렛에 써 보도록 한다.

다음으로는 가장 지켜질 필요가 있다고 생각하는 동물권 조항 한 가지를 골라 동물 실루엣 안에 타이포그래피로 채워 넣는 활동을 진행한다. 동물권 조항을 색깔 펜으로 공들여 꾸미면서, 동물을 소중히 생각하는 생태 감수성이 아이들의 마음속에 깊숙하게 자리 잡을 것이다.

동물 타이포그래피

<세계 동물권 선언문>[가] (1978년 10월 15일, 파리 유네스코 본부)

서문
모든 동물은 권리를 가진다.
동물의 권리를 무시하고 경멸하는 것은 자연과 동물에 대한 인간의 범죄로 이어지며 이를 계속하여 범하게 만든다.
인간 종이 다른 동물 종의 존재 권리를 인정하는 것은 동물 세계의 공존의 기본이다.
인간은 동물에게 집단 학살을 저질렀으며, 집단 학살의 위협이 계속되고 있다.
동물에 대한 존중은 인간에 대한 존중과 연결된다.
인간은 어린 시절부터 동물을 관찰하고, 이해하며, 존중하고 사랑하도록 가르쳐야 한다.
이에 선언한다.

제1조
모든 동물은 태어나면서부터 평등하며 생존할 권리에 차이가 없다.

제2조
1. 모든 동물은 존중받을 권리가 있다.
2. 인간은 동물 종으로서 다른 동물을 멸종시키거나 비인간적으로 착취할 권리를 스스로에게 부여해서는 안 된다. 그는 자신의 지식을 동물의 복지를 위해 사용해야 할 의무가 있다.
3. 모든 동물은 인간의 관심, 돌봄, 보호를 받을 권리가 있다.

제3조
1. 어떤 동물도 학대받거나 잔인한 행위의 대상이 되어서는 안 된다.
2. 만약 동물을 죽여야 한다면, 이는 즉시 그리고 고통 없이 이루어져야 한다.

제4조
1. 모든 야생 동물은 육지, 공기 또는 물에서 자유롭게 살아갈 권리가 있으며, 번식할 수 있어야 한다.
2. 교육 목적이라 할지라도 자유의 박탈은 이 권리의 침해다.

제5조
1. 전통적으로 인간 환경에서 살아온 종의 동물은 그 종의 고유한 생활 리듬과 조건에서 살고 성장할 권리가 있다.
2. 이 리듬이나 조건을 인간이 이익을 위해 간섭하는 것은 이 권리의 침해다.

제6조
1. 모든 반려 동물은 자연 수명을 다할 권리가 있다.
2. 동물을 버리는 것은 잔인하고 굴욕적인 행위이다.

제7조
모든 작업 동물(working animals)은 작업 시간과 강도의 합리적 제한, 필요한 영양 공급, 휴식할 권리가 있다.

제8조
1. 신체적 또는 심리적 고통을 수반하는 동물 실험은 과학적, 의학적, 상업적 또는 기타 연구 형태를 막론하고 동물의 권리와 양립할 수 없다.
2. 대체 방법이 사용되고 개발되어야 한다.

제9조
식품 산업에서 사용되는 동물은 고통 없이 사육되고, 운송되고, 도살되어야 한다.

제10조
1. 어떤 동물도 인간의 오락을 위해 착취되어서는 안 된다.
2. 동물을 포함하는 전시와 공연은 그들의 존엄성과 양립할 수 없다.

제11조
동물을 무작위로 죽이는 모든 행위는 생명에 대한 범죄, 즉 생명살해이다.

제12조
1. 야생 동물의 집단 살해를 포함하는 모든 행위는 종에 대한 범죄, 즉 집단 학살이다.
2. 자연환경의 오염이나 파괴는 집단 학살로 이어진다.

제13조
1. 죽은 동물은 존중받아야 한다.
2. 동물이 포함된 폭력 장면은 인간 교육을 제외하고 영화와 텔레비전에서 금지되어야 한다.

제14조
1. 동물 권리를 옹호하는 운동의 대표는 모든 정부 수준에서 실질적인 목소리를 가져야 한다.
2. 동물의 권리는 인간의 권리처럼 법의 보호를 받아야 한다.

〈세계 동물권 선언〉은 1978년 10월 15일 파리 유네스코 본부에서 엄숙히 선언되었다. 이 조문은 1989년 국제 동물 권리 연맹(international League of Animal Rights)에 의해 개정되었으며, 1990년 유네스코 사무총장에게 제출되어 같은 해 공개되었다.

차시	활동	비고
5	• 다시 보는 〈세계 동물권 선언문〉 　- 모둠별로 가장 필요하다고 생각하는 조항 고르기 • 동물권 변호사 정지 장면 　- 선택한 조항이 지켜지지 않는 상황 상상하기 　- 정지 장면 구상하기(역할, 자세, 한마디)	※ 본 수업 전에 정지 장면 만들기 활동을 사진이나 그림으로 사전에 연습해 본다.
6	• 정지 장면 발표하기 　- 모둠별 동물권 변호사 정지 장면 발표하기 　- 정지 장면 보고 난 후 느낌 나누기	
사후 활동	• 정지 장면 영상 홍보하기	

앞서 학습한 동물권 개념을 내면화할 수 있도록 교육 연극 기법인 '정지 장면 만들기' 활동을 하고(국어) 문제해결 탐구 수업을(사회) 엮어 2차시 수업을 진행한다. 드라마 〈이상한 변호사 우영우〉의 인물 컷을 보여 주며 다음과 같은 대화로 동물권 변호사 활동을 열면 좋다.

"여러분, 이 사람 누군지 알아요? 이 사람이 가장 좋아하는 동물이 뭐였죠?"
"이상한 변호사 우영우요! 돌고래요!"
"드라마에서 우영우는 돌고래쇼를 금지하며 1인 시위를 벌이기도 했어요. 우리도 오늘은 동물권 변호사가 되어볼 거예요. 〈세계 동물권 선언문〉 중에서 우리나라에서 더 잘 지켜졌으면 하는 조항을 골라보았죠? 그중 가장 중요하다고 생각하는 딱 한 가지 조항을 모둠별로 선택해 보세요."

실제 활동 가운데 하나는 다음과 같이 진행되었다. 한 학생이 노란색 인형들을 구분하며 왼쪽이나 오른쪽 바구니로 던진다. 다른 친구는 오른쪽 바구니로 던져진 노란색 인형을 가위로 휘저으며 "윙" 소리를 낸다. 이후 빨간색 천으로 그 자리를 덮는다. 그러면 변호사 역할을 맡은 학생이 이렇게 외친다.

정지 장면 만들기(모둠 활동)

1. 나타내고 싶은 〈세계 동물권 선언문〉 조항을 고른다.
2. 해당 동물권 조항이 침해되는 상황을 정한다.
3. 상황에 등장하는 역할을 떠올려보고 한 명씩 역할을 맡는다. (한 명은 동물권 변호사 역할을 맡는다.)
4. 상황이 잘 드러나도록 정지 장면을 만들고 역할별로 대사를 한 문장씩 정한다.
5. 자신의 차례가 되면 짧은 동작과 함께 준비한 한 마디를 외친다.

Tip 정지 장면을 만들 때, 다양한 색상의 천을 구비해 놓으면 학생들이 풍성하게 표현하는 데 도움이 된다.

"제9조. 식품 산업에서 사용되는 동물은 고통 없이 사육되고, 운송되고, 도살되어야 한다!"

아이들이 표현한 장면은 병아리 감별 장면이었다. 암컷 병아리는 자라서 달걀을 낳는 암탉이 되기 때문에 유용하다고 여겨지지만 수컷 병아리는 그렇지 않아 쓸모가 없다는 이유로 버려진다는 이야기를 듣고 만든 장면이라고 했다.

[ ] 동물권 변호사 정지 장면 만들기

---

4) 영국의 정치인이자 동물권 운동가 리처드 마틴(Richard Martin)이 브리튼 의회 하원에 1822년 발의하여 통과시킨 법안으로 '마틴법'으로 줄여 불리는데 법률의 원래 명칭은 'An Act to prevent the cruel and improper Treatment of Cattle(가축 학대 방지법)'이다. 서양에서 최초로 제정된 동물보호법으로 널리 인정되는 법안이다.
5) UN(1978), 〈Universal declaration of animal rights〉, UN https://www.esdaw.eu/unesco.html
6) 권라영(2021. 4. 6.), "반려견 잔인하게 죽였는데 벌금 300만원…외국이었다면?", KPI뉴스
    https://www.kpinews.kr/newsView/179547177609535
7) 배성호 · 주수원, 〈지속가능한 세상에서 동물과 공존한다는 것〉, 이상북스

8차시 음악, 미술, 사회, 국어   #반려동물 #길냥이 #생태통로

차시	활동	관련 교과	2022 개정 교육과정 성취기준
1~2	• 애완동물과 반려동물 개념 알기 - 노래 〈Your dog loves you〉 듣기 - 애완동물과 반려동물의 개념 알기 - 반려동물 관점으로 일기 쓰기	음악	〔6음02-04〕 생활 속에서 음악을 찾아 들으며 아름다움을 느끼고 공감한다.
3~5	• 길냥이 사진전 진행하기 - 길고양이 관련 지역 뉴스 - 길냥이 사진작가 되기 - 메타버스 길냥이 사진전 개최하기	미술	〔6미01-03〕 주변 환경에 대한 민감한 태도로 대상과 상호작용하며 새로운 의미를 발견할 수 있다.
		사회	〔6사03-02〕 일상생활에서 아동 및 사회적 약자의 인권이 침해되는 사례를 찾아보고 그 문제의 해결 방안을 토의하고, 인권을 보호하는 활동에 참여한다.
6~8	• 생태통로 파악하기 - 그림책 〈생태통로〉 읽고 개념 알기 - 생태통로 관련 기사 - 우리 지역 생태통로 찾아보기 - 탐방 및 생태통로 효용성을 높이기 위한 실천 계획 세우기	국어	〔6국02-01〕 글의 구조를 고려하며 주제나 주장을 파악하고 글 내용을 요약한다. 〔6국05-06〕 작품을 읽고 자신의 삶과 연관 지어 성찰하는 태도를 지닌다.
		사회	〔6사12-02〕 지구촌을 위협하는 다양한 문제들을 파악하고, 지속 가능한 미래를 위한 해결방안을 탐색한다.

동물권 관련 세 번째 프로젝트로 학생들이 각자의 일상생활에서 실제로 동물 권을 진지하게 적용해 보고 실천해 볼 수 있도록 우리 주변의 동물들에 대해 생 각해 보는 활동들을 진행한다. 이 프로젝트를 진행하고 나면 학생들은 마트에

서 파는 햄스터나 쇼윈도에 전시된 강아지를 보고 갇혀 있는 동물 생명의 무게와 책임을 생각할 줄 아는 사람으로 성장해 있을 것이다.

첫 번째 활동에서는 애완동물과 반려동물의 개념을 배운다. 노래 〈Your dog loves you〉를 들으면서, 애완동물과 반려동물의 차이를 이해한다. 이후, 반려동물의 관점에서 일기를 쓰며 동물의 감정을 생각해 본다.

두 번째 활동에서는 길고양이를 주제로 한 사진전을 준비한다. 길고양이와 관련된 지역 뉴스를 살펴본 후, 직접 길고양이 사진작가가 되어 사진을 찍는다. 메타버스에서 길냥이 사진전을 개최하여 다른 친구들의 작품도 살펴보고 가족들에게도 소개한다.

세 번째 활동에서는 생태통로에 대해 알아본다. 그림책 〈생태통로〉를 읽고 개념을 이해한 후, 생태통로와 관련된 기사를 통해 더 깊이 탐구한다. 우리 지역의 생태통로를 찾아보고 직접 탐방하며, 생태통로의 효용성을 높이기 위한 실천 계획을 세운다.

차시	활동	비고

1	• 노래 〈Your dog loves you〉 감상하기
	  - 반려동물의 입장을 나타낸 노래 듣기
	  - 마음에 드는 부분 밑줄 긋고 공유하기
		※ 제목보다 곡을 먼저 들려주면 반려동물의 개념이 더 잘 와 닿는다.

2	• 애완동물과 반려동물 개념 알기
	  - 애완동물과 반려동물의 사전적 정의 알아보기
	  - 애완동물 개념으로 동물을 기를 때 문제점 생각해 보기
	• 내가 반려동물이라면?
	  - 우리 집 반려동물 관점으로 하루 상상해 보기
	  - 일기 쓰고 발표하기
		※ 반려동물 관점으로 쓴 일기를 교사가 먼저 예시로 제시한다.

아이들은 동물을 키우고 싶어 한다. 하지만 처음에만 반짝 관심을 보이다가

이내 시큰둥해질 수 있어 동물을 돌보는 일이 결국 부모의 일이 되기도 한다. 동물을 집에 데려온다는 것이 무엇을 의미하는지, 동물의 입장은 어떨지, 내가 소홀해지면 우리 집의 동물권은 어떻게 되는 것일지에 대해 생각해 보는 활동을 진행한다.

가수 콜드(Colde)가 부른 노래 〈Your dog loves you〉를 재생하며 수업을 시작한다. 이 노래는 반려견이 자신을 보살펴 주는 가족을 어떻게 느낄지 상상하여 가사로 적어 낸 곡이다. 가사를 나누어 주고 각 마음에 드는 문장에 밑줄을 그은 뒤, 왜 그 부분이 좋았는지 생각을 나누는 시간을 갖는다.

활동을 진행하다 보면 거의 모든 가사에 밑줄을 긋는 학생도 있고 키우던 강아지와 산책하던 일을 풀어놓는 학생도 있을 것이다. 뮤직비디오를 보여 주면 영상에 등장하는 다양한 유기견의 모습에 크게 반응하며 학생들은 활동에 더욱 푹 빠져들 것이다. 뮤직비디오를 감상했다면 화면에 '애완동물'과 '반려동물'이라는 단어를 띄우고 의미에 대해 생각해 보는 시간을 갖는다. 두 단어가 어떻게 다르다고 생각하는지에 대해 학생들에게 질문한 뒤, 분명한 설명을 위해 한자 어원을 짚어 주면 좋다. 동물과 함께 사는 것이 즐거움을 위한 행위라고 인식하는 것과 더불어 살아가는 가족처럼 여기는 것에는 태도의 차이가 크다. 애완동물이라는 단어의 관점으로 내 곁의 동물을 인식하는 경우, 동물이 때로 아프거나 성가신 기분이 들 때 이 동물이 나에게 의미가 없다고 여길 수도 있을 것이다.

▶ 애완(愛玩)동물: 사람에게 즐거움을 주기 위해 기르는 동물
▶ 반려(伴侶)동물: 사람과 함께 더불어 살아가며 심리적으로 안정감과 친밀감을 주는
　　　　　　　　친구, 가족과 같은 존재

뒤이어 우리 집 반려동물의 하루를 상상하며 일기 쓰기 활동을 진행한다. 반려동물이 없는 학생들은 동물을 데려온 상황을 상상해서 이야기를 작성해 보도

록 한다. 인간이 무심코 하는 행동들이 동물의 입장에서는 어떻게 보여 질지 상상하는 것만으로도 아이들은 웃음보가 터지기도 하지만 때로 멋쩍어지기도 할 것이다. 그렇게 평범했던 일상을 새롭게 보고 반성적으로 사고하는 과정을 거치면서 동물권에 대한 감수성은 한층 신장될 것이다. 다음은 글쓰기 사례이다.

> 아침에 일어나 주인과 함께 산책을 나갔다. 며칠 동안 미세먼지가 많아서 코가 간질간질했는데, 오랜만에 맑은 공기를 마시니 기분이 정말 좋았다. 산책 중에 아파트 옆에 사는 삐삐를 만났다. 삐삐도 오랜만에 바깥 공기를 쐬고 있다면서 꼬리를 흔들며 말했다. 점심에는 주인이 내가 좋아하는 간식을 줬다. 아마 내가 요즘 화장실을 잘 못가서 그런 것 같다. 주인은 산책하는 김에 운동을 하겠다며 공을 던졌다. 나는 그 공을 주우려고 여기저기 뛰어다녔다. 주인은 한자리에서 던지는데, 나는 왜 계속 왔다 갔다 해야 하는지 궁금했다. 조금 피곤했지만, 나는 이렇게 맘껏 뛰어노는 시간도 별로 없으니 그냥 오늘은 열심히 뛰기로 했다.

차시	활동	비고
3	• 길고양이 뉴스 시청하기 - 길고양이 하면 떠오르는 장면 이야기하기 - 길고양이 관련 지역 뉴스 확인하기 • 유기동물 보호센터 들여다보기 - 유기동물 인생샷을 찍는 유기동물 보호센터	※ 길고양이 중성화 수술이나 동물을 예술작품으로 활용하는 기사도 함께 공유해 보면 좋다.
4	• 길고양이 사진 촬영하기 - 길냥이 사진 찍고 패들렛에 올리기 - 작품 제목, 작가의 의도 작성하기	※ 작품 제목과 의도를 작성하면 작가가 된 듯한 기분이 들어 진지하게 활동에 참여한다.
5	• 메타버스 길냥이 사진전 - 메타버스 길냥이 사진전 준비하기 - 메타버스 길냥이 사진전 개최하기	※ 메타버스 플랫폼 코스페이스에 교사가 미리 학생 작품을 전시해둔다.
사후 활동	• 길냥이 사진전 개막식, 감상 나누기	

반려동물 수업에 이어 사람이 기르던 동물을 유기하면 어떤 결과로 이어지는지에 대해 함께 생각해 보는 활동을 진행한다. 유기동물인 길고양이 관련 뉴스를 살펴보고(국어), 우리 주변에서 길고양이를 찾아 사진으로 기록한다(미술). 현대 사회의 단면을 담아낸 길고양이 사진전으로 마무리 지으며 사회와 미술을 융합한 유기동물 수업을 3차시에 걸쳐 진행한다.

동물 유기는 윤리적인 문제뿐만 아니라, 사회적 갈등도 초래한다. 우선 길고양이를 다룬 한 편의 뉴스를 함께 시청한다. 가급적 우리 지역과 관련된 뉴스를 제시하면 좋다.

배가 고픈 유기묘에게 사료를 주는 '캣맘'과 '캣대디'들을 다루는 뉴스들이 여럿 있을 것이다. 그런데 이 음식을 먹고 생명이 연장된 길고양이들이 새끼를 거듭 낳게 되면서 더 많은 길고양이들이 생겨난다. 이 때문에 어떤 사람들은 캣맘과 캣대디를 비난하고 고양이 밥에 고의로 쥐약을 섞기도 하는 등의 사건이 일어나기도 한다.

이번에는 유기동물을 바라보는 다른 관점을 소개한다. 유기동물 보호센터에서는 유기동물을 어떻게 대해야 바람직할까? 상당수의 유기동물 보호센터는 조명도 갖춰져 있지 않은 케이지 안에서 대충 찍은 동물 사진을 웹사이트에 게시한다. 그리고 누군가가 이 동물의 가치를 알아보고 입양하기를 기대한다. '유기된 동물들의 사진을 인생샷처럼 예쁘게 찍어줄 수는 없을까?'라는 생각으로 유기동물 프로필 사진 프로젝트를 진행한 사진작가가 있다.[8] 상큼한 화면을 배경으로 이 동물이 가장 예쁘게 나올 수 있도록 각도와 조명을 달리하여 찍은 프로필 사진은 세상에 하나뿐인 존재의 가치를 더욱 빛나게 하고 동물이 좋은 주인을 만나는 데 도움을 준다.

과제로 일주일 동안 길에서 만난 길냥이 사진을 찍어 보도록 한다. 과제를 하면서 우리 동네 길냥이들이 자주 모이는 곳은 어디인지, 아픈 친구들은 없는지 자연스레 관심을 가지게 하는 활동이다. 우리 주변에 존재하는 동물들의 생활을 파악하며 생태 감수성을 한층 높일 수 있을 것이다.

학생들의 결과물이 모이면 아이들이 찍은 길고양이 사진으로 온라인 사진관을 연다. 각 작품 옆에는 작가의 소감을 기재하게 한다. 아이들은 자신의 작품이 온라인 사진관에 실제로 걸린다고 하니 더 열심히 기록하고 참여하는 모습을 보일 것이다. 온라인 미술관은 지역이나 시간 제약 없이 방문할 수 있고 공유하기 쉬워서 학부모나 학교 동물권을 홍보하는 데 큰 효과를 기대할 수 있다.

차시	활동	비고
6	• 그림책 〈생태 통로〉 감상하기 　- 그림을 통해 누구의 생태통로일까 맞춰 보기 　- 그림책 〈생태 통로〉 읽기 　- 생태통로 개념과 종류 알기	□ 도서 　- 김황 글 · 안은진 그림, 　　〈생태 통로〉, 논장 　- (로드킬을 주제로 한 　　그림책) 김재홍, 〈로 　　드킬, 우리 길이 없 　　어졌어요〉, 스푼북
7	• 국립생태원 생태통로 지도 서비스 　- 우리 지역 생태통로 모니터링하기 　- 실효성 있는 생태통로를 위해 해야 할 일 생각하기	
8	• 우리 동네 생태통로 　- 우리 지역 녹색연합 안내하기 　- 우리 동네 생태통로 관련 기사 읽기	※ 지역별 녹색연합 웹 　사이트에 접속하면 　지역 환경 이슈를 알 　수 있다.
사후 활동	• 환경 관련 공약을 내세운 정당 알아보기 • 우리 지역 생태통로 모니터링하기	

사람이 짓는 건물과 도로가 동물에게 미치는 영향에 대해 알아보고 동물들과 보다 자연스럽게 공존하는 방법에 대해 고민하는 활동을 진행해 본다. 그림책과 기사를 통해 생태통로의 의미와 필요성을 이해하고(국어), 우리 지역의 생태통로의 문제점과 해결방안을 탐구(사회)하는 3차시 수업을 진행한다.

다음과 같은 도로 주변 시설의 사진을 보여 주고 학생들에게 질문하면서 수업을 시작해 보도록 한다. 도로 중간에 혹은 양편에 각기 10m 이상 되는 막대기가 마주 보고 서 있다. 이것이 어떤 용도일지 질문한다. "사람은 인도로, 차는 차도로 다니지요? 이건 누구를 위한 길일까요?"

정답은 하늘다람쥐와 청설모다. 나무 위에서 생활하는 하늘다람쥐와 청설모는 도로의 폭이 넓지 않다면 도로변에 기둥이나 가로대만 10m 높이로 세워도 안전한 이동통로가 확보되어 로드킬이 예방된다[9]고 한다. 이 시설은 생태통로의 보조 시설인 도로횡단 부대시설에 해당된다.

학생들의 흥미를 끌었다면, 이제 그림책 〈생태 통로〉를 읽는 시간을 가진다. 동물들이 하루에도 수십 번 오가던 길이 널찍한 도로로 막혀 버리고 그 위를 바퀴 괴물이 쌩쌩 지나다닌다. 고라니, 멧돼지, 하늘다람쥐 등 동물들은 그 도로 때문에 사랑하는 가족들을 만날 수 없게 되고 먹이를 구하러 갈 수도 없게 된다. 바퀴 괴물을 피해 조심히 길을 건너려다 차에 치여 죽게 되는 동물들이 늘어나면서 사람들은 동물들이 지나다니는 길인 생태통로를 설치하게 된다는 이야기다.

하늘다람쥐 횡단시설

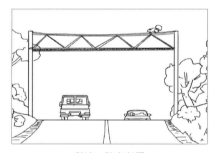

청설모 횡단시설[10]

환경부의 자료에 따르면 '생태통로'란 "도로 및 철도 등에 의하여 단절된 생태계의 연결 및 야생동물의 이동을 위한 인공 구조물로서, 야생동물이 노면을 거치지 않고 도로를 건널 수 있도록 조성하며 일반적으로 볼 때 육교형과 터널형으로 구분"[11]된다. 생태통로 외에도 고라니나 양서류, 파충류의 도로 진입을 막는 유도 울타리, 새의 비행 고도를 높여 주는 울타리나 기둥, 도로 배수로에 빠진 작은 포유류나 파충류, 양서류 등이 빠져나오도록 하는 수로 탈출 시설, 하늘다람쥐나 청설모 등이 도로를 안전하게 횡단하도록 설치하는 기둥 등 목적과 모양과 크기가 다양하다.

이제 우리 동네로 시선을 옮기도록 유도한다. 도롱뇽이나 두꺼비 산란기가 되면 먹이를 얻고 적당한 서식지를 찾느라 이동이 활발해지는데 이때 도로를 건너다 차에 치여 죽지 않도록 자동차 속력을 줄여 달라는 현수막이 우리 동네 길에 붙곤 한다.

우리 지역의 생태통로 시설들을 알아보는 활동을 시작해 보자. 우리 지역에 과연 어떤 생태통로와 시설들이 몇 개나 있을지 알아보도록 한다. 이는 환경부 국립생태원에서 제공하는 '생태통로 네트워크'에서 지도 서비스에서 확인할 수 있다.[12]

2024년 개편된 홈페이지에서는 지역별 생태통로의 위치와 개수를 확인할 수 있다. 이용 횟수, 생태통로 사용 동물 종을 확인하기 위해서는 별도로 자료를 요청하면 된다.

"생태통로가 실제로 야생 동물들을 위해 사용되려면 어떻게 해야 할까요?"
"동물들이 자주 지나가는 길목에 만들어야 해요."
"설치하고 나서도 계속 관리해야 해요."

답은 학생들도 알고 있다. 다만 야생동물이 평소 지나가는 길목을 확인하려면 면밀한 조사가 필요하고, 조사 인력을 투입할 예산과 변화를 만들어낼 여론이 필요하다. 사회 시간에 조사한 지방선거 공보물이 있다면 환경 공약을 내세운 정당을 찾아보게 하면 좋다. 환경 공약의 주제가 대부분 에너지 전환이겠지만 그중에서도 녹색 전환과 녹지 보존을 주장하는 정당도 있을 것이다. 정당에서 내세우는 정책은 시민의 요구에 따라 달라진다는 점, 생태통로가 더 잘 관리되기 위해서는 시민인 우리가 그 필요성을 소리 내어 자주 말하면 정책으로 만들어질 가능성이 커진다는 점을 다시 한번 강조한다. 국립생태원 홈페이지에는 생태통로 설치 보완을 요청하는 국민참여 페이지가 열려 있다는 점을 참고하여 추가 활동을 진행하면 좋다.

　직접 방문 지역 탐방 활동을 할 수도 있다. 활동 사례로, 대전의 한 소류지[13] 인근을 학생들과 방문하였는데 12월에 방문했기 때문에 산란기 로드킬 방지를 위해 속도를 줄여달라는 현수막은 걸려 있지 않았지만 로드킬이 발생한다는 구간이 고작 차 두 대 정도가 겨우 비켜 지나가는 폭의 도로라는 점에서 학생들은 놀라움을 표했다. 인간의 입장에서는 몇 발자국 안되는 거리지만 맹꽁이와 두꺼비 입장에서는 지나다니는 차를 피해 목숨을 걸고 건너야 하는 먼 길이었을 것이다.

8)　경북 포항시 동물보호센터 염희선
　　https://www.youtube.com/watch?v=cyAE2oht71w&t=68s
9)　환경부, 〈생태통로 설치 및 관리지침〉, 환경부, 2023
　　https://me.go.kr/home/web/policy_data/read.do?menuId=10261&seq=8166
10)　출처 상동
11)　출처 상동
12)　생태통로 지도 서비스
　　에코뱅크(https://www.nie-ecobank.kr/spceinfo/main.do) 접속 〉자료 〉조사자료 검색 〉키워드 '생태통로'
13)　인근 농작지에 공급할 물을 보관하기 위해 만든 아주 작은 저수시설로 땅을 파고 주위에 둑을 쌓아 물을 담아 놓은 형태이다.

3

생태 감수성 높이기

10차시	동아리 활동	#생태감수성

차시	활동	환경교육표준 -수행기대에 따른 수준별 성취기준
1~2	• 봄, 여름을 수놓는 우리 곁의 꽃 - 꽃을 이용한 자연놀이 - 좋아하는 꽃 그리기 - 나는 어떤 꽃일까?	〔EA-3〕 인간 존재의 다면성을 이해하고 자연과 타인에 대한 의존성과 책임감을 인식하기 - 사람에 따라 같은 자연을 대하더라도 느끼는 것이 다름을 이해한다. - 자신이 경험한 가장 아름다웠던 자연의 모습과 이유를 설명한다.
3~4	• 작고 작은 풀꽃의 이름을 불러줘! - 우리 주변의 풀꽃 이름 알아보기 - 교정에 있는 여러 가지 풀꽃 관찰하기 - 풀꽃에게 어울리는 이름 새로 지어주기 - 풀꽃 자세히 그리기/풀꽃 사진 전시회 - '나는 누구일까?' 놀이하기 - 풀꽃 시 쓰기	〔EA-5〕 체험을 통해 환경의 아름다움과 신비함을 느끼고 자유롭게 표현하기 - 마을과 지역에서 아름답다고 느낀 곳을 찾아 사진이나 동영상을 찍고, 그렇게 생각한 이유를 설명한다. - 가족이나 친구와 함께 자연과 문화가 결합된 행사 등에 참여하고 글과 그림으로 표현한다.
5~6	• 아주 작은 씨앗이 자라서 무엇이 될까? - 씨앗 관찰하고 싹틔우기 - 씨앗이 자라서 무엇이 될지 상상하여 그리기 - 내가 나무라면	〔WT-5〕 지속적인 소통과 교감을 통해 돌봄과 배려의 문화를 확산하기 - 오감을 통해 자연, 생명, 환경을 체험하고 그 느낌을 다른 사람들과 공유한다. - 자연, 생명, 환경에 대한 마음이나 생각을 말, 글, 음악, 미술, 사진 등으로 표현하고 오프라인 공간에서 공유한다.
7~8	• 느티나무를 찾아라 - 교목 찾기 - 느티나무와 벚나무 구별하기 - 느티나무 자세히 알아보기 - 우리학교 나무 지도 그리기	〔WT-7〕 효과적인 소통과 협력을 위해 새로운 정보통신기술을 활용하기 - 우리 학교에서 관찰할 수 있는 다양한 동식물의 모습을 사진이나 영상으로 찍어 공유한다.

| 9~10 | 〈숲 체험하기〉
- 숲 체험 관련 그림책 읽기
- 숲 체험 및 자연놀이 하기
- 숲 관찰하고 소개하는 글쓰기 | 〔EA-6〕 나와 지역(장소) 사이의 연결성을 깨닫고 소속감과 연대감 갖기
- 개인과 집단의 정체성과 거주하는 장소(마을과 경관)나 지역과 연결되어 있음을 깨닫고 가정에서 지구까지 다양한 수준에서 소속감과 연대감을 가진다. |

우리도 환경의 한 부분이다. 나무 한 그루, 풀 한 포기도 우리와 더불어 모두 소중하다. 모두가 연결된 존재라는 것을 함께 배우고 싶어서 그림책으로 하는 생태 감수성[1] 교육을 시작하게 되었다. 자연과 교감하는 경험은 자연을 존중하고 무한한 생태학적 상상력을 발휘하는 원동력이다.

수업 자료로 그림책을 자주 활용한다. 글이 중심이 되고 그림이 보조하는 이야기책과 달리 그림책은 그림이 중심이 되어 작가의 메시지를 전달하여 책 읽기를 부담스러워하는 아이들도 다가가기 쉽다. 잘 만들어진 그림책 한 권은 그자체로 훌륭한 예술작품이기에 생태 그림책을 읽으면 생태 감수성뿐 아니라 예술적 감수성도 높일 수 있다.

그림책은 메시지를 명료하게 전달하므로 주제 활동에 대한 접근성이 좋으며 짧은 시간에 읽을 수 있다는 것도 큰 장점이다. 그림책을 활용하여 학생들의 삶에 다가가 이야기보따리를 펼쳐내고 관련된 활동을 한다. 이러한 활동은 환경에 대한 새로운 인식을 통해 행동으로 나아갈 수 있는 밑거름이 된다.

차시	활동	비고
1~2	〈봄, 여름을 수놓는 우리 곁의 꽃〉 • 봄이나 여름에 볼 수 있는 꽃 알아보기 • 꽃을 이용한 자연 놀이 - 꽃실 씨름 / 꽃점 - 벚꽃 눈 날리기 - 목련 풍선 불기 - 꽃잎과 나뭇가지 등으로 꾸미기 • 좋아하는 꽃 그리기 - 내가 좋아하는 꽃 자세히 관찰하고 그리기 - 꽃 소개하기 • '나는 어떤 꽃일까?' - 내가 만약 꽃이라면 어떤 꽃일까 생각하기 - 나의 꽃 그리고 이유 나누기 • 활동 소감 나누기 - 배운 점, 느낀 점, 실천해 보고 싶은 점 나누기	□ 자료 • 활용 가능한 그림책 목록 - 목련 만두 - 벚꽃 팝콘 - 걷다 보면 - 비빔밥 꽃이 피었다 - 꽃이 필 거야 - 모두 다 꽃이야 - 흰 눈 - 꽃점 - 꽃이 좋아 - 비빔밥 꽃 피었다 • 함께 보면 좋은 영상 - (EBS 다큐) 이것이 야생 이다 2, 제6부 청설모[21]

　　백유연 작가의 〈목련 만두〉는 다람쥐를 잡아먹는다는 오해를 받는 청설모를 위해, 작은 동물들이 겨우내 아껴 두었던 말린 꽃과 열매로 목련 만두를 곱게 빚어 함께 나누어 먹는 이야기다. 그림책을 읽고 등장하는 동물들의 알아본다. 그리고 다람쥐의 입장이 되어 청솔모가 좋아하는 것을 그린 만두소를 넣어

청솔모야,
미안해! 아프지 마.

목련 만두 만들기

목련 풍선 불기

목련 만두를 만들고 청솔모에게 하고 싶은 말을 적도록 했다. 목련꽃이 흐드러지게 핀 날에는 바깥에 나가 봄바람에 떨어지는 꽃잎을 이용해 목련 풍선 불기를 했다. 목련 꽃잎 위에 작은 나뭇가지로 콕콕 찍어 예쁜 무늬를 그려 보아도 좋다.

목련 풍선 불기

1. 떨어진 목련 꽃잎을 주워 꽃받침 부분을 닦아 준다.

2. 꽃받침 부분을 1cm 정도 자른다.

3. 자른 부분을 살살 비빈다. 쉽게 찢어질 수 있으므로 반대쪽으로 길을 만들어 주어도 괜찮다.

4. 바람을 불어 넣는다.

꽃실 씨름

1. 철쭉이나 진달래꽃에서 튼튼해 보이는 꽃술을 뽑는다.

2. 꽃술을 마주 걸어서 당긴다.

꽃실 씨름

차시	활동	비고

3~4	〈작고 작은 풀꽃의 이름을 불러줘!〉
	• 우리 주변의 풀꽃 이름 알아보기
	  - 교정에 있는 여러 가지 풀꽃 관찰하고 이름
	    알아보기
	  - 풀 씨름 하기
	  - 민들레 홀씨 불기
	• 풀꽃에게 어울리는 이름 새로 지어 주기
	  - 풀꽃 자세히 그리거나 사진 찍기
	  - 풀꽃에게 새로운 이름 지어 주기
	  - 풀꽃 그림/사진 전시회 열기
	• '나는 누구일까' 놀이하기
	  - 풀꽃 그림이나 사진을 등에 붙이고 질문을 통
	    해 풀꽃 이름 찾기(제품으로 나온 풀꽃 이야
	    기 놀이카드 이용 가능)
	• 나는 풀꽃 시인
	  - 활동 내용을 바탕으로 풀꽃 관련 시 쓰기
	  - 시 발표회 열기
	• 활동 소감 나누기
		▢ 자료
		• 활용 가능한 그림책 목록
		  - 민들레는 민들레
		  - 작은 풀꽃의 이름은
		  - 틈만 나면
		  - 연남천 풀다발
		  - 풀 친구
		  - 너는 무슨 풀이니
		  - 풀꽃 안녕
		• 함께 보면 좋은 영상
		  - 민들레 홀씨가 자라서 다
		    시 홀씨가 되기까지[3]

우리 반에는 쉬는 시간마다 외따로 있는 학생이 있다. 이 아이를 위해서 무엇을 할까 고민하다가 점심 식사 후 반 아이들과 다 같이 산책하기로 마음먹었다.

그렇게 아이들의 일상에 산책이 자리 잡게 되었다. 아이들은 산책하면서 조금씩 변해 가는 교정의 모습을 눈에 담고 뒤뜰에 자라는 이런저런 식물들을 구경하면서 사진을 찍기도 했다.

어느 날 부추꽃을 보았을 때 식탁에 오르는 부추가 꽃을 피운다는 사실에 아이들은 꽤 놀라워했다. 산책하다가 미니수박을 발견했다며 호들갑을 떨던 아이의 목소리는 아직도 귓전에 맴돈다. 그날 아이들은 까마중 열매를 처음 알게 되었다. 까맣게 잘 익은 까마중 열매는 약재로 쓰이기도 한다.

그렇게 조금씩 우리 주변에 자라고 있는 작은 풀꽃에도 관심을 가지기 시작했을 때 일본 작가 나가오 레이코가 쓴 〈작은 풀꽃의 이름은〉이라는 그림책을 읽었다. 우연히 발견한 풀꽃의 이름이 궁금했던 타로가 할아버지와의 대화를 통해 풀꽃의 이름을 찾아가는 과정을 담아낸 책이다. 할아버지와 타로의 질문과 대답을 따라가다 보면 그동안 무심코 지나쳤던 풀꽃의 이름을 하나둘 알게 된다. 자기가 좋아하는 풀꽃을 그리고, 풀 씨름도 했다.

풀 씨름

둘이 마주 보고 앉아서 주변 풀들을 엇갈리게 잡는다. '하나, 둘, 셋' 숫자를 센 후 풀을 자기 쪽으로 당긴다. 풀잎이 끊어지지 않는 쪽이 이긴다.

차시	활동	비고

5~6	〈아주 작은 씨앗이 자라서 무엇이 될까?〉
	• 여러 가지 씨앗 관찰하기
	  - 주변에서 구할 수 있는 씨앗 관찰하고 자세히 그리기
	  - 여러 가지 씨앗의 번식 방법 알아보기
	• 씨앗 싹 틔우기
	  - 빈 화분이나 페트병 등을 재활용하여 씨앗 심고 이름 지어 주기
	• 씨앗의 미래 상상하기
	  - 씨앗이 자라서 무엇이 될지 상상하여 그리기
	  - 내가 좋아하는 나무의 성장 과정 알아보기
	• 나의 나무 그리기
	  - 교정에 있는 나무 중에서 나의 나무 정하고 그리기
	  - 나의 나무를 소개하는 글쓰기
	• 내가 나무라면
	  - 나는 어떤 나무가 되고 싶은지 이야기 나누기
	• 활동 소감 나누기
		□ 자료
		• 활용 가능한 그림책 목록
		  - 아주 작은 씨앗이 자라서
		  - 씨앗 100개가 어디로 갔을까
		  - 씨앗은 무엇이 되고 싶을까
		  - 나무가 된 꼬마 씨앗
		  - 나무의 아기들
		  - 아름다운 나무
		  - 열두 달 나무 아이
		  - 은행나무

'한 사람의 영혼이 온 천하보다 귀하다.' 학생들에게 우리 모두 온 우주를 품은, 그러나 태초에는 아주 작은 씨앗이었다고 말한다. 그리고 이자벨 미뇨스 마르틴스가 글을 쓰고 야라 코누가 그린 책 〈씨앗 100개가 어디로 갔을까〉라는

그림책을 함께 읽었다.

이 책은 100개의 씨앗이 어디로 날아갔는지, 날아간 곳에서 어떻게 되었는지를 보여 준다. 어떤 씨앗은 바위틈에 날아가서 싹 틔우지 못하고, 어떤 씨앗은 강물에 빠지는 바람에 싹 틔울 기회를 잃는다. 그 많은 씨앗 중에서 오직 하나만 싹을 틔워서 한 그루의 커다란 나무로 자란다. 그만큼 한 그루의 나무로 우뚝 선다는 것은 대단한 일이라는 것을 말하고 싶었다. 더불어 우리도 어렵고 귀하게 이 세상에 왔다는 것을 느끼기를 바랐다.

책을 읽고 나서 아이들에게 보리와 밀 씨앗을 관찰하고 자세히 그리도록 했다. 다 자란 후 쓰임새가 어떻게 달라지는지도 그려 보게 했다. 보리는 주로 음료수나 보리밥, 밀은 빵으로 그린 아이들이 많았다. 보리 싹과 밀 싹의 애칭도 짓고 응원의 말도 적어서 푯말을 세웠다.

어느 정도 자랐을 때 가정으로 보내어 음식으로 활용해 보도록도 했다. 다만 재배 화분이며 화분 받침대를 구입하느라 쓰레기가 많이 생겼는데, 깨진 그릇이나 플라스틱 통 등을 재사용하여 키우는 방법을 추천한다.

밀 싹과 보리 싹을 키워내면서 학생들은 '생명을 키우는 일이 얼마나 경이로운 것'인지 조금은 느꼈을 것이다. 길가에 우뚝 솟은 나무도 작은 씨앗 하나에서 시작되었다는 것을 알고 소중하게 대하려는 마음이 생겼으리라 믿는다.

차시	활동	비고
7~8	〈느티나무를 찾아라〉 • 교목 찾기 - 교정에서 교목 찾기 - 교목에 얽힌 이야기나 특징 조사하기 • 느티나무와 벚나무 구별하기 - 나뭇잎으로 구분하기 - 껍질눈으로 구분하기 • 느티나무 자세히 알아보기 - 나뭇잎 자세히 그리기 - 껍질눈 탁본 찍기 - 느티나무 그리기 • 우리 학교 나무 지도 그리기 - 교정에서 자라는 여러 가지 나무 찾기 - 우리 학교 나무 지도 그리기 - 우리 학교 나무 도감 만들기 • 활동 소감 나누기	□ 자료 • 활용 가능한 그림책 - 나무의 시간 - 나무가 좋아요 / 나무가 되자 - 다 같은 나무인 줄 알았어 - 도시의 나무 친구들 - 나무는 좋다 - 나무 하나에

"얘들아, 우리 학교 교목이 느티나무라는데, 대체 느티나무는 어디 있는 거야?"

그런데 학생들이 느티나무를 모른다고 한다. 학교에 다니면서 느티나무를 본 적이 없단다. 그래서 느티나무에 대한 그림책을 함께 읽고 '느티나무를 찾아라' 라는 미션을 수행하도록 했다.

"얘들아, 느티나무가 왜 우리 학교 교목이 되었을까? 느티나무는 천 년 이상 사는 나무로, 부산에는 수령이 천삼백 년으로 추정되는 느티나무도 있대. 정말 대단하지? 지난 2000년에는 새천년을 상징할 밀레니엄 나무로 선정되기도 했다는구나. 높이가 20~25m까지 자라는데 옛날 사람들은 마을 어귀나 한가운데에 느티나무를 심어서 마을 정자로 이용했대.[4] 느티나무는 그늘이 짙고 바람이 잘 통해 모기나 개미가 잘 들어오지 않거든. 느티나무는 우리나라 사람들에게는 아주 친숙한 나무야. 느티나무를 우리 학교 교목으로 정한 것도 그런 이유 때문이 아니었을까? 그럼, 학교에 느티나무가 어디 있는지 우리 한번 같이 찾아볼까?"

TV 화면으로 학교 지도를 띄워 학생들에게 느티나무가 있는 곳을 대략 알려 줬다. 학교의 북쪽으로 벚나무가 있고 그 안쪽으로 느티나무가 자라고 있다. 그런데 운동장에 다녀온 아이들은 벚나무만 보았다고 한다. 그도 그럴 것이 벚나무와 느티나무는 많이 닮았기에 구분이 어렵다.

아이들은 봄이면 화려하게 꽃을 피우는 벚나무를 본 기억밖에 없어서 학교 주변의 운동장을 차지하고 있는 나무가 모두 벚나무라고 생각했다. 벚꽃은 운동장을 가득 메울 정도로 화려하게 꽃을 피워 사람들의 관심을 한 몸에 받지만, 느티나무는 수수하고 작은 꽃을 피우기 때문에 시선을 끌지 못한다. 그래도 자리를 꿋꿋하게 지키며 여름이면 우리에게 멋진 그늘을 선사해 준다.

느티나무와 벚나무 구별법

1. 잎 주변 톱니 모양(결각)이 느티나무가 훨씬 크다. 왼쪽이 느티나무, 오른쪽이 벚나무다.

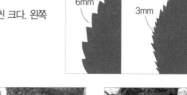

2. 느티나무와 벚나무 모두 줄기에 가로로 줄무늬가 있다. 이 줄무늬는 껍질눈이라고 불리는데 사람의 피부 숨구멍처럼 공기 순환을 위한 것이다. 느티나무의 껍질눈은 직선이다. 반면 벚나무의 껍질눈은 위아래로 도드라지고 중앙선이 불규칙하다.

느티나무 껍질눈

벚나무 껍질눈

아이들과 함께 벗나무와 느티나무를 구분하는 방법을 찾아서 함께 공부했다.

느티나무 잎 모양을 오래도록 기억하게 하고 싶어서 나뭇잎 자세히 그리기를 했다. 어떤 것이 진짜 나뭇잎이고 어느 것이 그린 것인지 구분이 안 될 정도로 자세하게 그려서 깜짝 놀랐다. 이렇게 자세히 보았으니 이제 느티나무를 잘 구분할 수 있을 것이다.

팽나무, 느티나무, 귀룽나무, 홍단풍, 앵두나무, 벗나무, 무궁화, 은행나무, 잣나무, 소나무, 배롱나무, 측백나무, 향나무, 꽃사과나무, 편백 등 학교에는 생각보다 다양한 나무가 살고 있다. 하루의 많은 시간을 보내는 교정을 푸르게 만들어 주는 나무의 이름을 아이들과 함께 매일 하나씩 불러주는 건 어떨까?

차시	활동	비고

9~10	〈숲 체험하기〉
	• 그림책 〈가을에게, 봄에게〉 읽기
	  - 마음에 드는 장면 나누기
	• 오봉산 탐험하기
	  - 오봉산에서 자라는 나무 이름 알아보기
	  - 오봉산에서 살아가는 동물 만나기
	  - 오봉산에서 느티나무 찾기
	• 오봉산 즐기기
	  - 열매나 씨앗 관찰하기
	  - 씨앗이나 열매 멀리 던지기
	  - 껍질눈 탁본하기
	  - 여러 가지 자연물로 꾸미기
	  - 단풍 색깔에 따라 나무 분류하기
	• 오봉산의 봄에게 오봉산의 가을 알리기
	  - 오봉산의 봄에게 가을을 알리는 편지쓰기
		□ 자료
		• 활용 가능한 그림책
		  - 가을에게, 봄에게
		  - 나무늘보가 사는 숲에서
		  - 숲의 시간
		  - 엄청나게 신기하게 생긴 풀숲
		  - 숲속 재봉사
		  - 나뭇잎 손님과 애벌레 미용사

교사가 되면 꼭 해보고 싶었던 활동 중 하나가 학생들과 뒷산 걷기다. 하지만 도심 한가운데서 뒷산을 둔 학교를 만나기란 오로라를 보는 일만큼이나 힘들다. 학교에서 걸어서 15분 거리에 오봉산이라는 나지막한 산이 있다. 교감, 교

장 선생님께 수업 의도를 전하고 체육과 도덕 시간을 엮어서 하고 싶은 활동을 말한 후 숲 체험을 진행했다.

오봉산에 가기 전에 먼저 사이토린과 우키마루가 글을 쓰고, 요시다 히사노리가 그림을 그린 〈가을에게, 봄에게〉를 함께 읽었다. 서로 만나지 못하는 계절 봄과 가을이 자신의 모습을 소개해 주는 신선한 발상의 그림책이다.

오봉산에서 느티나무 찾기, 오봉산에서 만난 나무 이름 5개 말하기, 솔씨 관찰, 내 솔방울 찾기, 솔방울에 나의 고민을 실어 날려 보내기, 나뭇잎 액자 사진 찍기 등 오봉산에서 할 수 있는 활동은 생각보다 무궁무진했다. 오봉산에 다녀와서는 나뭇잎 화석 만들기, 오봉산의 봄에게 가을을 알리는 편지 쓰기도 했다.

내 솔방울 찾기

산에서 주운 솔방울을 자세히 관찰한다. 반 전체의 솔방울을 섞은 후 빨리 내 솔방울을 찾는 사람이 이긴다.

그림책 함께 읽기[5]

그림책을 읽어 주는 요령은 따로 없다. 주로 실물 화상기를 사용해서 책을 화면에 비춰 보여 준다. 시간의 여유가 있으면 둥글게 모여서 직접 책을 읽기도 한다.

학년에서 함께 보고 싶은 책들은 교무실에서 스캔한 후 파워포인트로 변환한 자료로 읽어 주기도 한다. 애플리케이션을 이용해서 핸드폰으로 스캔하기도 하는데 아무래도 그림의 색감과 느낌이 많이 달라지기 때문에 실물 책을 보여 주는 것이 가장 좋다.

그림책 동아리 시간처럼 시간이 충분할 때는 읽기 전, 중, 후 활동을 적당하게 섞어서 한다. 책을 읽고 나서 둥글게 모여 앉아 마음을 두드린 부분이나 장면을 찾아 말하는 시간도 가진다. 이런 방법은 아이들의 다양한 생각을 들을 수 있고 미처 생각하지도 못한 이야기를 듣는 신선함이 있다.

그림책 읽고 할 수 있는 질문들

1. 책 표지를 보니 어떤 이야기가 펼쳐질 것 같나요?

2. 책 제목을 보고 처음 들었던 생각은 무엇인가요?

3. 가장 기억에 남는 낱말이나 문장은 무엇인가요?

4. 책을 읽고 나서 새롭게 알게 된 사실은 무엇인가요?

5. 책 속 인물에게 해주고 싶은 말이 있다면 무엇인가요? 그 이유는 무엇인가요?

6. 책을 읽고 새롭게 바뀐 생각이 있나요?

7. 내 마음을 두드린 부분(가장 마음에 와닿는 장면)은 무엇인가요?

8. 책을 읽고 관심을 가지게 된 환경문제가 있다면 무엇인가요?

9. 뒷이야기를 상상해 볼까요?

10. 책을 읽고 질문 하나를 만들고 대답해 주세요.

11. 내 삶으로 가져가고 싶은 문장이 있나요?

12. 책을 읽는 동안 어떤 감정이 들었나요?

13. 이야기에 새롭게 제목을 붙인다면 어떤 제목을 붙이고 싶은가요?

14. 책에서 이해가 되지 않는 부분이 있나요? 그것은 무엇인가요?

15. 인물의 마음은 어땠을까요?

16. 책을 읽고 나서 어떤 마음이 드나요?

17. 책 속 인물이 나에게 하고 싶은 말은 무엇일까요?

18. 책을 읽고 나서 나의 삶을 한 가지만 바꾼다면 무엇을 바꾸고 싶은가요?

19. 책의 결말을 다시 쓴다면 어떻게 바꾸고 싶은가요?

20. 작가가 된다면 어떤 내용의 이야기를 써보고 싶은가요?

1) '생태'와 '감수성'이라는 말이 합쳐진 말. 자연 세계에 대한 공감적 정서를 바탕으로, 자연 세계에서 일어나는 변화
    를 민감하게 지각하고, 자기 삶과 자연의 연결성을 폭넓게 이해할 수 있는 능력. (전범권, 〈생태 감수성과 산림교육〉,
    국립산림과학원, 2020)
2) https://www.youtube.com/watch?v=4oAuq8geE28
3) https://youtu.be/T6pjGwkK2po?si=Um5zdZHhwV0UMJln
4) 윤주복, 〈나무 해설 도감(주변에서 볼 수 있는 나무의 모든 것)〉, 진선BOOKS, p. 248
5) 생태 그림책 활용 참고 자료
    네이버 카페, '어쩌다, 산소쌤' 〉 소모임 〉 그림책 함께 읽기

주제

4

어린이를 위한
에코 스타트업 창업 교실
: 어린이 CEO 환경경영 1교시

프로젝트 1. 나도 환경 CEO! 우리반 에코 스타트업 만들기

8차시	사회, 도덕, 창체, 미술		#환경기업 #ESG #녹색창업 #디자인씽킹
차시	활동	관련 교과	2022 개정 교육과정 성취기준
1~2	• 지구촌 문제 탐색 1. 지구촌 환경문제 탐색하기 2. 환경문제를 해결하기 위한 방안 토의 3. 구체적 실천 계획 세우기	도덕	〔6도04-01〕 지구의 환경 위기 상황을 이해하고, 이를 극복하기 위한 다양한 방안을 찾아 자신의 일상에서 실천하고자 노력한다.
		사회	〔6사12-02〕 지구촌을 위협하는 다양한 문제들을 파악하고, 지속가능한 미래를 위한 해결 방안을 탐색한다.
3~5	• 우리 반 기업 만들기 1. 기업명 정하기 - 기업과 관련한 이론 수업: 사회적 기업 - 기업 가치 설정 2. 기업 로고 만들기 3. 부서 만들기	진로	자아탐색 활동 및 직업이해 활동 긍정적인 자아 개념을 형성하고 진로 및 직업 세계의 특성과 변화를 이해하여 자신의 진로와 관련된 건강한 직업 가치관을 확립한다.
		사회	〔6사11-01〕 시장경제에서 가계와 기업의 역할을 이해하고, 근로자의 권리와 기업의 자유 및 사회적 책임을 탐색한다.
6~8	• 우리 반 기업 만들기 4. 소비자 수요 조사 - 디자인씽킹 - 홍보 포스터 만들기 - 생산 품목 결정	미술	〔6미02-05〕 미술과 타 교과의 내용과 방법을 융합하는 활동을 자유롭게 시도할 수 있다.

2022 개정 교육과정은 문제를 합리적으로 해결하기 위하여 다양한 영역의 지식과 정보를 깊이 있게 이해하고 탐구하는 비판적인 능력과 함께 지식, 기술, 경험을 융합적으로 활용하여 새로운 것을 창출하는 창의적 사고 역량을 갖춘

인간상을 지향한다. 배움은 쓸모 있어야 하며 삶을 이롭게 할 때 가치 있다. 아이들은 다른 이를 도와주는 의미 있는 활동에 기꺼이 참여하는 모습을 보인다. '환경 CEO 되기'는 환경문제를 알아가는 교과적인 지식과 일회용품 쓰레기 문제를 기업가의 측면에서 해결하는 역량을 기르도록 설계된 융합프로젝트이다. 이를 통해 학생들은 배움의 쓸모를 경험하며 동시에 기여의 의미를 확인할 수 있었다. 환경기업이 만들어지는 과정을 요약하면 다음의 표와 같다.

기업명과 가치 설정(기업과 기업가 정신에 관한 이론 교육 포함) → 기업 로고 만들기 → 부서 만들기 → 소비자 수요 조사(디자인씽킹 교육 포함) → 구상도 → 재료 준비 → 프로토타입 제작 → 전체 회의 피드백 → 최종 상품 디자인 → 재료 준비 및 생산 → 가격 결정 → 홍보 → 판매 → 결산 및 최종 기부처 협의

기업을 세우는 일부터 최종 목표인 기부까지 많은 단계를 거쳐야 한다. 만들고 싶은 제품을 생각하는 것도 어려웠지만 생각대로 제품이 만들어지지 않아 고민이기도 했다. 부서별로 의견 다툼이 생기는 등 소소한 문제도 있었다. 하지만 결국 학생들은 프로젝트를 혼자서는 할 수 없다는 점을 깨달았다. 문제가 발생했을 때 진지하게 의견을 나누고 더 좋은 해결점을 찾기 위해 함께 노력했다. 물론 제시된 과정이 정답은 아니므로 상황에 따라 혹은 학생의 성향에 따라 단계를 줄이거나 생략할 수도 있다.

프로젝트 1과 2는 기업을 만들기 위한 이론적 지식을 쌓는 부분과 실제로 물건을 만들어 판매하는 경험적 지식을 얻는 부분으로 나뉘어 있지만 하나로 연결된 프로젝트이다. 프로젝트 2는 창체의 동아리 시간으로 활용했는데 여건이 허락되지 않는다면 교과 시간을 활용한 프로젝트 1을 진행하여 환경문제를 해결할 수 있는 아이디어를 마음껏 설계해 보는 것만으로 충분히 의미 있는 활동이 될 것이다.

차시	활동	비고
1~2	• 지구촌 문제 탐색 　1. 지구촌 환경문제 탐색하기 　　- 사회 교과서 내용 파악하기(환경과 관련한 다양한 문제 찾기) 　2. 환경문제를 해결하기 위한 방안 토의 　　- 환경 감수성 키우기(아름다운 우리 학교 사진 찍기) 　3. 구체적 실천 계획 세우기 　　- 어떻게 환경의 아름다움을 지켜낼 수 있을까?	※ 함께 하면 좋은 활동 　- 등굣길 쓰레기 줍깅 　- 우리 집 쓰레기 분류배출 조사 　- 아름다운 우리 학교 사진 찍기 활동 등

　문제의 시작은 플라스틱 컵이었다. 학교 운동장에서 공원 벤치 위에서, 더운 여름 어디에서도 플라스틱 컵을 발견할 수 있었다. 프로젝트 설계를 위해서 학생들이 문제를 인식하도록 의도적 장치를 마련했다. 학생들은 2주간 아침마다 쓰레기를 줍고 분류했다. 플라스틱이 2주간 얼마나 쌓이는지 눈으로 확인하고 나면 무분별한 플라스틱 사용이 심각하다는 인식이 생긴다. 사회와 도덕 교과서를 통해 지구촌의 환경문제 단원을 배우면 그제야 자원의 남용과 넘쳐나는 쓰레기로 인해 생태계가 골머리를 썩고 있다는 현실을 직접적으로 이해하게 된다.

　초등학교 수준의 환경교육은 환경 감수성[1]을 키우기 위한 활동이 가장 중요하다고 판단했다. 다양한 환경문제를 개인이 직접적으로 해결하기는 어렵지만 자연환경에 대한 관심과 환경을 소중히 여기는 마음을 함양한다면 분명 책임감 있는 성인이 될 것이기 때문이다. 쓰레기를 발견하는 일은 그래서 중요했다. 특히 재활용품을 활용하는 창업 프로젝트의 성공은 그 쓰레기를 어떻게 사용하느냐에 달려 있다.

　환경 CEO가 된다는 마음가짐을 준비시키는 차시이기에 학교 안과 밖의 쓰레기를 줍는 일과 우리가 지켜야 할 아름다운 환경을 발견하는 일을 동시에 진행했다. 학생들이 제출한 사진은 A4사이즈로 인화하여 갤러리처럼 작품명과 작가의 이름을 넣어 복도에 전시했다. 출사를 위해 공원을 돌아다니며 작은 풀 한 포기, 예쁜 꽃 한 송이, 파란 하늘 속 흰 구름 사진을 찍었다. 다녀와서는 자연이 우리 곁에 없다면 어떤 일이 벌어질지 이야기를 나누었다.

쓰레기를 줍고 자연환경 사진을 찍는 동안 우리가 무언가 해야겠다는 마음이 차오르면 프로젝트는 시작된다.

차시	활동	비고
3~5	• 우리 반 기업 만들기 　1. 기업명 정하기 　　(사회) 가계와 기업의 의미와 역할 알기 　　　　세계 100대 기업 조사하기 　　　　사회적 기업과 기업의 환경 관련 경영 철학 찾아보기 　　(진로) 나도 CEO가 될 수 있다 　　　　우리 반 기업 세우기 　　　　우리 반 기업가치 설정하고 이름 정하기 　2. 기업 로고 만들기 　3. 부서 만들기	※ 환경기업 자료 조사 후 패들렛에 정리 및 공유 ※ 우리 반 기업명 선정을 위한 공모 주간 갖기

① 기업명 정하기

기업을 세우기 위해서 기업가와 기업이란 무엇이고 기업이 사회에 어떤 영향을 미치는지를 배운다. 사회 교과의 경제 단원으로 재구성한다. 사회적 기업에 대해 알아보고 환경 관련 기업도 조사하며 어떤 제품들이 있는지 찾아보는 공부도 한다. 우리도 기업가가 될 수 있다는 마음가짐을 심어 주는 것이 중요하다.

이론 교육이 끝나면 본격적으로 어떤 기업을 세울 것인지에 대해 고민한다. 하나의 우리 반 기업을 세운 뒤 모둠별로 원하는 품목을 만드는 방식으로 진행될 것이기에 모두가 생각하는 기업 가치 설정이 필요하다.

기업명을 정하는 일부터 회의는 시작된다. 우리 기업이 지향할 가치를 먼저

로고 투표

완성된 로고

생각하면 이름을 정하기가 수월하다. 기업명은 재미와 더불어 기업이 지향하고 있는 가치를 담고 있어야 한다.

② 기업 로고

꼭 있어야 하는 것은 아니지만 로고를 만들며 우리 반 기업에 대해 한 번 더 생각할 수 있다. 또 물건을 포장하거나 홍보 포스터를 만들 때 기업명과 함께 로고가 들어가면 실제 기업과 같은 인상을 준다. 로고를 그릴 때 학생들의 다양한 아이디어를 보는 재미도 있다. 제출한 로고 중 기업의 특색을 가장 잘 살린 이미지를 투표로 선정한다. 최종 선정된 손 그림을 그리기 앱을 이용해 디지털 그림으로 바꾸어서 로고로 사용했다.

③ 부서 만들기

우리 반이라는 커다란 기업을 만들고 하위 부서를 만든다. (모둠이나 팀이라는 명칭도 괜찮다.) 부서별로 원하는 품목을 만들도록 한다. 부서로 작업하면 여러 아이디어가 나올 수 있고 품목도 다양화할 수 있다.

부서를 조직할 때는 학생들의 성향을 고려해야 한다. 발표는 어려워하지만 만들기를 잘하는 학생도 있고, 판매나 홍보를 잘하는 학생도 있다. 다양한 특성을 가진 구성원을 고르게 조직하면 모두 적극적으로 참여할 수 있다. 혹은 전체 조직에서 같은 역할을 하는 학생들이 부서를 구성해도 된다. 중요한 것은 어떻게 조직하더라도 한 팀이라는 의식을 갖고 자기 역할을 잘해야 사업이 이뤄진다는 것을 깨닫게 하는 것이다.

교사가 할 일은 모든 활동마다 회의 시간을 넣어 진행 과정을 묻는 것이다. 매 차시에 부서별로 돌아가며 진행 사항과 앞으로의 계획을 발표하는 시간을 갖는다. 학생들은 발표하는 것만으로도 잘되고 있는 점과 부족한 점을 스스로 알아내고 다른 팀원들에게 조언을 주는 등 서로 격려할 수도 있게 된다. 적절한 조언과 매시간의 부서별 성찰이 잘 이뤄지면 나중에는 교사의 도움 없이도 회의가 잘 진행된다.

차시	활동	비고
6~8	• 우리 반 기업 만들기 4. 소비자 수요 조사 - 디자인씽킹 과정 배우기 공감하기 → 문제정의 → 아이디어 도출 → 프로토 타입 → 테스트 - 홍보 포스터 만들기 - 생산 품목 결정	※ 디자인씽킹 과정 중 다양한 아이디 어를 도출하는 단 계까지 진행

④ 소비자 수요 조사

소비자 수요 조사에 앞서 디자인씽킹[21]의 개념과 과정을 배운다. 디자인씽킹은 공감하기, 문제 정의, 아이디어 도출, 프로토타입, 테스트의 5단계로 이루어진다.

디자인씽킹의 첫 단계는 고객의 문제에 공감하는 것이다. 누구를 위한 디자인인지, 문제점은 무엇이고 그것을 해결해야 하는 이유를 정의하는 과정을 겪으면 가치 있는 물건을 만들 수 있다. 그리고 이 과정은 제품을 홍보할 때도 도

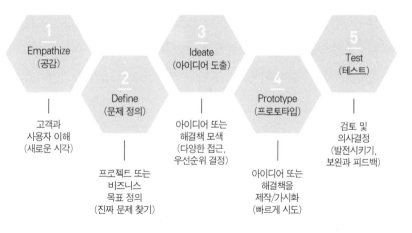

디자인씽킹 5단계

움이 된다. 무작정 상품을 만드는 것이 아니라 평소에 학생들이 느꼈던 문제점들을 파악하고 소비자가 원하는 물건을 만든다면 판매가 잘될 것으로 판단했다.

문제를 해결할 수 있는 품목을 다양하게 생각한 뒤 만들고 싶은 품목으로 기획 회의를 하고 회의를 바탕으로 간단한 제품 홍보 포스터를 만들었다. 제품 홍보 포스터를 이용하여 잠재적인 고객이 있는지 소비자 수요 조사를 하는 것이다. 팀별로 1~2개로 재활용품을 활용한 다양한 제품을 기획하고 홍보 포스터를 만들어 복도에 게시했다. 선호도 조사는 스티커를 활용했고 6학년 전체 학생을 대상으로 했다. 이렇게 소비자 수요 조사가 끝나면 생산하게 될 품목을 결정한다.

---

1) 환경 감수성(Environmental sensitivity): 개인이 자연환경과의 지속적인 상호작용을 통해 함양하게 되는 자연환경에 대한 공감적 정서. (지식백과)
2) 디자이너들이 무엇인가를 디자인하며 문제를 풀어가던 사고방식대로 사고하는 방법이다. 디자인씽킹은 1990년대 세계적인 디자인 기업 아이디오(IDEO)가 대중화하였으며, 디자이너의 아이디어와 방법론에서 영감을 받은 것으로, 여러 분야의 팀들이 협업해서 사용자의 욕구와 기술적 가능성, 경제적 실현성을 조합하여 혁신할 수 있도록 하는 방법론이다. (지식백과)

프로젝트 2. 업사이클링 새활용 제품, 만들고 판매하고 기부하기

8차시	창체(진로 및 동아리)	#새활용 #업사이클링 #프로토타입 #기부
차시	활동	환경교육표준(수행기대에 따른 수준별 성취기준) 2단계(초등학교) 내용
1~3	• 제품 생산 준비 1. 구상도 그리기 2. 재료 준비 3. 프로토타입 만들기와 피드백	〔WT-2〕개인과 집단 사이의 공통적이지만 차별화된 책임감을 인식하고 참여하기 - 개인, 집단, 국가의 행위가 환경에 어떤 영향을 미치는지, 각 집단이 환경문제 해결을 위해 어떤 노력을 기울이고 있는지 조사한다. 〔WT-3〕구성원들 사이의 차이와 다양성을 존중하고 다양한 협력 방법을 적용하기 - 환경에 대한 공동체 구성원의 서로 다른 욕망, 선호, 능력, 가치관 등을 존중할 수 있는 적절한 의사소통과 의사결정 방법을 익힌다. 〔PS-4〕환경문제-목표-해결책 사이의 의존 관계를 이해하고 최선의 대안을 선택하기 - 환경문제를 해결할 수 있는 여러 가지 대안 중 최선의 해결책을 선택하기 위한 기준을 정하고 적용한다.
4~6	• 제품 생산 및 판매 4. 새활용(업사이클링) 제품 생산 5. 가격 결정: 원가 계산 6. 홍보 및 판매 - 홍보 포스터와 영상 제작 - 홍보 전략 수립	
7~8	• 판매금 정산 및 기부하기 7. 제품 판매 수익 정산 8. 판매금 기부처 및 방법 모색	

1학기에는 창업에 관한 전반적인 지식을 쌓고 환경의 소중함을 체험하는 활동들로 구성한다. 또 회의하는 방법과 피드백을 주고받는 연습을 충분히 시킨다. 이런 훈련은 2학기 프로젝트에 깊이를 더한다. 교과와 진로 시간을 이용해 환경 문제에 관한 지식을 쌓고 생태 감수성을 키워왔다면 힘든 두 번째 프로젝트에 임하는 태도가 달라진다. 단순히 물건을 생산하고 돈을 벌겠다는 것이 아니라 우리의 작은 선택이 환경에 도움을 주는 일이 될 수 있음을 인식하면 환경

을 생각하는 기업가의 모습을 취하게 되기에 더 열심을 낼 수 있다. 프로젝트는 학기 초에 같은 학년 선생님들과 함께 협의하고 진행하는 것을 추천한다. 훨씬 더 풍성하고 값진 결과물을 얻을 수 있다.

자본주의 사회에서 기업은 이윤추구를 목적으로 하는 경제 단위이다. 마켓은 창업 프로젝트의 꽃이다. 하지만 학교 창업 프로젝트의 최종 목적은 기부에 있다. 학생들도 그 목적을 알고 시작했기 때문에 벌어들인 금액의 숫자보다는 기부에 관심을 더 보였다.

차시	활동	비고
1~3	• 제품 생산 준비 1. 구상도 그리기 2. 재료 준비 3. 프로토타입 만들기와 피드백	※ 재활용품 분리수거장에 도장 찍기 ※ 학급운영비를 부서별로 나누어 사용하기

① 구상도 그리기

생산할 품목이 정해진 뒤에는 구상도를 그린다. 스케치북에 대략적인 모양을 그리고 색도 칠해 본다. 만드는 방법이나 필요한 재료를 생각하고 간략한 특징을 적어 전체 부서 발표회를 한다. 발표하고 다른 부서로부터 피드백을 받는 과정을 통해 생각지 못한

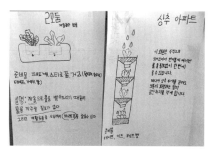

구상도 예시

문제를 발견하기도 하고 새로운 해결 방법이 생겨나기도 한다. 그러므로 만들기 전에 머릿속에 있는 구상을 구체화하는 작업은 매우 중요하다.

② 재료 준비

새활용(업사이클링) 제품이므로 재료를 찾으러 분리수거장을 간다. 유리병, 구겨지지 않은 페트병과 플라스틱 컵을 수거한다. 분리수거장에 가면 버려지는 쓰레기가 얼마나 많은지 저절로 알게 된다. 과대 포장하는 생산 방식에 대한 문제의식도 생기게 되니 재료를 구하러 가면 여러모로 일거양득의 효과를 본다.

그 밖에 필요한 부수적인 재료는 학급 운영비로 구입한다. 부서별로 필요한 것을 공유 시트로 주문하도록 하고 프로토타입 제작을 위해 한 번, 대량 생산을 위해 수정된 리스트로 한 번, 총 두 번에 나누어 재료를 구입한다.

③ 프로토타입 만들기와 피드백

재료 준비를 마치면 초기 생산품 제작에 들어간다. 이를 프로토타입이라고 한다. 프로토타입을 만들어 봐야 제품에 어떤 장점과 문제점이 있는지 발견할 수 있다. 초기 프로토타입을 발표하며 얻은 피드백으로 더 좋은 제품을 만들 수 있다. 재료가 적절했는지, 만드는 데 어떠한 어려운 점이 있었는지 이야기를 나누면서 제품뿐만 아니라 팀의 문제도 파악한다. 문제를 해결하는 과정을 통해 학생들의 협업 능력도 향상된다.

차시	활동	비고
4~6	• 제품 대량 생산 및 판매 4. 새활용(업사이클링) 제품 생산 5. 가격 결정: 원가 계산 6. 홍보 및 판매 　- 홍보 포스터와 영상 제작 　- 홍보 전략 수립	※ 시간을 넉넉히 가질 것 ※ 주문 제작 가능

④ 새활용(업사이클링) 제품 생산

프로토타입이 완성되면 생산 작업을 시작한다. 이 과정은 시간이 오래 걸리기 때문에 판매일로부터 여유를 갖고 시작해야 한다. 수공예의 특성상 작품이 다 다른 모양으로 나오기도 한다. 이런 특성을 활용하여 주문 제작 방식으로 생산 방식을 변경하기도 했는데 오히려 소비자에게 인기가 좋았다.

⑤ 가격 결정: 원가 계산

물건 판매를 위해 가격을 결정해야 한다. 가격 결정을 위해서는 제품 원가를 계산해야 한다. 총생산비에는 재료비와 인건비가 포함된다. 총생산비를 생산품 개수로 나누면 제품 1개의 원가가 된다. 제품 1개의 원가에 판매 이익을 더 한 값이 제품의 가격으로 결정된다.

하지만 학교라는 공간의 특성상 이윤을 많이 남기고 판매하기는 어렵다. 학생들의 인건비를 계산하기도 어렵고 챙겨주지도 못한다. 그렇기에 회의를 통해서 현실에 맞는 가격 구간을 결정하였고 부서별로 가격을 책정했다.

경제적인 순이익 측면으로는 적자일 수 있지만 모든 과정을 통해 환경을 살리는 기쁨과 창업의 과정에서 배운 즐거움, 기부할 수 있는 특권은 돈으로 계산할 수 없음을 재차 강조한다.

⑥ 홍보 및 판매

홍보 방법으로는 주로 포스터를 사용했지만, 미술과 국어 교육과정과 연계하여 동영상을 제작하기도 했다. 마켓이 열리는 일주일 전부터 홍보 포스터를 게시하고, 전교생에게 홍보 영상을 보여 주면서 흥미를 유발했다. 무엇보다도 행사 당일 어떻게 판매하는지가 최종 수익을 결정한다. 판매가 부진하면 할인을 하기도 하고, 손님이 없으면 찾아가 홍보도 하는 전략이 필요하다.

첫 번째 해: 단일 품종, 디자인의 다각화

첫해에는 판매 제품으로 플라스틱 컵만 깊이 생각했다. 당시 코로나19로 인해 학교에 매일 등교하지 못했기에 반 전체가 하나의 팀으로 움직였다. 다양한 종목 대신 플라스틱 컵을 주재료로 상품 디자인을 다양화하기로 했다. 플라스틱 컵을 활용해서 만들 수 있는 아이디어를 브레인스토밍한 뒤 최종 선택된 아이템은 무드등이었다.

플라스틱 컵과 음료수 캔을 이용한 4색 무드등이다. 아이템당 30개의 제품을 만들었다. 등교를

플라스틱 컵과 캔을 새활용한 무드등

매일 하지 못하는 가운데 펼치는 창업 활동은 모험 행위였지만 모든 상품은 성황리에 완판되었다.

두 번째 해: 성공과 실패

다음 해에 만난 학생들과는 더 많은 회의를 진행하고 생산 시간을 늘릴 수 있었다. 팀별로 다양한 아이템을 만들었다. 다만 제작 방식을 새활용으로 한정했기에 아이들이 많이 고민했다. 쓸모없는 쓰레기를 쓸모 있고 아름다운 물건으로 바꾸기 위한 고민이었다. 단순한 창작물이 아니라 환경을 생각하는 기업 가치를 담은 제품이어야 했다.

최종 선정된 아이템은 다양한 유리병을 활용한 무드등, 휴지심을 이용한 대왕 색연필, 빨대를 이용한 열쇠고리, 생수병을 이용한 수납함, 안 쓰는 크레파스를 활용한 다색크레파스, 다 쓴 천을 이용한 머리끈 등이었다. 플라스틱 컵과 유리병 등은 분리수거장에서 주워 왔고, 휴지심은 각자 집에서 모았다.

가장 빨리 동난 상품은 무드등이다. 개당 2,500원에서 3,000원을 받고 판매했는데 금방 소진되었다. 잼 병, 음료수병 등 각종 유리로 된 용기를 주워서 깨끗이 씻은 다음 글라스데코를 활용해 무늬를 입혔다. 금색 와이어 LED 등을 이용하면 분위기 있는 무드등이 완성된다.

가장 심혈을 기울인 것은 손바느질로 직접 만든 곱창머리끈이었는데 안 입는 옷과 쓰고 버리는 마스크에서 끈을 잘라 만들었다.

200개나 만들어서 걱정했던 빨대로 만든 하트 열쇠고리는 의외로 잘 팔린 상품이었다. 남학생 4명이 사용하지 않거나 깨끗이 씻은 빨대를 모아서 쉬는 시간마다 열심히 접었다. 열쇠고리 부재료만 구입해 재료비가 가장 적게 들었다.

헌 옷과 마스크끈을 새활용한 곱창머리끈

다양한 색의 크레파스를 녹여 다른 모양으로 탄생시킨 다색크레파스는 생각보다 잘 팔리지 않았다. 모양은 예쁜데 고학년 학생들의 흥미를 끌지는 못했다. 안 쓰는 크레파스를 수거하며 자원 재활용을 한다는 기쁨은 누렸지만 동시에 소비자들의 성향에 따라서 기업의 생산과 판매 전략이 달라져야 함을 배우게 된 계기가 되었다.

세 번째 해: 다양한 아이디어, 생산 방식의 다각화

특색 있는 환경기업을 운영한 지 두 해가 지나자 학생 CEO들은 더욱 다양한 아이디어를 냈다. 운영하는 교사도 매년 배운 점이 늘어나서 다양한 작업을 시도할 수 있었다. 세 번째 해에는 양말목으로 만든 인형, 식용색소, 부추와 토마토 모종 화분, 천연 주방세제, 무드등, 스노볼 등의 제품을 만들었다.

주문 제작 방식을 적용한 스노볼

모두 열심히 만들었는데 특히 식용색소를 만든 부서는 시행착오를 많이 겪었다. 남학생 4명이 직접 비트와 당근을 자르고 말리고 갈아서 천연색소로 사용할 가루를 열심히 만들었다. 상품으로 많이 판매되지는 못했지만 그림을 그리거나 음식에 넣어도 되는 색소를 만들고자 한 노력을 칭찬하고 상품의 가치를 높이기 위한 이야기를 나눴다.

페트병에 심은 부추와 방울토마토는 선생님들에게도 인기가 좋았다.

글리세린을 활용한 스노볼은 주문 제작을 하기도 했다. 수공예의 장점을 충분히 살린 전략이었다. 교사의 우려와 달리 초등학교 소비자의 성향에도 딱 맞는 품목이었다.

차시	활동	비고
7~8	• 판매금 정산 및 기부하기 7. 제품 판매 수익 정산 8. 판매금 기부처 및 방법 모색	※ 기부처는 회의로 결정하되 환경단체로 정하고 네이버 해피빈을 이용함

⑦ 제품 판매 수익 정산

할인과 할인을 더 해서 모든 품목을 완판시키고 나면 과연 수익이 얼마나 될까? 결론부터 말하자면 적자다. 들어간 재료비보다 더 많은 이익을 얻기는 힘들었다. 게다가 임금은 생각지도 못한다.

학교라는 공간과 소비자가 어린 학생들임을 감안하여 모든 제품의 가격을 미리 협의했기 때문이다. 즉, 재료비가 많이 들었어도 물건당 최대 금액은 3,000원으로 제한을 두었다. 경제적인 측면에서 우리의 사업 활동은 적자였다.

⑧ 판매금 기부처 및 방법 모색

하지만 창업 프로젝트의 최종 목적은 기부에 있다. 학생들도 그 목적을 알고 시작했기 때문에 벌어들인 금액의 숫자보다는 기부에 관심을 더 보였다. 스스로 만들어 낸 돈의 가치와 기쁨을 제대로 느낄 수 있다. 자연스럽게 '얼마나 기부할 수 있을까?'와 '어디에 기부하는 것이 좋을까?'에 관한 것을 중요하게 여겼다. 몇 차례에 걸친 회의를 통해 급식실 앞에 걸어 둘 시계를 구매하기로 했다. 재활용품을 마음껏 주울 수 있게 도와주신 경비 아저씨들에게 카드와 음료수를 선물하기도 했다. 또 환경보호단체와 동물보호단체에도 기부했다.

"힘들었지만 재미있었고, 보람되었다."

"또 하고 싶다."

"직접 돈을 벌어 보는 것은 처음이었다."

"직접 번 돈으로 기부를 할 수 있어서 뜻깊었다."

"의미 있고 유익해서 기억에 많이 남을 것 같다."

"내 제품을 좋아해 주는 친구들에게 고마웠다."

"환경도 생각하고 창업도 해보는 일이 즐거웠다."

한 해를 돌아보며 가장 기억에 남는 활동을 묻는 질문에 아이들은 늘 창업 프로젝트라고 이야기한다. 환경도 살리고 창업과 기부도 해보는 환경 CEO 되기는 쓸모 있는 배움이 있는 매력적인 프로젝트였다.

수업자료는 QR코드로 이용할 수 있습니다.

2

중학생을 위한
생태전환 수업

1

영어 교과 연계
환경교육

프로젝트 1. 기후 행동 피켓챌린지

5차시	영어	#환경일지 #피켓챌린지 #스피치

차시	교수학습 및 평가 활동
1	〈프로젝트 안내 및 평가 안내〉 1. 도입: 환경의 심각성을 다룬 영상 시청 – 유튜브 영상 2. 전개: 환경일지 작성 및 해양피켓챌린지 안내-패들렛 　가. 환경일지 작성법 안내 　나. 해양피켓챌린지 전년도 수상작 시청 3. 정리: 과제 공지 – 한 달간 환경 일지 작성
2	〈기후 환경과 관련된 문제점과 해결책 찾기-주요 어휘, 어법 적용〉 1. 도입: 환경일지 둘러보기 2. 전개: 　가. 도서 〈10 Things I Can Do To Help My World〉 함께 읽기 　나. 환경을 위한 실천과 관련된 표현 정리하기 　다. 환경문제 제시와 해결책 찾기(모둠별 게임 학습-제안하기 연습) 3. 정리: 학습 로그에 문제점과 해결책 5개씩 정리해서 적기-패들렛 　– 차시 예고: 피켓 제작 재료 준비
3	〈피켓 제작 및 연설 원고 작성〉 1. 도입: 피켓챌린지 전년도 수상작 감상 2. 전개 　가. 좋은 스피치의 조건에 대해 의견 나누기 　나. 조별 혹은 개인별 브레인스토밍 　다. 피켓 제작 및 영어 연설 원고 작성 　라. 퀼봇(Quillbot), 그래머리(Grammarly) 등 AI 도구 활용하여 글 수정받기 　마. 동료 피드백 및 교사 피드백 3. 정리 　– 과제: 영어 연설 연습
4	〈발표 연습 및 영상 제작〉 1. 도입: 영어 연설 연습 및 영상 업로드 안내 2. 전개: 　가. 영어 연설 연습-MS 팀즈의 학습 가속기 중 발표자 진행 코스 　나. 영상 제작 및 업로드 3. 정리: 차시 예고-피켓챌린지 시사회
5	〈피켓챌린지 시사회〉 – 영상을 감상하고 최고의 작품에 투표하기

환경교육은 자신과 환경의 관계를 통찰하여 지속가능하고 조화로운 사회를 만드는 교육 활동이다. 생각과 태도가 바뀌고 그에 따라 행동이 변화하려면 일회성 행사로 끝나기보다 꾸준히 실천하여 삶이 되도록 해야 한다.

환경교육 전문가들은 다음의 '환경교육 5단계'를 순차적으로 가르치는 것이 효과적이라고 조언한다. '환경교육 5단계'를 기반으로 교육과정과 학사일정을 고려하여 앎을 실생활에 적용하고 실천할 수 있도록 연간 프로젝트 수업을 설계해 보았다.

1단계 환경 감수성	2단계 환경 지식	3단계 시스템적 사고	4단계 환경 정의	5단계 행동과 실천
나와 주변 환경의 관계를 배우는 생물 다양성 학습	인간이 지구에서 소비하는 자원과 에너지 학습	소비한 자원과 에너지로 인해 발생한 기후 변화 학습	환경 정의와 지속가능한 사회 학습	직접 행동하고 실천하는 환경 프로젝트

학생들은 환경교육을 수없이 받았지만, 일회용품이나 플라스틱 사용 줄이기, 분리배출 잘하기, 물 아껴 쓰기 등의 정형화된 보전 교육에 그치는 경우가 많다. 현재 우리가 직면한 기후 위기의 현실을 정확히 인식하고 일상의 선택이 어떤 변화를 일으키는지 생각해 보는 시스템적 사고를 통해 삶의 태두와 양식을 전환할 필요가 있다.

기후 위기의 심각성을 파악하고 이를 극복하는 행동을 위해 환경일지 쓰기와 해양피켓챌린지 활동을 했다. '해양피켓챌린지'는 2021년부터 부산에서 열리는 '주니어 해양 컨퍼런스' 행사 중 하나이다. 청소년들이 해양 환경 관련 피켓을 제작하고 이와 관련된 영상을 찍어서 출품한다. 홈페이지에 예년 수상자 영상이 탑재되어 있어서 활동에 관한 예시를 볼 수 있다. 정식 출품을 하여 수상하게 되면 이듬해 컨퍼런스 연설가로 많은 사람 앞에서 연설할 기회를 얻는다.

이 해양피켓챌린지에 응모하는 것을 목표로 학습 과정을 실제 삶과 연계하는 것에 주안점을 두었다. 프로젝트 첫 시간에 전체적인 수업과 평가의 흐름에 대해 알려주어 학생들이 각 활동을 더욱 유의미하게 참여할 수 있도록 한다.

차시	교수학습 및 평가 활동
1	〈프로젝트 안내 및 평가 안내〉 1. 도입: 환경의 심각성을 다룬 영상 시청 – 유튜브 영상 2. 전개: 환경일지 작성 및 해양피켓챌린지 안내-패들렛 　가. 환경일지 작성법 안내 　나. 해양피켓챌린지 전년도 수상작 시청 　다. 평가 루브릭 안내 3. 정리: 과제 공지 – 한 달간 환경 일지 작성

환경일지는 환경 지식을 업데이트하기 위한 활동이다. 현재 우리가 직면한 문제를 바르게 인식하기 위해 기후·환경에 관한 도서, 신문 기사, 유튜브 영상 자료를 찾아 학습하고 생각과 의견을 간단히 정리해서 패들렛에 공유한다. 환경을 위한 실천 사례를 인증 사진과 함께 올려도 된다.

첫 시간에 기후 위기에 관한 영상을 함께 시청하였다. 다양한 자료가 있지만, 평소에 학생들이 잘 알지 못하는 내용을 보여 주는 것이 효과적이다. 교사가 이 영상에 관한 생각을 간단히 적어 환경일지의 샘플로 패들렛에 올리면 학생들이 쉽게 따라 할 수 있다.

업로드 횟수는 하루 1회로 제한하고 한 달 동안 꾸준히 일지를 작성하게 했다. 환경일지는 이후 진행되는 피켓챌린지에 참여하기 위한 일종의 자료 수집 활동이 된다. 동시에 영상과 관련된 영어 표현을 검색해 보며 자신의 관심사에 관한 실질적인 언어를 사용할 수 있는 맥락을 제공해 준다. 탑재한 자료는 패들렛 게시판을 통해 전교생과 공유되어 자신이 검색한 자료 외에 다른 학생들이 올린 자료를 살펴보며 지식을 확장할 수 있다.

학생들은 친환경 재생 에너지로의 전환 필요성, 넷플릭스 같은 OTT 프로그램의 탄소 배출 문제, 육식이 환경에 미치는 영향, 아보카도와 환경 정의, 제로 웨이스트, 패스트 패션 등 다양한 자료를 나누었다.

이 활동은 우리가 구매한 재화와 서비스가 어떻게 생산되고 유통되는지, 폐기한 쓰레기가 어디로 가고, 어떻게 처리되고 있는지 알게 해준다. 그리고 자신의 소비 양식과 생활 양식을 돌아보고 이것이 환경에 미치는 영향을 생각해 보는 시스템적 사고를 촉진한다.

차시	교수학습 및 평가 활동
2	〈기후 환경과 관련된 문제점과 해결책 찾기-주요 어휘, 어법 적용〉 1. 도입: 환경일지 둘러보기 2. 전개: 　가. 도서 〈10 Things I Can Do To Help My World〉 함께 읽기 　나. 환경을 위한 실천과 관련된 표현 정리하기 　다. 환경문제 제시와 해결책 찾기(모둠별 게임 학습-제안하기 연습) 3. 정리: 문제점과 해결책 5개씩 정리해서 적기-패들렛 　- 차시 예고: 피켓 제작 재료 준비

한 달간의 긴 프로젝트이므로 중간중간 학생들이 작성한 환경일지를 살펴보며 독려해 준다. 그리고 명시적으로 주요 표현을 정리해 주면 학습자의 부담을 덜어줄 수 있다. 도서 〈10 Things I Can Do To Help My World〉는 환경과 관련된 어휘와 표현을 학습하기 좋은 책이다. 유튜브 영상으로 함께 읽고 책에 나온 표현을 함께 연습한다. 관련 어휘와 제안하기 표현을 정리한 후 쓰레기 섬, 해양 핵폐기물, 백화 현상, 수온 상승, 해수면 상승과 같은 환경문제에 대한 사진을 제시하고, 'I want you to~', 'Let's~', 또는 'Why don't we~?' 등의 표현을 활용하여 모둠별로 해결책을 제안하는 문장을 한 문장씩 쓰게 한다. 게임으로 진행하면 더 재미있는 학습 환경을 만들 수 있다. 마무리 활동으로 각자 게임에

서 배운 문제점과 해결책 다섯 문장을 적으며 학습 내용을 정리한다.

차시	교수학습 및 평가 활동
3	〈피켓 제작 및 연설 원고 작성〉 1. 도입: 피켓챌린지 전년도 수상작 감상 2. 전개 　가. 좋은 스피치의 조건에 대해 의견 나누기 　나. 조별 혹은 개인별 브레인스토밍 　다. 피켓 제작 및 영어 연설 원고 작성 　라. 퀼봇(Quillbot), 그래머리(Grammarly) 등 AI 도구 활용하여 글 수정받기 　마. 동료 피드백 및 교사 피드백 3. 정리 　- 과제: 영어 스피치 연습

바다는 지구 온도를 유지하는 데에 중요한 역할을 한다. 바다가 숲보다 더 많은 탄소를 흡수할 수 있다. 하지만 지난 50년간 바다 온도는 1도나 상승했다. 급격한 해수 온도 상승은 바닷속 산소 비율을 낮추고 기상이변을 일으키는 등 우리에게 큰 위협이 되고 있다. 이것은 단지 해양 쓰레기 때문만이 아니라 육지에서 우리 인간이 하는 많은 활동과도 관련 있다.

한 달간 환경일지를 작성하며 배운 지식을 바탕으로 피켓을 제작한다. 특별한 안내를 하지 않으면, 해양 쓰레기와 일회용품 사용 문제에 관한 것으로 집중되기 쉽다. 전년도 수상작을 함께 보고, 다시 환경일지와 자료를 검토한 후 주제를 선정하게 했더니, 산호 백화 현상, 기후 변화와 해수면 상승, 기름 유출, 해양 소음 문제, 원자력 발전소 오염수 폐기 문제 등 다양한 주제의 피켓을 볼 수 있었다.

피켓이 완성되면 변화를 촉구하는 메시지를 담은 대중 연설 원고를 작성한다. 원고를 작성한 후 퀼봇과 그래머리 등의 AI 도구를 활용하여 문법 오류를 교정받는다. 단, AI의 제안을 전적으로 수용하기보다, 자신의 의도와 전체적인 톤을 고려하여 취사선택하도록 지도한다.

AI를 통해 문법 수정이 끝나면, 친구들의 작품을 서로 바꾸어 읽으며 동료 피드백을 한다. 장점과 개선점을 적고, 평가 루브릭을 기초로 가점수를 준다. 동료 피드백을 바탕으로 학생들은 한 번 더 글을 다듬고 발전시킨다.

차시	교수학습 및 평가 활동
4	〈발표 연습 및 영상 제작〉 1. 도입: 영어 연설 연습 및 영상 업로드 안내 2. 전개: 　가. 영어 연설 연습-MS 팀즈의 학습 가속기 중 발표자 진행 코스 　나. 영상 제작 및 업로드 3. 정리: 차시 예고-피켓챌린지 시사회

이제 작성한 피켓에 영어 연설을 붙이고 결과물을 만들 차례이다. 아무리 피켓이 좋아도, 전달력이 부족하면 효과가 떨어지므로 영상 제작 전 말하기 연습을 충분히 하는 것이 좋다. 교사가 제한된 시간에 모든 학생에게 피드백을 주기는 어렵기 때문에, AI의 도움을 받으면 좋다.

MS 팀즈의 학습 가속기 중 발표자 진행 코스를 이용하여 준비된 영어 연설문을 연습한다. 학습 가속기의 발표자 진행 프로그램은 전달 속도, 추임새, 높낮이, 발음, 내용 포용성, 반복 언어, 청중 참여 보디랭귀지 등의 영역을 코치해 준다. 교사의 설정에 따라 각 영역은 조정할 수 있으며, 학생들은 연설을 녹화한 후 자신의 강점과 약점에 대한 평가를 보고서로 확인할 수 있다.

영어 연설 연습이 끝나면 영상을 제작한다. 영상 편집 프로그램을 활용하면 더욱 완성도 있는 작품을 만들 수 있다.

차시	교수학습 및 평가 활동
5	〈피켓챌린지 시사회〉 - 영상을 감상하고 최고의 작품에 투표하기 　　🔲 환경일지와 해양피켓챌린지 활동 안내

　　영상을 촬영하고, 편집한 후 이를 패들렛에 탑재하여 전교생이 볼 수 있게 한다. 피켓챌린지 시사회는 학생들이 좋아하는 활동이다. 디지털 네이티브인 학생들은 영상 제작 능력이 뛰어나고, 자기 작품이 타인에게 공개되었을 때 더욱 높은 동기를 보인다. 영상을 감상한 후 각자 최우수 작품을 고르고, 선정한 이유를 적게 한다. 이유를 적으면 더 진지하고 공정하게 평가하는 경향이 있다. 최우수 작품을 발표하고 소정의 상품을 수여하면 더욱 그럴싸한 시사회를 만들 수 있다. 모든 활동이 끝난 후 세부능력 특기 사항에 학생의 수행 결과를 다음과 같이 기록하였다.

> 환경오염의 심각성을 밝히고 변화를 촉구하는 메시지를 담은 영상을 제작하는 해양피켓챌린지 활동에서 산호 백화 현상을 주제로 해양 오염의 심각성을 경고함. 주제가 참신하여 시선을 끌었으며, 산호 백화 현상의 원인과 심각성에 대해 심도 있게 조사하고 정리함. 풍부한 어휘력과 정확한 어법으로 유창하고 완성도 있는 연설을 함.

4차시	영어 #동물원 #동물실험 #단편영화 #찬반토론 #퀴즈대회 #멸종위기종
차시	교수학습 및 평가 활동

1	〈동물권 교육 및 단편 영화제〉
	1. 도입: 오늘 수업 주제 맞추기 퀴즈
	2. 전개
	 가. 동물권이란?
	 나. 단편 영화제
	  - 영화 시청 및 감상 적기
	  〈A Pig's tail〉, 〈Kitbull〉, 〈Save Rhalph〉
	3. 정리: 주요 표현 정리 및 찬반 토론 예고

2	〈동물권 단편 영화제 감상 발표 및 찬반 토론 준비〉 1. 도입: 단편 영화제 감상 발표 2. 전개 가. 찬반 토론 설명 나. 찬반 토론 주제 설정 다. 자료 조사 및 역할 분담 3. 정리 - 과제 제시: 토론 자료 준비 및 연습
3	〈찬반 토론〉 1. 사전 준비 회의 2. 입론-반론 – 변론 – 최종 정리 3. 심사 및 발표
4	〈보너스: 동물 퀴즈 대회〉 육식과 채식에 관한 퀴즈 - 크리스토프 드뢰서, 〈이토록 불편한 고기〉-퀴즈앤

사람, 동물, 식물 등 내가 아닌 다른 생명을 있는 그대로 존중하고, 인간의 잣대로 상대를 저울질하지 않으며 공존의 방법을 모색하는 생태시민성은 환경교육의 중요한 부분이다. 생태계의 다양한 종 가운데 인간이 가장 우월하다는 인

간 중심적인 생각을 버리고, 지구를 공유하고 있는 한 개체로서 다른 종을 존중하며 상생의 방법을 찾는 것을 목표로 하였다. 그리고 우리가 먹는 달걀과 고기가 어떻게 생산되는지, 우리의 소비 활동과 선택이 생태계에 어떤 결과를 불러일으키는지 생각해 보는 시스템적 사고를 꾸준히 연습하면서, 더욱 정의롭고 지속 가능한 삶을 설계해 보는 기회를 제공하고자 했다.

이 목표를 위해, 동물권의 개념을 알아보고, 동물권과 관련된 단편 영화를 본 후 주요 이슈에 대해 찬반 토론을 설계해 보았다.

동물 복지의 개념과 동물의 5가지 권리 등 동물권 권리 관련 학습자료와 수업 시간에 활용할 PPT 자료는 QR코드로 이용할 수 있다.

차시	교수학습 및 평가 활동
1	〈동물권 교육 및 단편 영화제〉 1. 도입: 오늘 수업 주제 맞히기 퀴즈 2. 전개 　가. 동물권이란? 　나. 단편 영화제 　　– 영화 시청 및 감상 적기 　　〈A Pig's tail〉, 〈Kitbull〉, 〈Save Rhalph〉 3. 정리: 주요 표현 정리 및 찬반 토론 예고

먼저, 동물의 권리가 무엇인지 소개하며 동물의 복지에 대해 간단히 의견을 나눈다. 이후 동물권과 관련된 단편 영화를 세 편 골라 감상하고 심사하는 단편 영화제를 연다.

단편 영화제에 상영할 영화로, 동물의 생물학적 특성을 무시하고 철저히 자본화된 환경에서 고기로 길러지고 도축되는 공장식 농장의 문제점을 다룬 〈A Pig's Tail〉, 인간의 안전을 위한 동물 실험을 다룬 〈Save Ralph〉, 인간의 유희를 위해 동물이 이용되는 동물 학대와 공존에 대한 영화인 〈Kitbull〉을 선택했다.

학생들은 영화제의 심사위원이 되어 각 영화가 동물의 어떤 자유를 침해하는지 살펴보고 자신의 감상을 자유롭게 기록하며 평점을 준다. 이후 감상평을 나누고 전교생의 평점을 합산하여 최우수작을 발표하며 단편 영화제를 마무리했다.

영화는 직관적이다. 따라서 교사가 일방적으로 의견을 제시하거나, 상황을 설명할 필요가 없다. 학생들은 동물의 권리에 대해 자연스럽게 배우고 동물과 우리의 관계를 생각해 볼 수 있다.

영화를 통해 정육점에서 비교적 저렴하게 구매하는 고기가 어떤 방식으로 사육되고 도축되는지, 평소 사용하는 화장품 뒤에 얼마나 많은 동물의 희생이 있었는지 알게 되고, 인간의 즐거움을 위해 동물이 어떻게 학대당하는지 보며 함께 살아가는 방식에 대해 고민하게 된다.

단편 영화제에 활용할 수 있는 동물과 기후 환경에 관한 다른 단편 애니메이션도 몇 편 소개한다.

제목	주제	상영 시간
Hope	해양 동물과 해양 쓰레기 문제	8분 32초
We love animals	동물원이란?	2분 34초
Happiness	소비중심의 자본주의사회	4분 16초
Man	무분별한 동물 착취	3분 35초
The Turning Point	무분별한 개발	3분 27초

차시	교수학습 및 평가 활동
2	〈동물권 단편 영화제 감상 발표 및 찬반 토론 준비〉 1. 도입: 단편 영화제 감상 발표 2. 전개 　가. 찬반 토론 설명 　나. 찬반 토론 주제 설정 　다. 자료 조사 및 역할 분담 3. 정리 　– 과제 제시: 토론 자료 준비 및 연습
3	〈찬반 토론〉 1. 사전 준비 회의 2. 입론–반론 – 변론 – 최종 정리 3. 심사 및 발표

　동물권 단편 영화제가 끝난 후에 개인적인 감상 및 비평에서 한 단계 더 깊이 있는 사고를 촉진하기 위해 찬반 토론을 준비하였다. 학급별로 동물권과 관련된 찬반 토론의 주제를 협의하고, 모둠별로 찬반 토론 주제를 2개씩 골라 가장 많이 선택된 주제를 그 학급의 토론 주제로 선정하였다. 학생들이 토론 주제를 제시하지 못하는 경우를 대비해 교사가 몇 가지 주제를 준비해 놓는다. 학생들이 선정한 토론 주제는 다음 세 가지로 압축되었다.

· 동물원은 사라져야 한다.
· 동물 실험은 법적으로 금지되어야 한다.
· 공장식 축산 방법은 폐지되어야 한다.

　찬반 토론의 방법과 규칙을 안내하고, 찬성팀과 반대팀을 선정한다. 찬반 토론에서 자기의 실제 의견과 다른 팀으로 배정되더라도 상대 팀을 설득하기 위해 노력해야 한다. 이 과정에서 본인이 기존에 가지고 있던 편견에서 벗어나 다양한 각도에서 쟁점을 바라볼 수 있게 된다.

토론 준비 시간은 충분히 제공한다. 발표 기회는 팀별로 4번씩 번갈아, 입론-반론-변론-최종 정리의 순서로 진행하였다.

첫 번째 입론자는 각 팀의 주장을 완성된 연설문의 형태로 발표한다. 반론자는 상대 팀의 입론을 반박한다. 변론자는 상대의 반박에 답하며 자신의 주장을 뒷받침한다. 최종 정리자는 이제까지 논의된 내용을 정리하며 팀의 의견을 다시 한번 설득력 있게 피력한다.

차시	교수학습 및 평가 활동
4	〈보너스: 동물 퀴즈 대회〉 육식과 채식에 관한 퀴즈 - 크리스토프 드뢰서, 〈이토록 불편한 고기〉-퀴즈앤

동물권을 다루면서 육식에 대해 다루지 않을 수 없었다. 육식과 채식이 환경에 미치는 영향에 대해 알아보기 위해 크리스토프 드뢰서의 〈이토록 불편한 고기〉를 바탕으로 퀴즈 대회를 열어 보았다. 퀴즈 대회는 짧은 시간 안에 효과적으로 정보를 전달하는 방법이다. 이 수업은 육식을 거부하고 채식을 옹호하는 것이 아니라, 우리가 매일 식탁에서 만나는 음식의 유통 과정과 생태계의 변화에 대해 생각해 보는 것에 초점을 맞추었다.

영어로 발문하고 문제 유형은 단답형, OX퀴즈, 객관식 등으로 다양하게 출제하였다. 문항은 우리나라 육류 소비량의 변화, 생산 및 유통 과정, 육식과 환경과의 상관관계, 육식과 생물 다양성에 관한 것이었다. 🔗 영어 퀴즈, 우리말 퀴즈

지구 육지의 25%가 인간의 육식을 위해 쓰이고 있다는 것, 다양한 종류의 소가 지구상에 살았지만, 인간의 선호도에 따라 소수의 종만이 살아남아 생물 다양성이 급격히 줄어들었다는 것, 철저하게 자본주의화 된 환경에서 평균 수명이 무색하리만큼 짧은 1개월에서 1년이면 도축되어 식탁 위로 오르는 '고기'에 대해 우리는 무지했다. 모든 문항을 다 푼 후 각 항목에 대해 간단히 부연 설명

을 하며 지식의 공백을 보충하였다.

동물권 영화제, 찬반 토론, 퀴즈쇼 활동으로 삶과 생각에 변화가 있다면 기술해달라고 했더니, 자신의 소비 습관을 돌아보고 시스템에 대해 고민하는 답변들이 많이 있었다.

"고기 먹는 것을 줄이고 화장품이나 목욕용품들을 더 자세하고 꼼꼼히 보았다."

"공장식 축산이 우리에게 더 편리하지만, 동물권도 존중되어야 하므로 둘 다 균형을 맞출 방법을 찾아야겠다고 생각했다."

학생들의 수행 내용은 과목별 세부능력 특기사항에 다음과 같이 기록하였다.

동물의 놀라운 능력에 관한 단원과 연계하여 실시한 단편 영화제에서 동물 실험에 대한 영화를 보고 동물의 어떤 권리를 침해하고 있는지 밝히고, 그에게 자행되는 끔찍한 실험에 대해 덤덤하게 말하는 토끼가 실제로 실험실에서 무기력하게 착취되는 동물을 대변하는 것 같다는 감상을 밝힘. 이후 실시된 찬반 토론에서 동물 실험 결과가 인간에게 꼭 동일하게 적용되는 것이 아니라는 연구 결과를 근거로 제시하며 동물 실험을 반대하는 주장을 설득력 있게 펼침. 탄탄한 자료 조사를 바탕으로 논리적으로 잘 구성된 원고를 작성하여 정확한 발음과 차분한 어조로 표현하여 청중을 압도함.

생물 다양성 지도와 동물 법정

동물과 관련한 단원이 있다면, 멸종위기종을 조사하고 동물을 보호해 달라고 촉구하는 동물 법정을 열 수도 있다. 이 활동은 '장 뤽 포르케'의 〈동물들의 위대한 법정〉이라는 책을 읽고 영감을 받아 진행했다.

수업 과정

멸종위기종의 개념에 대해 배운 후 좋아하는 멸종위기종을 골라 패들렛 지도에 서식지를 표시하고, 관련 정보를 조사하여 기록한다. 두 번째 시간에는 고른 동물의 초상화를 그리고 전시한다. 동물을 그리면 자세히 관찰하게 되고, 이 과정에서 심리적으로 더 친밀해진다. 세 번째 차시에는 그린 그림을 가면으로 사용하여, 동물 법정에 선다. 이 법정에서는 환경 위기 상황에서 누구를 생존시킬 것인가를 결정한다. 법정은 판사와 변호인, 배심원 그룹이 있다. 비슷한 동물군으로 나누어 변호인단을 구성하고 서로 각 동물이 살아남아야 하는 이유를 피력한다. 판사는 재판을 진행하는 사회자이다. 배심원은 모든 변론을 듣고 누구를 생존시킬지 결정하여 판결 근거와 함께 발표한다.

멸종위기종 지도

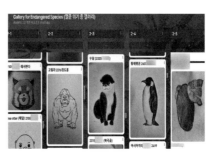

멸종위기종 갤러리

프로젝트 3. 떠나자! 공정여행

| 6차시 | 영어 | #오버투어리즘 #공정여행 #체험학습 #프레젠테이션 |

차시	교수학습 및 평가 활동
1	〈공정여행 프로젝트 안내〉 1. 도입: 오버투어리즘으로 인한 환경 파괴에 관한 영상 2. 전개: 공정여행이란? - 정의 및 체크리스트 3. 정리: 공정여행이란 무엇인지 한 줄로 표현하기
2	〈공정여행 계획하기〉 1. 도입: 현장 체험 학습 일정 안내 2. 전개: 나만의 공정여행 계획하기 - 여행지 조사(역사, 지리적 특징, 독특한 문화 등) - 여행 목적, 테마 정하기 - 여행 주제에 맞게 구체적인 여정 및 활동 설정 - 이 여행의 공정여행 요소 3. 정리 - 과제 공지: 현장 체험 학습 중 공정여행 요소 이행 및 사진 촬영 〈현장 체험 학습〉 실천 및 인증 사진 촬영
3	〈보고서 작성하기 및 업로드〉 1. 도입: 여행지 사진 슬라이드 2. 전개 가. 보고서 초안 작성(사진 포함) 나. 동료 피드백(잘한 점과 개선해야 할 점 적어 주기) 다. 퀼봇이나 그래머리를 활용하여 피드백을 받고 최종본 완성 3. 정리 - 과제 제출 게시판에 보고서 업로드
4	〈프레젠테이션 준비〉 1. PPT 등 시각 자료 준비 2. MS 팀즈를 이용하여 말하기 연습 3. 교사 피드백
5~6	〈프레젠테이션〉 1. 개별 발표 2. 학급별 최우수작 선정

그동안 기후·환경문제와 동물권에 대해 배웠지만, 앎이 실천으로 이어지기 어렵다는 반응이 있어서 이제까지 배운 내용을 실생활에 적용해 보는 활동을 하고 싶었다. 때마침 현장 체험 학습이 예정되어 있어서 이와 연계하여 공정여행 프로젝트를 실시하였다.

공정여행 프로젝트의 목적은 우리가 지속 가능한 지구를 만들기 위해 할 수 있는 일에 대해 고민해 보고 이를 행동으로 옮기고 실천하는 것이다.

차시	교수학습 및 평가 활동
1	〈공정여행 프로젝트 안내〉 1. 도입: 오버투어리즘으로 인한 환경 파괴에 관한 영상 2. 전개: 공정여행이란? - 정의 및 체크리스트 3. 정리: 공정여행이란 무엇인지 한 줄로 표현하기

'공정여행'은 공정무역에서 차용한 개념으로 지속 가능한 여행, 생태 여행, 책임 여행 등으로 불리기도 한다. 여행 산업 내부의 관계에서의 공정성과 책임성을 강조한 표현으로 여행자, 여행사, 현지 주민이 대등한 관계에서 함께 행복을 나누는 건전한 여행을 가리킨다. 그리고 자연을 보전하는 친환경 여행, 현지, 자연, 사람들과 교류하는 여행, 지역사회 경제에 직간접적으로 기여하는 여행을 의미하기도 한다.

난개발로 인한 자연환경 파괴, 젠트리피케이션, 환경오염 등 오버투어리즘으로 몸살을 앓고 있는 우리나라 여행지의 모습을 보여 주며 공정여행을 설명하면 훨씬 더 쉽게 이 프로젝트의 목적을 전달할 수 있다. 다음은 임영신, 이혜영의 〈희망을 여행하라〉에서 제시한 공정여행 체크리스트이다.

공정여행 체크리스트

1	현지어를 연습하고 여행지에서 현지 사람들과 이야기를 나누어 본 적이 있다.
2	여행지에서의 불의를 목격했을 때, 도움을 준 적이 있다.
3	여행지에서 봉사를 하거나, 기부를 한 경험이 있다.
4	현지 사람들을 촬영할 때, 촬영 전에 반드시 허락을 구했다.
5	여행 전, 그 나라의 문화와 종교에 대해 알아보았다.
6	현지인들이 판매하는 공정무역 제품을 사 본 적이 있다.
7	현지인이 직접 운영하는 숙소를 이용한다.
8	물 사용을 줄이기 위해 노력한 적이 있다.
9	동물을 이용한 여행 상품 혹은 기념품을 사지 않았다.
10	모두가 즐거운 여행을 꿈꾼다.

* 9~10개: 자타공인 당신은 착한 여행자!
* 5~8개: 좀 더 힘내 보세요!   * 0~4개: 이제부터 도전해 볼까요?

차시	교수학습 및 평가 활동
2	〈공정여행 계획하기〉 1. 도입: 현장 체험 학습 일정 안내 2. 전개: 나만의 공정여행 계획하기 - 여행지 조사(역사, 지리적 특징, 독특한 문화 등) - 여행 목적, 테마 정하기 - 여행 주제에 맞게 구체적인 여정 및 활동 설정 - 이 여행의 공정여행 요소 3. 정리 - 과제 공지: 현장 체험 학습 중 공정여행 요소 이행 및 사진 촬영 〈현장 체험 학습〉 실천 및 인증 사진 촬영

　2차시는 공정여행을 직접 설계하는 시간이다. 공정여행의 개념을 파악한 후 여행사 직원이 되어 공정여행 상품을 출품하는 콘테스트에 참가하는 설정을 했

다. 이러한 가정하에 학생들은 여행 지역의 역사와 특징에 대해 사전 조사를 하고 각자의 관심사에 따라 자신만의 공정여행을 설계하게 된다.

계획 단계에서 중요한 것은 각자 자신만의 공정여행 주제를 명확히 설정하는 것이다. 부의 공정한 분배와 같은 '경제적' 요소, 제로웨이스트 같은 '환경적' 요소, 아니면 인권이나 동물권과 같은 '사회적' 요소, 현지 언어나 예술, 역사 같은 '문화적' 요소 등 어떤 요소를 강조할 것인지에 따라 여행의 색깔이 크게 바뀐다.

학습지를 제공하여 가이드라인을 마련하고, 어려워하는 학생들은 조별로 상의하여 함께 계획할 수 있도록 한다. 단, 보고서와 발표는 수행평가로 진행되는 만큼 개별적으로 진행하도록 하였다. 🔗 학습지

차시	교수학습 및 평가 활동
3	〈보고서 작성하기 및 업로드〉 1. 도입: 여행지 사진 슬라이드 2. 전개: 　가. 보고서 초안 작성(사진 포함) 　나. 동료 피드백(잘한 점과 개선해야 할 점 적어 주기) 　다. 퀼봇이나 그래머리를 활용하여 피드백을 받고 최종본 완성 3. 정리 　- 과제 제출 게시판에 보고서 업로드

현장 체험 학습에 다녀온 후, 보고서 쓰기와 말하기를 수행평가로 진행하였다. 문단을 쓰기 어려워하는 학생이 많아서, 글쓰기 가이드를 제공하되 꼭 그 형식에 국한되지 않고 자유롭게 쓸 수 있도록 안내하였다.

학생들은 한 시간 동안 보고서를 작성한 후 동료 피드백을 받았다. 이 피드백을 바탕으로 수정 보완하여 최종 보고서를 작성하는데, 최종 보고서에는 수학여행 동안 공정여행 요소를 포함하는 사진을 최소 두 장 포함하고, 제시된 주요 어법 사항 3가지 중 2개를 사용해야 했다.

최종본을 제출하기 전 AI를 활용하여 문법 점검을 받으면 더 깔끔한 글을 완

성할 수 있고, 자기가 평소에 하는 실수가 무엇인지 스스로 점검할 수 있다. 보통 많이 하는 실수인 관사나 수의 일치 오류를 AI가 대신 점검해 주니, 교사는 전체적인 흐름과 내용의 구성에 관해 더 많은 이야기를 나눌 수 있다. 완성된 보고서는 학교에서 선정한 원격 수업 창구인 e학습터의 과제 학습방을 통하여 수합하였다.

공정여행을 설계하는 것도 생소한데, 영어 보고서 작성에 연설까지 하려니 힘들어하는 학생들이 많았다. 학교 현장 학습이 단체 관광이다 보니 자율성이 다소 제한되기도 했다. 그 이유에서인지 대부분 환경적 요소를 다룬 여행을 계획하였다. 텀블러를 가지고 가거나, 쓰레기를 최소화하는 여행, 자신이 사용한 자리를 깨끗하게 치우고, 쓰레기를 주우며 환경을 정화하는 여행이 주를 이루었다. 번거로웠을 텐데도 다들 텀블러를 들고 다녔고 남은 과자를 통에 담아 가져가기도 했다. 쓰레기를 줍다가 분실물을 습득해서 주인을 찾아주는 학생도 있었다.

친환경 여행 외에도 수학여행지인 아쿠아리움이나, 놀이공원을 운영하는 대기업의 친환경적인 정책을 알아보는 여행, 아쿠아리움의 동물 복지 현황, 놀이공원에서 일하는 직원들의 복지를 다룬 참신한 보고서도 있었고, 현지 지역 경제를 살리는 여행, 놀이공원 주변의 박물관이나 대학로 문화 투어, 현지 맛집 투어 등 학생들의 관심사를 보여 주는 다양한 주제의 여행도 볼 수 있었다.

차시	교수학습 및 평가 활동
4	〈프레젠테이션 준비〉 1. PPT 등 시각 자료 준비 2. MS 팀즈를 이용하여 말하기 연습 3. 교사 피드백
5~6	〈프레젠테이션〉 1. 개별 발표 2. 학급별 최우수작 선정

공정여행 사업 설명회에서 출품된 여행 상품 중 최고의 상품을 선정하는 콘테스트라는 상황을 설정하였다. MS 팀즈를 활용한 말하기 연습 방법은 환경 지식과 시스템적 사고 편의 영어 연설 준비 방법과 동일하다. 프레젠테이션이 끝나고 반별로 최고의 공정여행 개발자를 비밀 투표로 선정하고 소정의 선물을 증정했다.

공정여행 프로젝트는 결코 쉬운 작업이 아니다. 수동적으로 글을 읽고 해석하는 수준이 아니라, 익숙하지 않은 '공정여행' 개념을 듣고 이를 학생들 각자 삶에서 구체화하고 실천하여 보고하는 과정은 종합 사고력을 요한다. 이 과정 자체가 낯설고 생소하여 어려움을 호소하는 학생이 많았다. 하지만 배운 것을 직접 삶에 적용하고 실천하는 것이야말로 교육의 목적이고, 이는 연습하지 않으면 쉽게 이루어지지 않는다는 생각에 학생들을 계속 격려하며 진행해 나갔다.

공정여행 활동 이후 이전보다 더 친환경적인 행동과 실천을 하고 있느냐는 질문에 대한 학생들의 답변에서 정도의 차이는 있지만 변화됨이 느껴졌다.

"어떻게 환경을 더 보호할 수 있는지 찾아보기도 하고 사소한 행동들도 환경을 생각하면서 하려고 노력하게 되는 것 같다."
"생각보다 환경이 더 좋지 않다는 것을 알았고, 공정여행을 실천하는 것이 그다지 어렵지 않다는 생각이 들었다."

하지만 응답자의 9.3%는 여전히 아직 습관이 안 되어 실천이 어렵다고 고백했다. 교과 시간에 환경교육을 지속적으로 연계하니 영어가 환경과 무슨 관련이 있느냐며 의문을 제기하는 학생도 소수 있었지만 대부분 긍정적인 반응을 보였다.

"영어를 배울 수 있었을 뿐만 아니라 여러 환경적인 이슈들과 함께 생각을 표현할 수 있었던 수업이었다. 이게 바로 일석이조!"

"평소에 알고 있기는 했지만 깊이 생각해 보지 않은 문제들에 대해 더 알게 되어서 좋았다."

"내가 환경을 보호하기 위해 노력했던 행동들을 돌아볼 때 뿌듯했다."

'사회 문제에 대한 인식'과 '소통'의 즐거움, '실천의 뿌듯함'이 학생 소감문에서 반복적으로 보이는 키워드였다. 이 활동은 다음과 같이 과목별 세부능력 특기사항에 기록하였다.

현장 체험 학습과 연계하여 실시된 공정여행 보고서 및 발표 활동에서 동물과 다른 생명을 존중하는 여행을 계획함. '아쿠아리움의 양면성'이라는 제목으로 동물들이 교육과 보존이라는 명목하에 생물학적 특징을 무시하고 좁은 수조에 갇혀 지내는 실태를 보고하며 아쿠아리움이라는 인위적인 장소가 아니라 실제 서식지를 보호하여 직접 관찰하는 여행의 형태를 제안하는 보고서를 적절한 어휘를 사용하여 작성하고 유창하게 발표함. 단순한 문제 고발로 그치지 않고 친환경적 해결책을 제시한 부분이 돋보임.

체인지 메이커 프로젝트

행동과 실천을 위한 수업으로 우리 주변에서 안전을 위협하는 요소를 찾고 조사해서 공공시설이나, 기업에 건의하는 건의문 작성 활동을 할 수 있다.

차시	교수학습 및 평가 활동
1	〈체인지 메이커 프로젝트 안내〉 1. 도입: 그레타 툰베리, 왕가리 마타이 　- 그들은 왜 운동을 시작했는가? 2. 전개 가. 프로젝트 안내 　- 주변 생활 환경 속에서 우리의 안전과 안녕을 위협하는 문제점을 파악하고 이를 개선하는 건의문을 쓰고 발표하기 나. 연습 　- 학교 환경 사진(급식 식단표, 계단)을 제공하며 함께 문제점을 파악하고 해결책 논의하기 다. 소비자의 건의로 달라진 상품 예시 제공 　- 홈런볼 종이 컨테이너, 카프리썬 종이 빨대, 제주와 세종시의 일회용 컵 보증금제 등 라. 브레인스토밍 　- 자료 검색(모둠이나 개별 학습) 3. 정리 　- 과제 제시: 일상이나 현장 체험 학습에서 문제가 되는 환경 요소 사진을 찍고 자료 수집하기
2	〈건의문 개요와 초안 작성하기〉 1. 도입: 건의문 예시 함께 읽기 2. 전개: 건의문 개요 및 초안 작성 ┌─────────────────────────┐ │ 1. 예상 독자와 목적 │ 2. 문제점, 원인, 해결책 │ 3. 건의가 수용될 수 있게 할 전략 └─────────────────────────┘ 3. 정리: 검토하기
3	〈건의문 최종본 완성하기〉 1. 초안을 기반으로 AI를 활용한 교정 작업 　- 관련 공공기관이나 기업에 건의문 제출하기
4	〈건의 결과 발표하기〉 1. 예상 독자, 문제점, 원인, 해결책을 포함한 건의문 2. 건의문 전달 방법 3. 건의문 전달 후 기관과 기업의 답변과 변화 4. 느낀 점

마치며

　우리 삶은 주변 환경에 밀접한 영향을 받는다. 우리가 살고 있는 사회 시스템과 환경을 찬찬히 살펴보며 '어떻게 하면 더 나은 사회를 만들고 더 행복한 삶을 살 수 있을까?' 하는 고민이 모두 생태 전환 교육이며 교육의 본질이라고 생각한다. 더 나은 사회, 더 행복한 사회는 나 혼자만 잘사는 사회가 아니다. 바로 나와 다른 존재에 대한 관심, 모든 생명이 본성대로 살아가도록 존중해 주는 마음, 상대의 아픔을 함께 이해해 주는 공감력이 우리의 관계를 더욱 돈독히 해주고 더 이상 혼자가 아니라 '함께'라는 안정감을 주며 우리 삶을 더욱 풍요롭게 한다.

　환경교육의 이러한 특성은 영어 교과의 핵심 역량인 '의사소통 능력'을 키우는 데에도 도움이 된다. 의사소통이란 앵무새처럼 말하는 것이 아니라, 다른 사람의 생각을 듣고 이해하며 자기의 생각을 표현하는 것이다. 환경교육은 마음과 마음이 만나는 대화를 가능하게 한다. 학습 후기에서 많은 학생이 '다른 친구와의 소통'에 대해 이야기했다. 친구들과 '함께' 과업을 한다는 것, '다양한 생각을 나누는' 것에 대한 즐거움과 만족감이 많이 기술된 것을 보고 더욱 이에 대한 확신을 갖게 되었다. 나와 지역사회와 더 나아가 전 지구와의 관계를 생각하며 이웃들과 함께 행복하게 삶을 잘 살아가는 이 여정을 더 많은 이들과 함께할 수 있기를 꿈꿔 본다.

3년 생태전환 교육과정
운영하기

생태전환교육 3년 지도 그리기

기후 위기가 가까이 있다는 경고를 곳곳에서 만날 수 있다. 기후 재난은 일상을 위협하고 있다. 기후의 불안정성은 공동체의 지속가능성과 민주주의도 위협해 우리의 삶을 더욱더 뒤흔들 것이다. 기후 위기는 학생, 학부모, 교직원, 마을 공동체 모두가 당사자라는 점에서 특별하다. 우리는 모두 당사자로서 시급하게 기후 위기를 막거나 지연시키기 위해 노력해야 하며 기후 위기에 적응할 수 있는 준비를 해야 한다. 이는 이미 고통을 겪고 있는 존재들―인간, 비인간 모두―에 대한 도리이기도 하다.

학교는 기후 위기의 원인과 위험, 대응 방법에 대해 배우고 위기에 맞서면서도 적응할 수 있도록 다양한 경험을 할 수 있는 공간이어야 한다. 그러므로 학교는 학생을 비롯한 교육 주체들이 생태 감수성을 기르고 지속가능한 생활을 위한 기술들을 배우며 인간, 비인간 존재들이 서로 돌보는 돌봄 공동체를 만들어 보거나 저항의 기술을 실천해 볼 수 있도록 다양한 생태전환교육을 준비해야 한다.

추풍령중학교 국어 시간에는 위와 같은 배경으로 3년 동안 특별한 과정의 생태전환수업이 이어진다. 코로나19 이후의 교육을 고민하며 '추풍령중 비전 2030' 팀에서는 생태 감수성(1학년)―삶의 기술(2학년)―공공의 지혜(3학년)의 흐름으로 학생들의 배움 발자국을 제안했고, 이 흐름을 그대로 국어 교과에 반영했다. 1학년 때 생태 감수성을 기르는 '퍼머컬처 과정'으로 출발하여, 2학년 때에는 삶의 전환과 적정기술을 다루는 에너지―적정기술 프로젝트, 자원 순환 프로젝트, 전환 마을 디자인 프로젝트를 거치게 되며, 3학년 때에는 기후 정의 기초 과정과 세상의 다양한 문제 해결 연구소 활동으로 끝맺게 된다.

학교 차원에서 생태전환교육의 흐름을 점검하면 일회적이고 방향성이 없는 교육 활동을 피할 수 있다. 이왕이면 전체 교과에서 이루어지고 있는 기후생태

수업을 공유하여 교과별로 서로 연계하거나 역할을 나누어 볼 수 있다. 이를 통해 학생들의 교육 경험이 더욱 촘촘하고 단단하게 연결될 수 있다.

추풍령중학교 국어과: 생태전환교육 3년 배움의 흐름			
학년	1학년	2학년	3학년
주제	공존의 바탕: 퍼머컬처	삶의 기술	공공의 지혜
세부 내용	• 관찰한다는 것: 관찰, 감동을 주는 글쓰기 • 우리는 모두 연결되어 있다: 영화 〈동물, 원〉 감상, 〈내 이름은 도도〉 읽기 • 우리 마을 인물 지도: 마을 공부 • 새로운 삶의 지도: 읽기(생태 소설 등) • 밭과 숲에서 만난 우리 말: 언어의 본질, 어휘, 품사 등	• 에너지-적정기술 프로젝트 • 미디어 리터러시 • 자원 순환 프로젝트 • 전환 마을 디자인 프로젝트	• 기후 정의 기초 과정 • 세상의 다양한 문제 해결 연구소
한 권 읽기	• 선푸위, 〈내 이름은 도도〉 • 이상권, 〈고양이가 기른 다람쥐〉 • 슈마허 · 장성익, 〈작은 것이 아름답다, 새로운 삶의 지도〉 • (단편) 김애란, 〈노찬성과 에반〉	• 이필렬, 〈미래 에너지 쫌 아는 십대〉 • 조승연, 〈소녀, 적정기술을 탐하다〉 • 최원형, 〈10대와 통하는 환경과 생태 이야기〉 • 이동학, 〈쓰레기책〉 • 신지혜, 〈무해한 하루를 시작하는 너에게〉 • 최원형, 〈착한 소비는 없다〉	• 정세랑, 〈목소리를 드릴게요〉 • 이슬아, 〈날씨와 얼굴〉 • 권재원, 〈우리를 정의하는 것은 우리의 행동입니다〉 • 하종강 외, 〈열 가지 당부〉 • 엠마, 〈기후에 관한 새로운 시선〉 • 최재천, 〈생태적 전환, 슬기로운 지구 생활을 위하여〉 • 이보람, 〈축소주의자가 되기로 했다〉 • 여해와함께, 〈생태전환매거진 바람과 물 4호: 돌봄의 정의〉 • 한승태, 〈고기로 태어나서〉 • 보선, 〈나의 비거니즘 만화〉

1학년. 생태 감수성 세우기: 우리 모두는 연결되어 있다

| 1학년 1학기 | 국어 | #생태감수성 #시쓰기 #독서활동 #단어수집 #퍼머컬처 |

차시	활동	활동 내용	비고
10차시	관찰한다는 것	• 사이 개념: 관찰과 묘사 • 지구밭(텃밭) 관찰하고 묘사하기 • 봄날의 시 읽기 - 봄날의 시 읽기(비유와 상징, 운율) - 시 경험 쓰기(감동을 주는 글쓰기) - 시 창작 및 해설 쓰기 - 품평	
24차시	우리는 모두 연결되어 있다	• 주제 소개 • 영화 감상: 〈하나뿐인 지구〉 - 2024년 청주동물원 현장체험학습 연계로 영화 〈동물, 원〉 감상 - 영화 대화, 영화 감상문 작성 • 독서 활동: 선푸위, 〈내 이름은 도도〉 - 사이 개념: 읽기의 기술, 토의하기 - 자율독서 - 책 대화(비경쟁 독서 토론) - 책 대화 보고서, 개인 서평 작성 • 멸종동물이 되어 말하기 - 사이 개념: 배려하며 말하기 - 〈내 이름은 도도〉 속 멸종동물 떠올려보기 - 멸종동물이 되어 말하기 - 품평	
16차시	밭과 숲에서 만난 우리말	• 사이 개념: 어휘의 체계, 언어의 본질 설명문 읽기 • 밭과 숲에서 만난 우리말 - 밭과 숲에서 단어 수집하기 - 분류하기	
25차시	퍼머컬처 숲밭 학교	• 퍼머컬처 기본 이론 • 퍼머컬처 보고서	

차시	활동	활동 내용	비고
20차시	생각은 지구적으로 실천은 지역적으로	• 사이 개념: 면담하기/전환마을 • 우리 마을 공부 　- 마을 설화 읽기 　- 마을 여행 • 우리 마을 인물 지도 　- 면담 준비, 면담 및 정리 　- 우리 마을 인물 지도 제작	
15차시	새로운 삶의 지도	• 주제 소개 • 독서 활동: 김애란, 〈노찬성과 에반〉, 슈마허, 장성익, 〈작은 것이 아름답다, 새로운 삶의 지도〉 등 　- 사이 개념: 읽기의 기술, 토의하기 　- 책 대화(비경쟁 독서 토론) 　- 책 대화 보고서, 개인 서평 작성	
10차시	밭과 숲에서 만난 우리말	• 사이 개념: 품사의 분류 설명문 읽기 • 밭과 숲에서 만난 우리말 　- 밭과 숲에서 단어 수집하고 분류하기	
15차시	퍼머컬처 숲밭 학교	• 퍼머컬처 보고서	
17차시	**자유학기제** 퍼머컬처 심화 과정 동물과 나	• 오리엔테이션 　- 생태 감수성 향상을 위한 놀이 활동 　- '우리는 모두 연결되어 있습니다' • 반려/유기동물, 길고양이 이야기 〈길고양이와 길〉 　- 반려 동물업의 실태, 생명 감수성, 길고양이를 대하는 우리들의 자세 등 • 야생 동물 이야기 〈밍크와 옷〉 　- 전염병, 공존, 로드킬, 모피, 윤리적 소비 등 • 해양 동물 이야기 〈산호초와 플라스틱〉 　- 산호초 이야기, 미세플라스틱, 쓰레기 섬, 지속가능한 어업 등 • 농장 동물 이야기 〈농장 아닌 공장 동물, 소 닭 돼지〉 　- 먹거리, 공장식 축산, 살처분, 기후 위기 등 • 동물원, 동물 축제 이야기 〈누구를 위한 축제인가〉 　- 동물원의 필요성과 방향성, 동물 축제의 본질 등 • 비거니즘 이야기 〈비거니즘을 비기닝〉 　- 동물권과 비거니즘, 기후 위기의 연결 고리 등 • '동물과 나' 주제의 에세이 쓰기 • 길고양이 겨울나기를 위한 프로젝트 활동	

1학년 국어 시간에는 1년 전체를 퍼머컬처[1] 교육과정으로 재구성하여 운영하고 있다. 월 2회 퍼머컬처 숲밭 활동을 기본으로, 계절의 변화를 관찰하여 기록하거나 계절에 관한 시를 읽고 쓴다. 여기에 퍼머컬처를 주제로 다양한 텍스트를 감상하고 동료 학생들과 이야기를 나눈 뒤 표현하는 활동을 더한다.

1학기에는 생태적 삶에 관한 책, 〈내 이름은 도도〉를 읽고 책 대화 및 서평을 쓰거나 영화 〈하나뿐인 지구〉을 보고 나서 영화 토론을 하고 보고서를 썼다. 그리고 '멸종동물이 되어 말하기' 활동을 하면서 인간 동물로서 책임에 대해 생각해 본다. 1학기에는 주로 인간, 비인간 존재들이 서로 연결되어 있으며 함께 살아야 한다는 감각을 기르는 데 집중한다. 2024년에는 1학기 체험학습과 국어수업을 연계하기로 하고, 영화, 〈동물, 원〉을 본 후 배경이 되는 청주동물원[2]을 현장체험학습으로 방문하고 동물과 인간의 관계에 대해서 생각해 보았다.

2학기에는 기후 위기가 우리 마을에 어떤 영향을 미치고 있는지 우리 마을 주민들을 면담하여 인물지도를 만들었고, 퍼머컬처 숲밭 활동을 하며 만난 단어들(땅, 바람, 햇볕, 가꾸다, 자라다 등)로 언어의 본질, 어휘의 체계, 품사의 분류를 공부하기도 했다. '지금, 여기'에 대해서 집중적으로 탐구하면서, 지속가능한 '좋은 삶'을 생각해 보고 있다. 문법 공부도 퍼머컬처 숲밭 활동과 연결하려고 애쓰고 있다. 그러니까 1년 내내 지속가능한 삶과 문화에 관해 꾸준히 배우면서 생태적 삶을 조금은 살아볼 수 있게 교육 경험을 디자인했다.

〔참고〕1학년 국어 수업 계획 일부와 독서 활동 기본 질문들

대상 학년	1학년		지도교사	김○○
지도 목표	- 기본적인 국어 능력을 향상시켜 마음껏 부려 쓸 수 있도록 한다. - 말과 글을 깊이 있게 다루면서 말의 문화, 삶의 양식에 대해 이해하고, 규칙을 발견하는 문제 해결력을 기를 수 있도록 한다. - 문학 작품이나 생활 글들을 통해 올바른 삶이 무엇인지 깊이 생각하고 이를 바탕으로 사람답게 살 수 있는 기본기를 닦을 수 있도록 한다. - 다양성 존중·소통·협력 등 민주주의의 가치, 헌법의 가치, 지속가능 사회, 마을 등의 주제로 건강한 시민으로 성장할 수 있도록 돕는다.			
지도 방법	- 주제별 원리 학습: 텍스트(교과서 내외) 활용 - 프로젝트(추풍령 인물 지도 등) 활동 - 독서 기반 수업: 책 읽기, 독후 활동(책 대화, 서평 쓰기, 토론, 낭독, 극 등) - 수업일기, 보고서 쓰기, 시 경험 쓰기, 서평 쓰기/말하기, 발표 등 - 뮤지컬 수업			
지도 내용	(위의 표 참조)			

	1학기					2학기
평가 계획	수행평가				지필 평가	자유학기제 운영으로 미실시
	퍼머컬처 보고서	시 창작 및 해설	감상과 생각나눔	배려하는 말하기	어휘의 체계 (서논술형)	
	10%	20%	30%	20%	20%	
	과정 중심의 수행평가 계획					
	1학기: 퍼머컬처 보고서, 시 창작 및 해설, 책과 영화 감상 및 생각 나눔, 배려하 는 말하기 2학기: 우리 마을 인물 지도, 독서, 토의 및 설명서 쓰기, 제안 발표하기/자유학 기제 주제 선택: 동물과 나					

비경쟁 독서 토론에서 잘 쓰이는 기본 질문들

- 가장 인상적이었던 부분이나 좋은 문장을 이야기해 줄래?

- 이 작품에 등장하는 인물 중에서 가장 마음에 드는 인물이 누구였어? 그 이

  유를 이야기해 줄 수 있을까? 내가 만약 그 인물이었다면 어떻게 했을까?

– 이 책을 읽고 인생에 조금이라도 변화가 있었다면 무엇이었는지 이야기해 줄 수 있을까?

– 이 책에 대한 첫인상 혹은 총평을 이야기해 줄 수 있을까?

– 작가의 생각에 대해서 너는 어떻게 생각하니?

책 대화 기본 질문들

– 인상 깊은 내용이나 문장을 소개해 줄래? 고른 이유도 알려주면 좋겠어.

– 책 전반에 대한 각자의 감상에 대해서 알려줘.

– 인물의 상황과 행동 선택의 이유가 무엇일까? 인물이 다른 선택을 했다면 어떻게 되었을까?

– 이 작품의 주제와 작가의 의도는 무엇일까? 너는 어떻게 생각해?

– 이 작품의 주제와 관련 있는 주요 장치에 대해서 이야기해 보자.

– 이 작품과 관련한 자신의 경험이나 사회 문제와 연결해 보자.

– 이 책을 읽고 함께 이야기하면 좋겠다고 생각한 질문에 대해서 이야기해 보자.

퍼머컬처 숲밭 활동에서는 숲밭 사이를 거닐며 바람과 햇빛, 다양한 동식물들을 만나며 명상을 하고 이야기를 나눴다. 잠시 일상을 멈추고 고스란히 숲밭 속에 있는 자신에게 몰두할 수 있어 참 평화로운 시간이었다. 한편 생태적인 방식의 농사법도 배웠는데, 숲밭의 수확물로 다양한 생활 제품을 만들고 먹거리를 만들어 보며 지속가능한 삶의 방식을 경험할 수 있었다. 11월 숲밭 학교에서는 새끼 꼬기도 체험했다. 짚이 단단하게 연결되어 긴 끈이 되어 가는 게 참 신기했다.

학생들은 학기 초에는 새콤한 '소렐'을 뜯어 먹더니, 봄이 깊어지면서 아카시아꽃 튀김에 빠져들었다. 6월 초에는 보리수 열매에 꽂혔다가 살구로 관심이 이동했다. 감자전과 허브 음료도 인기였다. 8월과 9월에는 각종 산딸기류 열매와 방울토마토를, 10월에는 학교 한쪽에 든든하게 서 있는 밤나무 아래에 떨어진 밤을 한가득 주워와서는 삶아서 함께 먹으며 공부했다. 사계절 숲밭과 학교 숲의 변화를 먹거리로도 체험하고 있다. 숲해설가와 함께 숲을 거닐며 나무 이름을 불러 주며 생태 지도도 그렸다. 이런 교육 활동을 통해 인간과 다른 존재들은 서로 연결되어 있음을 느끼고 생태 감수성도 기를 수 있게 된다.

5분 숲 명상 안내

(시작 1) 지금부터 마음에 드는 자리에 편히 앉아 주세요. 5분 동안 눈을 감고 다른 감각을 활짝 열어 자연을 받아들여 보겠습니다. 자연의 소리, 자연의 감각을 고스란히 느껴주세요. 눈을 뜨고 옆 사람과 대화하지 않도록 주의해 주십시오.

(시작 2) 지금부터 마음에 드는 자리에 편히 앉아 주세요. 5분 동안 모든 감각을 활짝 열어 자연과 연결되어 보겠습니다. 우리 주변의 다양한 존재들에게 말을 걸어 본다고 생각하고 고스란히 그 존재에 집중해 주세요. 풀, 나무, 바람, 동물, 산, 구름 등 어떤 존재라도 상관없습니다. 옆 사람과 대화하지 않도록 주의해 주십시오.

(정리) 자, 천천히 눈을 떠 주십시오. (자연과의 연결을 끊어 주십시오.) 어떤 것을 느꼈는지 이야기 들어 보겠습니다. (3명 정도 듣는다.) 이야기 나눠 주셔서 고맙습니다. 오늘 숲 명상은 아파치 인디언 기도문으로 마무리하겠습니다. 평화로운 마음으로 낭독에 귀를 기울여 주시기 바랍니다.

> 날이 밝으면 태양이
> 당신에게 새로운 힘을 주기를
> 밤이 되면 달이
> 당신을 부드럽게 회복시켜 주기를
> 비가 당신의 근심 걱정을
> 모두 씻어주기를
> 산들바람이 당신의 몸에
> 새로운 활력을 불어넣어 주기를
> 당신이 이 세상을
> 사뿐사뿐 걸어갈 수 있기를
> 당신이 살아 있는 동안
> 내내 그 아름다움을 깨닫게 되기를

2학년. 지속가능한 미래를 만드는 생활의 기술 디자인

2학년 일 년	국어	#적정기술 #자원순환 #재생에너지 #코-디자인	

차시	활동	활동 내용	비고

12차시	에너지 적정기술 프로젝트	• 재생 에너지와 코-디자인(co-design) 소개
		• 태양광 에너지 실습, 코-디자인 시작
		  - 태양광 발전 원리
		  - 태양광 발전 실습
		• 태양광 에너지 디자인 및 만들기 1
		  - 코-디자인
		• 태양광 발전 시설 만들기 2
		• 태양광 발전 시설 만들기 3
			마을 기술 센터 핸즈 협업

12차시	자원 순환 프로젝트	• 프로젝트 소개, 일주일 쓰레기 모으기 • 사이 개념: 플라스틱의 모든 것, 토의 기술, 보고서 작성 방법 • 모둠 토의: 플라스틱 쓰레기 어떻게 줄일 수 있을까 • 탐구 보고서 작성 • 공동 실천	

16차시	전환 마을 프로젝트	• 사이 개념: 전환 마을 이해, 토의 기술, 다양한 매체로 표현하기
		• 전환 마을 소개
		  - 닮고 싶거나 살고 싶은 마을 후보군 정하기(정보 검색 및 공유, 2~3개 후보군)
		  - 마을 정해서 핵심 요소 추출하기
		  - 발표 및 원탁 토론
		  - 다양한 매체로 표현하기(카드 뉴스, 영상 뉴스, 포스터 등)
		  - 품평	

2학년 국어 시간에는 에너지-적정기술 및 자원 순환 프로젝트와 전환 마을[3]
을 소개하는 프로젝트 활동을 했다. 1학기에는 마을기술센터 핸즈, 핀란드 알토
대학교에서 코-디자인(co-design)[4] 연구자와 함께 5회에 걸쳐 학생들이 태양광

※ 코-디자인 활동 흐름

1. 목표 설정하기: 모둠별 3가지 목표 설정
   예) ① 기후 위기에 대응한다. ②_____ ③_____

2. 우선순위 정하기: 우리가 만들 태양광 에너지는 다음이 우선되어야 한다.
   예) ①_____ ②_____ ③_____

   > 효율성: 만들기 쉽고 전기를 잘 생산해야 한다. 고장이 안 나고 관리하기 쉬워야 한다.
   >
   > 심미성: 아름다워야 한다. 사람들의 시선을 끌어야 한다. 주변 경관과 잘 어울려야 한다.
   >
   > 창의성: 새로워야 한다. 쉽게 보지 못하는 새로운 모습이어야 한다. 추풍령중학교만의 개성이 담겨야 한다.

3. 아이디어 모으기
   ① 전기로 무엇을 할 것인가? ② 누가 사용할 것인가? ③ 어디에 설치할 것인가?

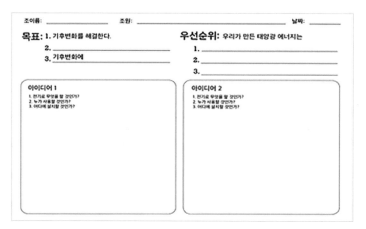

4. 코-디자인 및 평가하기
   - 고려할 내용: 모양, 크기, 위치, 재료, 색상, 모니터링 방법 등
                  (제한) 비용, 위치, 규정, 안전 등
   - 발표: 어떤 기능이 있는가, 어디에 설치하는가, 어떻게 사용하는가
   - 평가: 효율성, 창의성, 안전성
   - 피드백을 반영하여 디자인 개선

발전 시설을 직접 디자인하여 제작했다. 총 5개의 소규모 발전 시설이 완성되었다. 이 시설들은 평상시에도 에너지를 생산하며 요긴하게 잘 쓰이고 있다. 한편이 시설들을 잘 활용하기 위해서 관리하는 것도 연계 활동으로 진행된다. 활용도가 떨어지는 시설들은 성찰 활동을 거쳐 새 학년도에 개선한다. 일회성 태양광 체험을 하며 쓰레기를 만드는 활동을 지양하고 실제 에너지 생산 활동에 참여하고 민주적으로 통제하는 경험을 통해 지속가능한 에너지를 직접 경험하게된다. 장기적으로는 추풍령쿱피스 학교협동조합[5]을 통해 햇빛 발전소를 만들어 더 많은 에너지 자립 경험이 교육 활동과 연결될 수 있도록 계획하고 있다.

에너지-적정기술 프로젝트를 더욱 내실 있게 진행하기 위해 모든 학생이 모둠별로 관련 책을 읽었다. 읽고-대화하고-쓰는 가장 단순하면서도 유력한 방법으로 배움의 깊이를 더한다. 인터넷 검색으로 관련 자료를 찾는 것과는 깊이의 차이가 있으니 한 권 읽기와 연계하면 좋다. 추풍령중학교는 매 학기 책 대화 및 서평 쓰기 수행평가가 꽤 큰 비중(20~30%)을 차지하고 있다.

2학기에는 2주 정도 자원 순환 프로젝트를 했다. 주로 쓰레기 문제(특히 플라스틱)를 다루면서 해결책을 찾아 카드 뉴스를 만들고 보고서를 작성했다. 1주일동안 집에서 나오는 플라스틱 쓰레기를 조사해 봤는데, 일상생활에서 생각보다많은 플라스틱 쓰레기가 나와서 다들 경악하기도 했다.

프로젝트 소개, 일주일 쓰레기 모으기 → (사이 개념) 쓰레기와 함께 사는 삶 → 모둠토의(플라스틱 쓰레기 어떻게 줄일 수 있을까) → (모둠) 카드 뉴스 제작 / (개인) 보고서 작성

2학기를 한 권 독서와 연계하여, 활동에 깊이를 더했다. 앞서 소개한 '지속가능한 삶을 꿈꾸는 독서: 책 목록' 중 모둠별 1권을 정해 구입하고 책 활동을 했다. 자원 순환 프로젝트 이후에는 지속가능한 마을 살이에 대해 생각해 보며 토의, 토론, 매체 활용을 배우는 전환 마을 프로젝트가 이어졌다. 조금 다른 방식

으로 살아가는 전환 마을을 찾아 그 마을의 특성을 추출하여 이를 우리 마을에 어떻게 적용할 수 있을지 토의하고 다양한 매체로 표현해 보았다. 실제 사례들을 살펴보면서 지속가능한 마을 생활을 위해 우리가 나아갈 방향과 할 수 있는 일들을 생각할 수 있는 시간이었다.

전환 마을 이해 → 따라 배우고 싶거나 살아 보고 싶은 마을 후보군 정하기(정보 검색 및 공유, 2~3개 후보군) → 마을 정해서 핵심 요소 추출하기 → 발표 및 원탁 토론 → 다양한 매체로 표현하기(카드 뉴스, 영상 뉴스, 포스터 등) 【】 미국 벌링턴 마을 소개

지속가능한 삶을 꿈꾸는 독서: 책 목록

• 에너지 전환과 적정기술에 관한 독서

(지속가능한 에너지)
- 이필렬, 〈미래 에너지 쯤 아는 10대〉
- 최열 외, 〈10대와 통하는 탈핵 이야기〉
- 에너지기후정책연구소, 〈착한 에너지 나쁜 에너지 다른 에너지〉

(적정기술)
- 조승연, 〈소녀, 적정기술을 탐하다〉
- 김찬중, 〈청소년과 함께 하는 나눔과 배려의 적정기술〉
- 최원형, 〈10대와 통하는 환경과 생태 이야기〉
- 장성익, 〈작은 것이 아름답다, 새로운 삶의 지도〉

• 자원 순환에 관한 독서

(쓰레기는 쓰레기가 아니다)
- 이동학, 〈쓰레기책〉
- 최원형, 〈착한 소비는 없다〉
- 최원형, 〈제로웨이스트 쯤 아는 10대〉
- 고금숙, 〈우린 일회용이 아니니까〉
- 박지영·신하나, 〈지구를 살리는 옷장〉
- 장서영, 〈오늘부터 조금씩 제로 웨이스트〉
- 신지혜, 〈생태전환매거진 바람과 물 2호: 무해한 버림, 무해한 하루를 시작하는 너에게〉

3학년 일 년	국어 #기후정의 #마을디자인 #축소주의자 #연설 #토론하기 #미디어리터러시		
차시	활동	활동 내용	비고

30차시	기후 정의 기초 과정	• 우리는 모두 연결되어 있다
		• 기후 위기, 우리 곁에 있다
		  - 사이 개념: 설명 방법
		  - 설명문 읽기: 기후 위기의 과학적 사실
		  - 기후 위기가 우리 삶에 미친 영향 조사, 발표
		  * 전문가 협력 학습: 해수면 상승과 태풍 / 폭염과 산불, 홍수 / 생물 다양성, 식량 위기(농업) / 인권, 불평등
		• 기후 위기에 맞선 세계
		  - 기후 위기에 어떻게 대응하고 있을까
		  - 기후 위기 대응 현황판 만들기
		  - 기후 용어 사전 만들기
		• 조금은 축소주의자로 살아가기
		  - 사이 개념: 축소주의자 이해하기
		  - 기후 위기 대응을 위해 지속가능한 마을 만들기 (좋은 마을 평가 기준 만들기-우리 마을 평가하기-우리 마을 목표 정하기-우선순위 정하기-마을 디자인하기)
		  - 우리 마을을 소개하는 쇼트 폼 만들기
		• 기후 위기 연설 대전
		  - 사이 개념: 설득 기술, 연설 기술, 말하기 불안 극복 방법
		  - 그레타 툰베리 연설 비평 / 기후 소송 공개변론 비평
		  - 연설 계획서 작성
		  - 연설하기
		  - 품평
			[:]
			2024년
			활동기록

12차시	세상의 다양한 문제 해결 연구소	• 사이 개념: 논증, 논박, 설득 전략, 주장하는 글 쓰기
		• 세상의 다양한 문제 해결 연구소
		  - 주제 정하고 자료 수집하기
		  - 토론 개요서 작성하기
		  - 토론하기
		  - 사회 변화시키기	

3학년 1학기에는 '기후 정의 기초 과정' 프로젝트를 진행했다. 이 과정은 기후 위기가 우리 삶에 어떠한 영향을 미치고 있고 앞으로 어떤 삶을 살아가면 좋을지 함께 고민해 보고 이 내용을 바탕으로 다른 사람들을 설득하는 연설로 풀어내는 프로그램으로 운영이 되었다. 일회성 기후학교보다는 훨씬 깊게 기후 문제를 다루고 있는데, 이 과정을 거친다고 해도 모두 전문가가 되는 것은 아니다. 다만 이 시대를 '어떻게 살아갈까'를 고민하며 앎을 삶과 함으로 일치시켜 나가는 것을 목표로 하는 수업 과정이니, 어떤 '태도'가 형성되는 것은 분명해 보인다.

1단계	2단계	3단계	4단계	5단계
우리는 모두 연결되어 있다	기후 위기, 우리 곁에 있다	기후 위기에 맞선 세계	조금은 축소주의자로 살아가기	기후 위기 연설 대전
〈돈룩업〉 영화 대화, 숲 명상	전문가 협력 학습(4가지 주제), 기후 위기 이해하기(설명문 읽기)	기후 행동 상황판(지도) 만들기, 기후 위기 용어 사전 만들기, 탄소 중립 2050 상상하기	축소주의자 이해, 생활 습관 점검 / 기후 위기 대응을 위한 사회적 기업 만들기(창업)	그레타 툰베리 연설 비평, 연설 계획서 작성 및 연설하기

2021년 처음 프로젝트를 시작할 때는 '연설하기'에 중심을 뒀다. 학생들은 4단계까지 배운 것들을 잘 갈무리해서 훌륭한 연설을 해주었다. 2022년에는 조금 방향을 바꿔 '사회적 기업 만들기'에 힘을 썼다. 학생들은 기후 위기에 대응하는 마을—지역 기반 사회적 기업을 만들어 홍보를 위한 짧은 영상을 만들어 발표했다. 2024년에는 지속가능한 마을의 모습을 직접 디자인해 보았다. 우선 좋은 마을 평가 기준을 만들고 이 기준으로 우리 마을을 평가했다. 이후에 우리 마을 디자인의 목표를 정한 다음에 우선 순위를 정하고 마을을 디자인했다. 청

	1조	2조	3조
내용	1. 목표 - 친환경 먹거리 생산 - 탄소를 줄이는 캠페인 - 태양광 에너지 사용 2. 우선순위 - 친환경 먹거리 - 사람들과 함께할 수 있는 공간 - 친환경 가로등 3. 결과 - (예정) 추풍령 도서관 밑에 친환경 먹거리를 생산할 수 있는 공동 텃밭 설치 - 추풍령 풋살장 무대를 이용하여 1주일에 1회 기후 프로그램 실행(기후 위기 캠페인, 마을 사람들에게 기후 위기 알리기 등등) - 어두운 골목이나 불이 들어오지 않는 곳에 태양광 가로등 설치	1. 목표 - 친환경 에너지 사용 - 기후 위기 관련 단체 만들기 - 자연을 느낄 수 있는 공공장소 2. 우선순위 - 기후 위기에 대하여 책임 의식 가지기 - 우리의 마을 목표를 마을 주민들에게 인정을 받는 것 - 누구나 부담 없이 사용할 수 있고 실용적이어야 한다. 3. 결과 - 추풍령-황간을 잇는 강 옆 산책로, 자전거도로 설치 - 분리 수거장 설치 - 추풍령중학교 다움공간, 도서관 활용하여 추풍령 청소년 쉼터 설치 - 기후 위기의 심각성을 알고 해결책을 스스로 터득할 수 있는 프로그램 실행 =〉추풍령면 사무소 앞 빈집들에 청년들이 운영하는 카페 창업 - 기후활동 단체 결성 - 전기 버스 또는 수소 버스를 보급(대중교통 늘리기) - 학교 주변 공원 친환경적인 힐링 공간으로 바꾸기(예. 태양광 전구 설치) - 추풍령 마을마다 노인들을 위한 친환경 휴식공간 설치(교육 프로그램) - 친환경 벼룩시장 / 우리 지역 농산물 팔기, 기후 대응 아이디어를 사용한 물건 판매	1. 목표 - 모든 연령대가 누릴 수 있는 문화시설 - 에너지 사용을 최소화하는 마을 - 걸어서 15분 이내에 생활 필요한 모든 것을 누릴 수 있는 마을 2. 우선순위 - 모든 연령대가 사용 가능하다. - 가까워야 한다. - 친환경적이어야 한다. 3. 우리가 만든 마을 - 벽화 골목 - 소담 영화관 - 공유 냉장고 - 구제숍, 의원 - 밴드실, 문화회관 등등 • 우리 마을은 도넛 경제를 실현하기 위한 마을이다. 자원을 과다하게 사용하지 않기 위해 공유 냉장고를 설치하고 구제숍을 만들었다. 그리고 부족하지 않기 위해 공유텃밭과 의원 소담영화관 등을 설치했다. 그리고 마을의 농민들을 위해 로컬 매장을 만들어 지속가능하게 만들었다.
비고			

소년의 입장으로 지속가능하면서도 살기 좋은 마을이 만들어졌다. 이런 과정을 통해 지난 3년 동안 생태 시민으로서 길러온 기술과 실력을 종합적으로 펼치게 된다. 배움이 삶과 단단히 연결되는 순간이다.

한편 2023년부터는 국어 교과에서 다룰 내용을 잘 배울 수 있게 '사이 개념' 학습을 충분히 하고 있다. 예를 들어, 기후 위기에 관한 설명문을 읽고 설명의 방법을 찾아 간단히 보고서를 작성한다.

3학년 국어 수업의 프로젝트 활동은 '세상의 다양한 문제 해결 연구소'로 끝난다. 논증, 논박, 설득 전략, 주장하는 글쓰기 활동을 배우기 위해 다양한 생태 관련 논쟁을 교실로 가져왔다. 2022년 한 모둠에서는 재생 에너지와 핵발전 사이에 격론이 벌어지기도 했다. 학생들이 찾은 자료가 가짜 뉴스가 아닌지 점검할 수 있게 하고 논쟁 이후 어떤 태도로 결과를 받아들일 것인가 등에 대해 생각해 볼 수 있게 질문을 던졌다. 미디어 리터러시 교육과 논쟁 수업을 할 때 교사의 역할 등에 관한 고민도 깊어졌다. 학교 안과 밖을 연결할 수 있고 학생들에게 어떤 관점과 태도가 생겼다는 측면에서는 좋았다. 이 활동을 할 때는 학생들이 정식 연구원 대접을 받을 수 있도록 해주는 것이 좋다. 대접하는 만큼 좋은 연구 결과가 나올 수 있다.

2022년 연구 주제

1. 오버투어리즘, 자연 개발과 보전 사이: 제주(제2공항), 지리산산악열차, 케이블카 / 보라카이
2. 중대재해처벌법, 시행령 개악 시도 어떻게 봐야 할까?
3. 재생가능에너지, 산과 들을 파괴하고서? 핵발전 확대, 이대로 괜찮을까?
4. 추풍령(영동) 쓰레기 처리 방법, 대안은 없을까?

2023년 연구 주제

1. 관광산업 활성화를 위해 생태 자원을 적극 활용해야 한다.
   - 개발과 생태계 보호 사이: 제주(제2공항), 지리산산악열차, 케이블카, 동물 축제 / 보라카이
2. 기후 위기에 대응하기 위해서는 위험을 무릅쓰고 핵발전을 확대해야 한다.
   - 기후 위기 대응을 위한 적절한 에너지 정책 생각해 보기
3. 추풍령(영동) 쓰레기 처리의 편의를 위해 지금처럼 소각하는 방식을 유지해야 한다.
   - 추풍령(영동) 쓰레기 처리 방법, 대안은 없는가
4. 팔레스타인의 이스라엘 공격은 잘못이기에 이스라엘의 보복 전쟁은 정당하다.
   - 평화는 어떻게 오게 될까, 중동을 둘러싼 맥락을 이해하고 평화를 말하기

2024년 연구 주제

1. 관광산업 활성화를 위해 생태 자원을 적극 활용해야 한다.
   - 개발과 생태계 보호 사이: 제주(제2공항), 가덕도 신공항, 지리산산악열차, 케이블카, 동물 축제 / 보라카이
2. 기후 위기에 대응하기 위해서는 위험을 무릅쓰고 핵발전을 확대해야 한다.
   - 기후 위기 대응을 위한 적절한 에너지 정책 생각해 보기
3. 팔레스타인의 이스라엘 공격은 잘못이기에 이스라엘의 보복 전쟁은 정당하다.
   - 평화는 어떻게 오게 될까, 중동을 둘러싼 맥락을 이해하고 평화를 말하기
4. 기후 위기 대응 및 농어촌 주민 이동권 보장을 위해 영동(추풍령) 대중 교통 시스템 구축에 집중 투자해야 한다.
   - 추풍령(영동) 교통 분야의 온실가스 감축과 이동권 보장을 위한 방법 찾기
5. 기후 위기에 대응하고 지속가능한 사회를 위해 일회용 물품 사용 제한, 육식 제한, 내연 기관 교통수단 제한 등 강력한 제한 조치를 실시해야 한다.
   - 기후 위기에 대응하기 위해 기존의 삶의 방식을 바꾸는 사회적 억제 실시하기

지금까지 주로 교과 수업에서 1학년부터 3학년까지 생태교육 배움 지도를 그리고 싶어서 디자인한 내용을 소개했다. 학교마다 상황이 달라 그대로 적용하기에는 어려울 가능성이 크다. 1학년부터 3학년까지 국어 교과를 전담하는 특수성 때문에 가능한 일이었다. 그러니 부담으로 여기지 말고 학교에서, 국어 교과에서 할 수 있는 생태교육의 가능성으로 생각하면 좋겠다.

PLUS. 기후 행동 주간 운영하기

창의적 체험 활동			#기후행동 #교내캠페인 #기후행진 #기후학교 #봉사	
0418(월)	0419(화)	0420(수)	0421(목)	0422(금)
기후 위기 알림 행사 (18~21) 생태 책 읽기 (18~22)	'음식물 쓰레기가 뭐예요?' 참여 행사 (19~22)	고기 없는 저녁 식사 (20~22)	기후학교 (강사: 오유진)	지구의날 맞이 422개 손팻말 뽐내기 전시회 쓰담 걷기 활동

4월 22일은 지구의 날이다. 1969년 미국 해상 원유 유출 사고를 계기로 환경 오염의 심각성을 일깨우기 위해 만들어진 날이다. 추풍령중학교는 지구의 날쯤에 기후 행동 주간을 정해 운영하고 있다. 한 주 동안 생태환경부 주관으로 교내 캠페인과 채식 실천 및 음식물 쓰레기 줄이기, 손팻말 뽐내기, 기후학교 프로그램, 쓰담 걷기 활동(봉사)이 운영되었다.

이런 활동들은 전교학생회 생태환경부가 맡아 기획하고 있다. 2022년까지는 쿨피스 기후 행동 동아리가 해오던 일인데, 전교학생회에 정식 부서로 생태환경부가 만들어지면서 동아리는 해체했다. 2022년에는 지구의 날(4월 22일) 즈음에 기후 행동 주간을 기획했고 9월 24일 기후 정의 행진에 참여했다. 11월에는 처음으로 1박 2일 '지속가능한 기후 캠프'를 기획했다. 천체 관측과 방탈출 게임이 참 좋았다. 방 탈출 게임은 기후 재난이 일상화된 미래를 배경으로 하여 기후 위기와 관련한 다양한 과제를 해결해야 탈출할 수 있었다. 학생들이 직접 설계하고 운영했는데 완성도가 높아서 놀랐다. 학생들의 엄청난 잠재력을 발견했던 순간이었다. 기후 캠프 참가 학생들은 1박 2일 동안 탄소 배출을 최소화하며 지속가능한 삶에 대해서 생각해 볼 수 있었다.

기후캠프는 학교 바깥에서 '고치려는 일'을 하는 사람들을 학교 안 청소년들과 연결하고 싶어 시작된 교육 활동이다. 청년 활동가들이 삶을 대하는 태도가 기후 무기력과 우울증을 겪는 청소년들에게는 용기가 되었으리라 믿는다.

한편 교실에서의 배움을 사회 참여로 연결하는 활동을 소홀히 하지 않으려고 신경을 많이 쓰고 있는데, 2019년부터 추풍령기후행진을, 2023년부터는 전교조 기후정의위원회의 제안으로 학교 안팎의 기후행진으로 확대하고 있다.

마을과 함께 하는 기후행진

2019년부터 9월 네 번째 주에는 전 세계에서 동시다발적으로 기후 행동의 날이 열리고 있다. 추풍령중학교도 국제적인 기후 파업에 동참하려고 매년 기후행진을 한다. 이날은 창의적 체험 활동 봉사활동 계획을 세워, 기후 특강, 거리 행진 및 캠페인 그리고 쓰담 걷기 활동을 했다.

2021년에는 추풍령 교육 가족이 모두 함께 꽤 큰 규모의 기후행진을 열었다. 학생, 학부모, 교사들이 함께 추풍령 곳곳을 누비며 플로깅을 한 후에, 추풍령의 하나로마트 앞에서 쿨피스 회장의 진행으로 캠페인을 진행하고는 신나게 노래 부르고 구호를 외치면서 학교까지 행진했다. 학부모회 담당 선생님과 미리 상의하니 학부모님들과 함께 실천하는 특별한 경험을 할 수 있었다. 공동 실천을 꼭 해보기를 권한다.

2019년, 2020년, 2022년, 2023년, 2024년에는 학생들과 함께 서울과 세종 등에서 열린 대규모 기후 정의 행진에도 참여했었다. 봄에는 414기후정의파업에 참가했다. 우리 말고도 기후 걱정을 하는 사람들이 많다는 사실에 안도감이 들기도 하고 미처 생각지 못했던 기후 위기의 다양한 영향에 대해서도 생각해 보는 시간이었다.

2022년에는 기후 행동 동아리 쿨피스 깃발을, 2023년부터는 전교학생자치

주제	내용	비고
2023년 지구의 날 맞이 기후행동 주간_마을 플로깅 및 기후행진	1) 일시: 2023. 4. 21. (금) 14:15~15:55 2) 장소: 마을 곳곳 3) 내용 　- 6~7교시(봉사활동 2시간 인정) 　　6교시: 안전교육, 기후학교, 손팻말 만들기 　　7교시: 행진 　- 경로 　　1학년: 학교-추풍령 삼거리-하나로마트-학교 　　2학년: 학교-면사무소-하나로마트-학교 　　3학년: 학교-추풍령역-하나로마트-학교 　※ 학교 운동장에서 주워온 쓰레기로 글자 만들기 상징의식 　　(정크아트) 　- 안전교육: 4/21(금), 14:15~14:25, 도서실 　- 주관: 전교학생자치회 생태환경부 　- 임장 지원	

구분	담당교사
총괄 지원	김OO
1학년	김OO, 김OO, 김OO
2학년	이OO, 손OO
3학년	정OO, 권OO

　※ 담당 학년 임장 선생님: 활동사진 촬영
　　김OO 선생님: 드론 고공 촬영

회 그린나래 깃발을 제작해서 기후행진에 참여했는데, 푸른 하늘에 펄럭이는 깃발을 보며 자부심을 느낄 수 있었다. 참가자 모집만 하는 것보다 학생들과 함께 행진 준비를 하는 것을 권한다. 간단하게 드레스 코드를 정하거나 함께 연주할 소품을 준비하면서 학생들은 수동적 참여자에서 능동적 활동가로 바뀌는 게 느껴졌다. 밀짚모자와 간단한 악기, 피켓, 깔개, 물 등을 준비하면 좋다.

　2023년에는 추풍령중학교 전교학생자치회가 영동청소년기후정의행진을 제안했다. 추풍령중학교, 영동중학교 학생이 참여한 준비팀에서는 두 차례 온라인회의실에서 만나 행사 전반을 기획했다. 첫 번째 회의에서는 청소년 기후행진의 의의와 필요성에 대해 열린 토론을 했고, 두 번째 회의에서는 홍보 및 조직, 당일 행진과 부스 운영 등 구체적인 실무에 관해 토의했다. 준비팀의 역할을 구체적으로 분담하여 모두 기여할 수 있게 했다. 지원팀 교사는 앰프와 마이크를 빌리고 행진 중에 혐오 세력들의 방해나 교통사고 등에 대비하여 집회신고서를 작성했다. 집회신고서 접수는 생각보다 간단하여 큰 어려움은 없었다. 제일 어려운 건 참가자 조직이었다.

9월 23일(토)에 올해 가장 큰 기후정의행사가 열립니다. 기후 위기는 우리도 당사자고 지금 어른들에게 책임을 다해 대응할 것을 요구해야 합니다. 영동 청소년들도 모여서 목소리를 내어 볼까요? 영동 청소년 기후행진을 제안합니다. 프로그램 기획이나 참여에 함께해 주세요.

영동 청소년 기후행진

- 일시: 2023. 9. 22. (금) 17:00~
- 장소: 영동 NH농협은행 건너편
- 내용: 오픈 마이크, 공연, 노래 배우기, 퍼포먼스, 게임 등 예정
- 함께 기획할 분은 연락 주세요.
- 각 학생회에서 상의 후에 꼭 연락 주세요.

행진 당일에는 추풍령중학교, 영동중학교, 새너울중학교 등의 학생들과 영동 주민들이 30여 명 정도 모였다. 영동 읍내 곳곳을 행진하며 참가자들은 기후 위기의 적극적 대응을 요구했다. 다시 광장에 모인 참가자들은 '지금, 여기'의 요구들을 나누고 크게 함성을 지르며 첫 영동청소년기후정의행진을 마무리하였다. 지역 학교들과 함께 공동기후행진을 기획하면서 청소년들의 배움과 성장을 지켜보는 보람이 크니 여력이 되면 용기를 내어 시도하면 좋겠다.

1) 퍼머컬처(permaculture)란, '영속적인 문화(permanent culture)'와 '영속적인 농업(permanent agriculture)'을 합친 말로, 자연 그대로의 모습을 모방하여 지속가능한 방식으로 생활하기 위한 삶의 방식을 뜻한다. 추풍령중학교에서는 야외에서 하는 생태 숲밭 활동과 교실에서 배우는 독서, 책 대화, 독서 토론 등의 실내 활동을 퍼머컬처의 철학을 담아 운영하고 있다.

2) 청주동물원은 멸종위기종과 토종 야생동물을 보호하고 연구하는 동물원이다. 2014년 '서식지외보존기관'으로 지정되었고 전시와 관람은 후순위로, 동물복지 친화적으로 운영되고 있다. 2019년부터 방사장을 리모델링하는 등 환경 개선을 위해 노력하고, 청주동물원에서 죽은 동물들을 추모하는 공간도 마련했다. 청주동물원을 담은 영화 〈동물, 원〉은 2019년 개봉했다.

3) 전환 마을은 기후–생태 위기에 대응하기 위해 지속가능한 계획을 세워 실천하는 마을공동체를 말한다.

4) 코–디자인(함께 디자인하기)은 이전에는 디자인에 참여하지 않았던 사람들을 능동적인 참여자로 초대한다. 기존에는 조사나 면담 등의 방식으로 소극적으로 참여했던 이들이 책상에 앉아 머리를 맞대고 함께 디자인한다. 디자이너와 소비자/시민을 디자인 과정에서 수평적인 관계로 만들려는 노력을 기울이는 가장 민주적인 참여형 디자인 방식이다. '참여 디자인'과 비슷하나 수평적 관계 맺기의 강조 여부에서 다소 차이가 있다.

5) 추풍령중학교에 2019년 추풍령쿱피스 사회적 협동조합(학교협동조합)이 만들어졌다. 추풍령쿱피스에서는 퍼머컬처 숲밭 학교 등 생태교육과정을 지원하며 친환경 매점을 학생들이 직접 운영한다. 한편 숲밭 수확물로 만든 제품(박하 차 등)도 학생들이 제작 판매한다. 최근 농어촌상생협력기금의 지원을 받아 창작지원센터와 숲놀이터를 만들고 있다.

no
plastic

Reduce
CO_2

save
water

3

환경 그림책
만들기

프로젝트 1. 아무튼 환경 작가, 그림책 만들기

22차시	동아리 활동	#동물권 #마인드맵 #그림책 #스토리 #플롯 #책쓰기 #책만들기 #출판기념회

차시	활동	비고

1~4	〈그림책 만나기 및 이야기 구성하기〉
	• 환경 그림책 읽기 활동
	  - 그림책 〈소원〉 읽고 플라스틱 이야기
	  - 그림책 〈돼지 이야기〉 읽고 동물권 이야기 및 뒷이야기 제작
	• 스토리텔링 말판 만들기
	• 채식주의자 일기 작성(숙제) 발표
		※ 환경 도서 조사

5~6	〈아무튼 환경 작가, 그림책 이해하기〉 • 모둠 구성 • 그림책 구조적 특징 및 제작 순서 • 주제와 소재 이해, 모둠별 마인드맵 및 소재 세부 조사 • 그림책 〈점〉 읽기	
7~8	〈그림책 파악하기〉 • 이야기 구조 파악(인물, 공간, 시간) • 이야기 흐름 파악하기(서두, 중반, 결말) • 스토리와 플롯 구분하기 • 그림책 내용 및 화면 구성 알기	※ 조별 그림책 준비
9~11	〈그림책 제작하기 1〉 • 그림책 얼개 짜기(플롯 구성) 및 구조 요소 파악(인물 구체화) • 그림책 원고 규격설정 • 얼개(시놉시스) 완성 및 스토리보드 작성 • 작가와의 만남(그림책 의미, 작가 피드백)	
12~15	〈그림책 제작하기 2〉 • 피드백 원고 수정(스토리보드 및 스케치) • 창작자 및 독자 검토(피드백 및 수정 활동) - 글 작가: 원고 수정 / 그림 작가: 채색	※ 그림책 원고 수정

16~18	〈그림책 제작하기 3〉
	• 제작 사이트 그림책 발표 및 피드백
	  - 표지와 제목, 작가 소개 작성
	• 그림책 배열 순서 확인
	  - 모둠별 소재의 환경문제와 해결방안 추가
	• 그림책 최종 수정 및 그림책 제작
		※ 그림책 제작 사이트 공유

19~22	〈출판기념회 및 전시회〉
	• 출판기념회 및 전시회 준비
	  - 활동별 인원 지정 및 회의(안내, 홍보, 전시)
	  - 전시회 작품 배치 및 구성, 부스 설치
	  - 출판기념회 대본 및 발표 PPT 구성, 리허설
	  - 학생 저작권 동의서 및 부서 협조
	• 출판기념회 및 전시회(＋뒤풀이)	

글을 쓰는 것과 책을 쓰는 것은 다르다. 학생들은 수많은 글을 쓰지만, 타인을 위해 글을 쓰지 않는다. 남이 읽을 수 있게 글을 정리해 정보와 생각을 전달하는 것이 책 쓰기이다.

책 쓰기를 알고 나서, 학생들과 함께 책을 만들며 그해 화제가 되는 문제, 관심 있는 분야 등 다양한 주제를 학생의 시선에서 풀어 또래 친구들에게 알리는 활동을 진행했다. 주제 소설책 쓰기, 정보 전달 책 쓰기 모두 사실에 근거한 내용으로 학생들이 조사한 내용을 본인의 글로 풀어내었다.

학생들과 책 쓰기 수업을 6년째 진행하면서 또래 독자인 학생들이 현재 이슈를 직관적으로 바라보고, 가독성을 높일 수 있을지 고민하다 글과 그림으로 메시지를 전달할 수 있는 '주제 그림책'을 선택해 제작하는 활동을 진행하게 되었다. 확실히 완성 후 책을 전시했을 때 영상과 그림에 익숙한 학생 독자들은 글책보다 그림책에 대한 반응과 호응이 높았다.

위와 같이 주제 그림책 제작을 위해서는 감각을 깨워주는 이론과 실천 활동이 필요하다. 필자 또한 한 학기를 환경 감각을 깨우기 위해 활동을 진행하기도 했다. 하지만 다른 산소쌤들의 활동과 겹치는 부분이 많아 다른 분들이 소개해줄 수 없는 환경 그림책 제작을 위한 필수 단계만 소개해 보고자 한다.

동아리 활동은 매주 방과 후에 실시되었으며, 1시간 30분 정도 환경 활동과 그림책 구상이 함께 진행되었다.

동아리 활동을 일 년으로 실시했지만, 한 학기 내로 해야 한다면 수업 내용을 바탕으로 마인드맵을 실시하여 관심 있는 주제와 인물을 설정한 뒤 9~11차시 그림책 제작하기에서부터 시작하는 것도 좋은 방법이다. 이미 학생들은 그림으로 관련된 매체(웹툰, 만화, 그림책 등)를 많이 접했으므로 내용을 구성하는 데 크게 시간을 들이지 않을 수도 있다.

환경에 대한 관심이 높아지는 사회와 문제의식을 그림책으로 표현하기 위해 호기심 있는 환경 분야를 찾아보고, 환경 이론을 배우고 실천하는 시간을 가졌다.

2022년의 세계 환경의날 주제는 'Only One Earth(하나뿐인 지구)'로, 환경과 연결된 많은 지식을 탐구하는 시간을 가졌다. 환경의 분야가 워낙 넓다 보니 음식, 플라스틱, 쓰레기, 해양오염 등의 분야로 한정 지어 활동과 교육을 진행한다면 더 깊이 있는 활동과 주제 선택이 가능하다.

환경에 관심이 없거나 환경보호를 잘 모르는 학생들이 왜 환경보호가 필요한지, 어떤 움직임이 지구를 망가뜨리고 있는지, 우리의 편리함이 자연과 동식물에 미치는 영향은 무엇인지, 다양하게 배우고 지식이 삶으로 스며들 수 있는 활동을 1학기 동안 진행했다.

버려지는 쓰레기도 문제이지만, 환경문제를 자각하는 사람이 부족하다는 게 문제라는 것을 알리고 우리의 작은 행동들이 내 가족, 친구, 그 주변을 바꾸는 작은 변화의 노력이 환경보호를 위한 걸음이 될 것이라는 의미를 전하는 활동들도 많이 진행하려 노력했다.

한 가지라도 더 알고 한 가지라도 더 실천해 보자는 열정 가득한 활동으로 모인 학생들이지만 다양한 환경 활동[1]으로 책 쓰기 동아리보다 환경 동아리가 아닌가 하는 생각이 들었다고 한다.

"환경 그림책 출간에서 출판기념회까지.
환경 운동가? 환경 전문가? 아무튼 환경 작가!"

위 문구는 학생들과 본격적으로 그림책을 제작하면서 꼭 했던 말 중 하나이다. 모두가 그렇겠지만 잘되어 있는 작품이 아니면 남에게 소개하는 게 쉽지 않다. 그러나 시작하지 않는다면 결과물도 존재하지 않는다. 문장으로 만들어진 어떠한 글도 환영한다고 말하며 학생들의 도전을 충분히 격려하고 응원해 시작에 대한 두려움을 줄이기 위해 노력했다.

차시	활동	비고
1~4	〈그림책 만나기 및 이야기 구성하기〉 • 환경 그림책 읽기 활동 - 그림책 〈소원〉 읽고 플라스틱 이야기 - 그림책 〈돼지 이야기〉 읽고 동물권 이야기 및 뒷이야기 제작 • 스토리텔링 말판 만들기 • 채식주의자 일기 작성(숙제) 발표	※ 환경 도서 조사

그림책을 만들기 위해서는 그림책을 많이 보는 것이 중요하다. 그림책은 어린이가 보는 책이라는 생각에 초등학교 저학년이 지나면 더 이상 보지 않기 때문이다.

출간된 환경 그림책을 사전 활동 또는 후속 활동으로 사용하여 그날 배운 주제를 함께 보고, 나누며 그림책이 전하는 내용과 숨은 그림의 의미를 파악했다.

박혜선 작가의 그림책 〈소원〉은 쉽게 쓰고 무심코 버린 플라스틱 물건들이 우리 손을 떠난 이후에 겪는 참혹하고 슬픈 진실을 담고 있다. 책을 읽은 후 주인공이 누구인지, 쓰레기의 처리 과정과 주변에 끼치는 영향이 어떻게 되는지 이야기 나누어 본다.

"플라스틱 수명이 500년을 넘어가는 것도 있는데, 결국 고통스럽게 살아가다 비는 소원이 없어지는 거라니 안타까워요."
"무심코 버려진 쓰레기가 자연에 얼마나 큰 영향을 주는지 보여 주는 것 같아요. 제대로 버려지기만 했어도 주인공도 자연도 피해를 보지 않았을 거예요."

유리 작가의 그림책 〈돼지 이야기〉를 읽으며 동물복지와 환경보호를 위한 생각을 가져봤다. 〈돼지 이야기〉로 공장식 축산업에 대한 불편한 진실과 동물들의 복지에 대해 배우고, 그림과 글이 어떻게 조화롭게 이야기를 나타내는지 탐구했다.

자신만의 이야기로 뒷이야기를 각색해 미니 북을 만들어 보는 시간도 가졌다. 이 활동은 짧은 시간에 진행이 가능해 학생들 특유의 창의력과 표현력으로 성취감을 느낄 수 있다.

〈스토리텔링 말판〉 보드게임은 이야기의 구조를 즐겁게 배울 수 있는 활동 중 하나로, 직접 학생들이 말판을 제작하였다. 말판에 채식주의자 주인공의 배

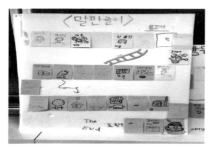

인물, 배경, 소재를 다른 색의 점착 메모지로 구분

말판에서 획득한 아이템을 정리하고, 제목과 사건을 정함

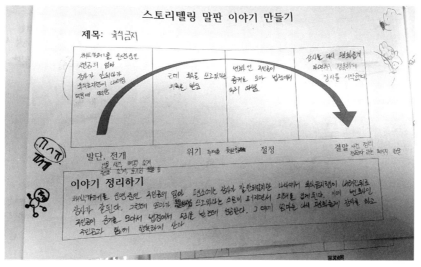

말판놀이를 통해 획득한 아이템으로 짧은 글짓기 진행

경, 인물, 소재와 관련한 키워드를 직접 적어 부착한다. 주사위를 던져 뽑은 아이템으로 간단한 기승전결 이야기를 만들고, 공유해 자연스럽게 이야기 구성과 글쓰기의 재미를 느끼게 했다.

게임 활동으로 이야기 구조를 이해한 학생들과 함께 모둠별 책을 만들기 위한 첫 단추를 끼웠다.

채식주의자의 종류 중 1가지를 선택하여 〈채식주의자의 하루 일기〉를 작성함으로써 물품과 음식을 선택하는 것에 대한 어려움을 알고, 자연스럽게 이야기의 순서와 글을 쓰는 부담감을 줄이는 활동이 진행되었다.

가상이지만 실제 장소에 실제로 존재하는 제품만 내용에 넣을 수 있도록 하여, 대한민국에서 채식주의자로 살아남기 힘든 현실을 간접적으로 체험할 수 있었다.

채식주의자의 하루 일기 쓰기 방법

1. 일어나서 잠들기까지의 일과를 가상의 인물을 설정하여 글쓰기
2. 먹고, 마시고, 바르는 모든 제품은 실제 존재하는 상품만 가능
3. 채식주의자로서의 어려움, 가치관, 편한 방법 등 소개

결과 공유

1. 생필품, 음식 등에 유의해 살펴보기
2. 채식주의 식품 및 제품에 대해 이야기 나누기

차시	활동	비고
5~6	〈아무튼 환경 작가, 그림책 이해하기〉 • 모둠 구성 • 그림책 구조적 특징 및 제작 순서 • 주제와 소재 이해, 모둠별 마인드맵 및 소재 세부 조사 • 그림책 〈점〉 읽기	

모둠별로 그림책 제작하기 전에 주제와 형태 글의 구성 방식, 요소 등을 알고, 글과 그림으로 나타내는 언어적, 비언어적 요인을 그림책 제작 순서에 맞게 순차적으로 하나씩 가르쳤다.

그림책은 작가가 전달하고자 하는 이야기와 메시지를 다양한 글과 그림으로 담아 독자에게 전달하는 매체이며 다음과 같은 구조적 특징을 가진다.

그림책의 구조적 특징

• 앞표지, 뒤표지: 그림책 속에서 전개되는 세계를 상징적으로 표현하며, 앞표지는 그림책의 얼굴, 뒤표지는 그림책의 세계를 감싸 안는 역할로 첫인상을 담당한다.
• 앞 면지, 뒤 면지: 표지와 속지를 연결하는 종이로, 비어 있는 경우가 많으나 속표지를 대신하여 사용하기도 한다.
• 속표지: 본격적인 내용이 전개되기 전 페이지로, 그림책 속 이야기 전체의 분위기를 전달하려는 그림과 제목을 담는다.
• 속지: 그림책 속 이야기 전체의 분위기를 전달하려는 그림과 제목을 담는다. 책의 쪽수는 32장(16장면)을 기준으로 하며 4장씩 늘어난다. (24, 28, 32, 36, 40 순으로 늘어남.)

  Tip 그림책은 예술적인 특성을 살린 책이라 그림을 온전히 감상하기 위해 일반 도서와 달리 페이지 수를 기록하지 않는다.

우리가 전하고자 하는 핵심 내용은 환경보호이므로 여러 영역에서 탄소 배출을 줄여서 지금보다 나은 환경을 만들 수 있다는 희망의 메시지를 그림책에 담기로 했다.

주제는 작가의 메시지라면, 소재는 글의 내용이 되는 재료로, 독자가 메시지를 쉽게 이해할 수 있도록 한다. 이런 재료를 학생들과 자연스럽게 탐구하는 방법이 마인드맵이다.

그림책 제작 단계

주제 및 소재 선정(마인드맵) – 플롯 및 구성 파악 – 이야기 구조 만들기(인물, 공간, 시간) – 스토리보드 및 얼개(시놉시스) 구성 – 글 내용 작성 및 그림 그리기(캐릭터 배경, 그림책 크기 선정) – 내용 및 채색 마감 – 피드백 및 수정 – 표지와 제목 정하기(작가소개 포함) – 최종본 확인 – 제작 및 출간

마인드맵은 소재를 찾는 활동으로 학생들 스스로 자신이 어떤 환경 분야에 대해 알고 있는지, 얼마나 알고 있는지를 파악해 생각을 확장한다. 아이디어를 구상할 때에는 책에서 사용하지 않는 아이디어라도 최대한 넓게 표현해 볼 수 있도록 한다. 마인드맵에서 최종 선정된 소재와 관련한 환경문제를 깊이 탐구하기 위해 따로 세부 조사를 진행하고 발표했다.

분야를 지정하지 않으면 광공해, 해양오염, 플라스틱 문제, 동물권, 우주 쓰레기 문제, 이상기후 등 다양한 환경문제에 대해 폭넓고 다양한 종류의 그림책을 만들 수 있다. 그러나 담당 선생님과 구체적인 자료 조사와 사실 확인을 해야 오류를 줄일 수 있다.

다양한 환경문제에 대한 자료를 다루는 것이 힘들다면 분야를 한 가지 분야 정하여 깊이 있는 마인드맵을 진행한다.

모둠 선정

- 3~4명 정도의 모둠을 구성한다.
- 마인드맵부터 함께 활동한다.
- 학생들의 희망과 전체적인 균형을 고려하여 구성한다.
  (글 작가와 그림 작가를 나누어 진행)
- 학년별로 글과 그림 감각이 좋은 학생을 각 모둠에 배치하여 모둠장 역할을 부여한다.

Tip
- 원활한 진행을 위해 글 작가와 그림 작가를 나누지 않고 함께 진행하는 것이 좋다.
- 그림을 희망하는 친구가 있다면 기본적인 실력을 보아야 한다.
- 어려워서 중도에 포기하거나, 다른 모둠원의 불평이 나올 수도 있다.

활동의 마무리이자 책 쓰기의 시작으로 피터 레이놀즈의 〈점〉을 읽고 시작의 중요성과 막 쓰고, 막 그리기에 대해 자신감을 가지게 했다. 이로써 환경 그림책 제작 활동이 본격적으로 진행되었다.

차시	활동	비고
7~8	〈그림책 파악하기〉 • 이야기 구조 파악(인물, 공간, 시간) • 이야기 흐름 파악하기(서두, 중반, 결말) • 스토리와 플롯 구분하기 • 그림책 내용 및 화면 구성 알기	※ 조별 그림책 준비

그림책을 만들기 전 글의 구조와 이야기 흐름을 파악하는 활동을 위해 학교 도서관 또는 인근 도서관을 이용하여 모둠별 최소 5권 이상의 그림책을 준비했다. 그림의 다양한 구성과 구도를 살펴볼 수 있는 그림책을 함께 준비하는 것이 좋다. 구성과 구도가 단편적이지 않다는 것을 알려주는 것이 중요하다.

모둠별로 준비된 그림책 중 2권을 선정하고, 각 그림책에 등장하는 인물, 공간, 시간을 분석한 뒤 이야기 흐름을 파악하는 시간을 가졌다. 관련 활동지는

'그림책 제작하기 1'을 참고한다. 분석 시간은 마인드맵과 및 조사한 자료로 이야기와 그림 화면을 구성하는 데 참고하고 시야를 넓히는 활동이다.

학생들에게 스토리와 플롯의 차이점을 알려주면 더욱 풍성한 이야기를 만들 수 있다. 플롯은 사건이 시작되고 이야기가 기승전결로 진행되는 과정에서 독자의 흥미와 궁금증을 유발하기 좋은 서술 방식이다.

- 스토리: 시간 경과에 따라 흘러가는 이야기의 서술 방식
- 플롯: 인과 관계에 따라 강조하고 싶은 순서를 보여 주는 서술 방식

앞서 파악한 그림책 이야기 구조를 바탕으로 마인드맵을 활용하여 이야기(플롯)를 구성하고 그림책 소개 글을 적으며, 흐름을 지정한다. 이야기의 흐름을 완성했다면 각 구조 요소를 상세하게 작성해 보는 그림책 얼개를 만든다.

차시	내용	비고
9~11	〈그림책 제작하기 1〉 • 그림책 얼개 짜기(플롯 구성) 및 구조 요소 파악(인물 구체화) • 그림책 원고 규격설정 • 얼개(시놉시스) 완성 및 스토리보드 작성 • 작가아이 만남(그림책 의미, 작가 피드백)	

완성된 플롯을 바탕으로 등장인물을 구체화한다. 주인공과 주변 인물의 특성을 정하고, 아이들이 어떤 캐릭터를 좋아할지 고민해 본다. 각 주인공에게 인물의 3가지 특성을 적절하게 부여해 입체감을 더했다.

글 작가 학생들이 말과 행동을 통해 인물의 입체감과 얼개를 만드는 동안, 그림 작가들은 도입부에 등장하는 캐릭터와 배경에 대해 고민하고, 글 작가와 협의하며 초안을 진행했다.

1. 완벽하지 않은 인물
   - 이성적으로 완벽한 인물은 아이들이 거부감을 가질 수 있음.
   - 친근하고 따스한 이야기의 주인공은 인간적인 게 좋음.

2. 실제 인물다운 행동
   - 주인공의 말과 행동에는 개연성이 존재.
   - 실제 인물다운 행동을 위한 인물 탐구 필요(주인공의 성격과 배경과 연관된 이야기).

3. 능동적인 문제 해결 태도
   - 주인공이 자기 문제를 스스로 해결하는 모습으로 독자도 용기를 얻음.
   - 주변 인물이 문제 해결에 도움을 줄 수는 있지만 직접 해결은 주인공이 하도록 함.

이야기 구성(플롯 구조)

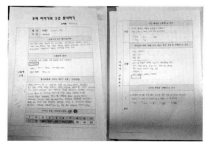

이야기 구조 분석(그림책 소개-이야기 흐름 파악, 구조 요소 파악)

그림책 얼개

도입부의 그림을 그릴 때 그림 작가들은 주인공의 표정과 동작을 여러 컷 그려 두고, 배경 그림의 재료를 선택한다. 글 작가 친구들이 얼개 초안을 완성하면 그림 작가와 협업하여 얼개 속 활동지 칸에 글에 맞는 그림을 구성한다. 글 작가는 그림 작가들이 구체화한 이미지를 분석하고 의도를 파악하여 서로 의견을 공유해 작업 시 구도가 훼손되지 않도록 노력한다.

본격적인 스케치 작업에 들어가기 전에 다양한 도서의 규격을 알려주고 모둠별로 그림책 규격을 정하는 시간을 준다. 만약 다수의 학생을 지도하거나 예산절감을 희망하는 경우 한 가지 규격을 정해서 제공하는 것도 좋은 방법이다.

규격이 정해지면 그림을 그리는 방식을 학생들과 논의한다. 처음에는 학생들과 종이에 그림을 그려서 제작하려고 계획했으나, 일부 학생들이 기기를 이용한 그림 방식을 제안했다. 평소 그림을 태블릿이나 컴퓨터로 그림을 그리던 학생들은 손에 익은 도구를 사용하고 싶어 했다. 그래서 합의를 통해 모둠별로 희망하는 방식으로 진행했다.

얼개 완성 후 스토리보드를 작성한다. 그림책은 16장면이 기본이다. 각 장면에 들어갈 내용을 간단하게 스케치하고, 글과 그림의 위치를 구분한다. 전체 그림이 어떻게 연결되는지를 한눈에 알아볼 수 있도록 하는 게 중요하다.

스토리보드가 완성되면 공유한다. 각 팀은 서로 스토리보드를 검토하고 피드백을 준다. 글과 그림의 부족한 면을 함께 찾아 수정하고, 불필요한 것은 삭제하면서 책의 완성도를 높인다.

스토리보드 작성 주의사항

- 대충의 그림과 요약된 글의 핵심만 표시
- 완성 단계의 원고처럼 만들지 않기
- 전체의 구상과 페이지의 연결 등의 큰 그림의 보는 것이 중요
- 스토리보드 완성 뒤에는 내용 추가 앞뒤 페이지 바꾸는 일 없도록 주의

차시	내용	비고
12~15	〈그림책 제작하기 2〉 • 피드백 원고 수정(스토리보드 및 스케치) • 창작자 및 독자 검토(피드백 및 수정 활동) 　- 글 작가: 원고 수정 / 그림 작가: 채색	※ 그림책 원고 　수정

　얼개와 스토리보드 작업이 완료되면, 이제 글 작가와 그림 작가들은 각자 맡은 작업을 시작한다. 별도로 작업하지만, 끊임없이 서로 교류하며 글과 그림이 유기적으로 도움이 될 수 있어야 한다.

　글 작가는 페이지별 세부 스토리를 작성하고 수정하는데, 그림으로 표현할 수 있는 배경의 상세한 설명은 반드시 줄여야 한다.

　그림 작가는 주인공 특색을 만들고, 배경이 될 만한 주요 장면을 그린다. 이때, 글 작가의 의도에 맞는지, 전제적인 변경 사항이 없는지 점검해야 한다.

　가장 중요한 사항은 학생들이 규격에 맞게 그림을 그리고 있는지 꼭 확인하는 것이다. 규격을 지키지 않은 그림은 그림책으로 제작할 때 비율이 맞지 않거나 화질이 떨어져, 낭패를 볼 수 있다. 이때 손 그림이든 파일 그림이든, 모두 규격보다 크게 그려 두면 화질 문제는 예방할 수 있다.

　글과 그림 구성이 어느 정도 진행되었다면, 모둠별 활동으로 전환한다. 제작 일정표 작성하여 매주 모둠별로 진행 상황을 보고하여 마감 시간을 준수하도록 한다. 채색이 진행되면 수정하기 어려우므로 스케치 단계에서, 글과 그림이 잘 어우러지는지, 주제가 잘 반영되었는지, 그림의 구도는 적절한지 다른 모둠과 상호 검토하는 시간을 가졌다. 채색이 시작되면, 미리 만들어둔 채색 진도표를 참고하여 채색 진도와 색감 등을 확인한다.

　글을 담당한 학생들은 오탈자는 없는지 등도 최종적으로 확인해야 한다. 매주 모든 모둠원들은 회의를 통해 부족한 점과 수정할 점들을 솔직하게 말해 그림책의 완성도를 높이기 위해 노력한다.

차시	내용	비고

16~18	〈그림책 제작하기 3〉
	• 제작 사이트 그림책 발표 및 피드백
	  - 표지와 제목, 작가 소개 작성
	• 그림책 배열 순서 확인
	  - 모둠별 소재의 환경문제와 해결방안 추가
	• 그림책 최종 수정 및 그림책 제작
		※ 그림책 제작
		  사이트 공유

표지와 제목은 책에 대한 첫인상을 좌우한다. 그렇기에 주인공과 사건이 포함된 주요 장면을 선택하거나 첫인상을 나타낼 새로운 표지를 그릴 수 있다. 그림책의 제목 및 뒤표지 글은 사건의 흥미를 일으킬 수 있는 직관적이면서 주제에 대한 내용을 내포하고 있는 것이 좋다.

그림책 내용 뒤 속지에는 각 팀의 개성에 맞는 작가 소개와 추가로 수집한 환경문제 정보를 넣도록 한다. 작가 소개는 독자들이 환경에 대한 작가들의 생각을 엿볼 수 있도록 책을 쓰면서 느낀 다양한 생각과 경험을 담아 쓴다. 환경문제 정보는 모둠별 소재에 대한 사전적 정의와 문제점, 해결방안을 조사한 뒤 필요한 정보를 추려 그림책 마지막 부분에 넣는다면 환경문제와 주제에 대한 이해를 높이는 교육적인 그림책으로 탈바꿈할 수 있다.

그림책의 보이는 모든 부분을 만들었다면, 각 글의 배열 순서가 맞는지, 오탈자가 있는지 '꼭' 여러 번 확인한다.

그림책 최종본을 완성했다면 '북모아'와 같은 사이트를 이용해 학생들이 직접 제작하는 것도 좋지만, 손품이 많이 드는 단점이 있다. 따라서 전문업체에 맡기면 한결 편하게 책을 완성할 수 있다. 학기 말이나 연말에는 다른 학교 인쇄 작업과 겹치면 제작에 시간이 오래 걸릴 수 있으니 출판기념회를 염두에 두고 여유 있게 진행해야 한다.

차시	내용	비고

19~22	〈출판기념회 및 전시회〉
	• 출판기념회 및 전시회 준비
	  - 활동별 인원 지정 및 회의(안내, 홍보, 전시)
	  - 전시회 작품 배치 및 구성, 부스 설치
	  - 출판기념회 대본 및 발표 PPT 구성, 리허설
	  - 학생 저작권 동의서 및 부서 협조
	• 출판기념회 및 전시회(+뒤풀이)	

그림책을 출간을 위해 인쇄를 맡겼다면 학생들의 저작권 동의서와 기부 동의서를 받아 둔다. 기부 동의서는 도서 제작 후 외부 유통을 진행하게 되면 발생하는 판매 수익을 학생들과 사전에 협의한 내용대로 기부하기 위함이다.

전시	출판기념회
1. 회의 작업 2. 출간 도서 관련 볼거리 만들기(제작 과정, 활동 내용, 정보 전달, 도서 등) 3. 전시 장소 - 도서실, 시청각실 4. 질문 코너 만들기 5. 종이 현수막 제작	1. 회의 작업 2. 발표 대본 준비, 질의 사항 준비 3. 구연동화 4. 추첨권 만들기 5. 방송부 협조 6. 모둠별 PPT 발표 배경 화면(환경 영상 공개) 7. 홍보지 제작

작품 소개 및 작가 소개는 공동작업으로 진행

이제 도서 출판기념회와 학생 활동 결과물을 내보일 전시회를 준비한다. 학생들을 전시팀과 출판기념회 준비 모둠으로 다시 나누어 역할을 분담한다.

모둠별 PPT 발표 과정

모둠 이름 - 작가 소개 - 주제 설명(의도와 관심을 가진 이유 등) - 작품 소개 - 구연동화 - 질의응답

학생의 시선에서 환경문제를 바라보고 고민한 내용이 드러나도록 전시회를 배치하고, 출판기념회를 운영하여 우리 주변의 환경문제를 어렵지 않게 다가가고 공감할 수 있도록 노력했다. 출판기념회 당일 '학생 작가 출판기념회 및 전시회'에 교직원과 학생뿐만 아니라 지역주민도 초대하였다. 지구 환경에 많은 사람이 관심을 가지길 바랐기 때문이다.

앞서 그림책 전시회를 진행하여 그림책을 선공개하고 도서별 부스 큐레이션 및 사진과 함께 활동 결과물을 전시해 출판기념회에 대한 흥미를 돋웠다. 전시회는 출판기념회 종료 후에도 계속되어 많은 사람과 공유할 수 있도록 했다.

출판기념회는 방과 후에 진행되었으며, 1부는 제일 먼저, 한 해 동안 학생들의 활동과 도서의 주제를 소개하는 시간 및 작가로서 첫발을 내딛는 학생들을 축하하고, 출간된 첫 도서를 전달하는 시간이 마련한다. 이후 간단히 참석자와 학생 작가의 사진 촬영을 진행하며 마무리한다. 시간은 약 30분이 소요된다.

2부 행사인 '작가가 말하다'는 학생 작가와의 만남 시간으로 그동안 준비했던 도서별 PPT 발표 및 구연동화를 진행한다. PPT 발표할 때 각 출간 도서에서 말하는 환경문제와 그 해결방안을 작가의 목소리로 이야기한다. 작품 소개 시간은 원활한 운영을 위해 모둠당 1~20분을 배분한다. 1부와 2부 전체 활동 시간은 약 2시간으로 계획되었다. 다만, 긴 행사 시간이 부담된다면 과감하게 2부의 발표는 삭제하고, 도서 전달식과 각 모둠 조장의 간단한 소감 발표만으로 행사를 마무리하면 총 행사 시간은 30~40분 정도로 구성할 수 있다.

출판기념회의 모든 시간이 마무리되면 음식을 나누어 먹으며 학생들을 격려하는 뒤풀이 시간을 가진다. 한 해 동안 환경에 대해 고민하고 글을 쓰고 발표하는 과정에 대해 이야기하는 시간을 통해 학생 모두 무사히 환경 그림책 출판과 행사를 마무리했다는 성취감과 환경에 대한 지속적인 생각을 독려했다.

"처음에는 환경 책을 만드는 활동이 쉬운 줄 알았어요. 그런데 환경을 배울수록 지킬 게 많아져서 어렵고 불편한 점이 많았어요."

"동아리 활동으로 빛 공해의 심각성을 알게 되고, 환경에 관심을 가지게 되었던 것 같아요."

"우리 책을 여러 사람이 보는 게 좀 쑥스럽기는 하지만 책을 잘 읽었다는 선생님과 멋지다는 친구들이 있어 뿌듯했어요."

티끌 모아 태산이라는 말처럼, 변화도 그렇게 이뤄진다고 생각한다. 모든 것을 한 번에 바꿀 수 없겠지만 함께 고민하고 작게 실천하는 행동들이 모여 환경을 지켜낼 수 있을 것이다.

---

1) 환경 활동: 플로깅, 환경 챌린지 참여, 환경 영상 만들기, 비건 음식 체험, 환경서약서, 육식 및 채식 일기 작성, 멸종위기종 작품 패러디, 피켓 활동 등
2) 출처: 김효선, 〈그림책 만들기 기획이 먼저다〉, 북사인팩토리

【 】 수업자료는 QR코드로 이용할 수 있습니다.

3
고등학생을 위한
생태전환 수업

교과서 너머
환경수업

프로젝트 1. 탄력적 교육과정 활용가능 10개 강좌

#연극만들기 #기후신문만들기
#기후협약만들기 #독서 #줍깅 #비건메뉴개발하기

탄력적 교육과정

강좌	활동	비고
1	• 〈Last bear〉 영어 연극 - 〈Last bear〉를 읽고, 책 내용과 수업 시간 활동을 바탕으로 긱 주인공의 역할을 영어 대본으로 바꾸어 영어 연극을 만들기	- 대상: 연극 공연자, 관람객 - 인원: 20명 - 장소: 강당
2	• 텃밭 가꾸기 - 직접 가꾼 텃밭에서 식물을 키우며 환경과 모든 생명에 감사하는 마음 가지기	- 대상: 지원반 학생, 식물을 사랑하는 사람 - 인원: 15명 - 장소: 양지관 옆
3	• 기후 신문 및 협약 - 2050년을 예측하여 기후 신문 만들기 - 기후협약 만들기	- 대상: 툰베리 프로젝트에 참여한 학생들 - 인원: 18명 - 장소: 회의실
4	• 쓰레기로 과학 하기 - 제로웨이스트에 도전하기 - 쓰레기로 가치 있는 물건 만들기	- 대상: 전교생 - 인원: 20명 - 장소: 과학실
5	• 굿네이버스 환경 프로그램 - 환경 영상 시청(45분) - 줍깅 활동 - 봉사 3시간 인정	- 대상: 전교생 - 인원: 20명 - 장소: 3학년 1반
6	• 비폭력 식단: 비건 메뉴 개발하기 - 〈편스토랑〉을 모티브로 기획한 비건 요리 경연대회 - 육식으로 야기된 환경문제와 동물 복지 개념을 자연스럽게 터득한다.	- 대상: 전교생 - 인원: 16명 - 장소: 가사실
7	• 환경 도서 읽·깨·적 - 조용한 실천 강좌: 환경 도서 읽기 긴 호흡으로 한 권의 환경 책을 완독하고, 느끼고 깨달은 점을 적어 본다.	- 대상: 전교생 - 인원: 15명 - 장소: 도서실
8	• 환경 보드게임 - 보드게임을 통해 즐겁고 자연스럽게 환경에 대한 관심을 가지게 한다.	- 대상: 전교생 - 인원: 20명 - 장소: 하우디실
9	• 환경 노래 뮤직비디오 제작 - 함께 만든 환경 노래의 뮤직비디오 프로듀서 되기	- 대상: 전교생 - 인원: 20명 - 장소: 음악실
10	• 환경 영화 관람 - 조용한 실천 강좌: 다 함께 환경 영화 시청 - 두 편의 영상을 보고 환경에 대한 울림 느끼기	- 대상: 전교생 - 인원: 100명 - 장소: 시청각실

학교마다 각자의 방향성을 설정하고 나름의 방식으로 탄력적 교육과정을 운영해 나가고 있을 것이다. 처음에는 모든 과목에 환경 아이디어를 죄다 연결하여 최대한 많은 개수의 프로그램을 개설할 것을 고민하였다. 그러나 강좌의 수를 늘리는 데 초점을 두면 전체적인 프로그램 운영의 질을 떨어뜨릴 수도 있겠다 판단하여 강좌를 딱 10개로 추렸다. 그리고 관심 분야와 구현 방법에 따라, 학생의 성향(적극적인 성향과 소극적인 성향)에 따라 이원화했다. 프로그램의 취지와 내용을 미리 공지하여 10개의 강좌 중 원하는 하나를 선택하도록 수강 신청을 안내했다. 그리고 프로그램별 적정 인원수를 설정하여 인원이 차면 마감했다. 정해진 기간에 신청하지 않은 학생들은 인원이 차지 않은 강좌에 임의로 배정했다.

① 〈Last bear〉 영어 연극

수업 시간에 외로운 북극곰과 소녀의 아름다운 우정을 다룬 〈Last bear〉를 원서와 한글 번역서로 읽은 후, 영어 연극을 기획했다. 학생들은 책의 내용과 수업 시간에 했던 활동을 바탕으로 영어로 대본을 썼다. 무대 미술을 담당한 학생들은 더 멋진 무대를 위해 가면과 각종 소품을 구입하는 대신, 방치된 우드락과 상자, 강당에 있는 물품을 최대한 활용하여 무대를 구성하였다. 배우로 참여한 학생들은 자연스럽게 생태계의 한 축이 무너지면 결국 인류 전체가 흔적도 없이 사라질 수도 있음을 배웠다.

② 텃밭 가꾸기

기후 위기의 가장 큰 문제는 식량 부족이다. 우리가 가꾼 텃밭에서 작물을 직접 경작해 본다. 무더위와 모기가 기승인 7월에 농사를 짓는 일은 무척이나 고된 일이지만 땀 흘려 원하는 것을 얻는 노동의 위대함을 동시에 배우고, 기후 위기와 환경문제에 대해 자연스럽게 깨닫게 된다. 특히 지원반 친구들과 서로

도우며 농작물을 수확하는 과정에서 성취감도 얻게 된다.

③ 2022 순창제일고 기후협약

환경 주간에 실시한 프로그램으로 사전에 선발된 학생 16명에게, 미국의 일론 머스크, 스웨덴의 툰베리, 중국의 시진핑, 인도네시아의 자라 노동자 등의 역할을 무작위로 부여하였다. 기후변화협정을 진행하면서 학생들은 각자 충실하게 맡은 인물이 되어 나라별, 직업별, 소득별 입장의 차이를 주장하였다. 그러면서 왜 파리기후협정이 제대로 이행되지 않는지 진지하게 고민하게 되었다. 나아가 실질적인 정착을 위한 탄소중립 시나리오는 무엇인지 다각도로 논의하며 2022 순창제일고 기후변화 협정문을 만들었다. 제작된 기후변화 협정문은 학교 현황판 옆에 걸렸다.

2022 순창제일고 기후변화 협정문

④ 쓰레기로 과학 하기

　한 달간 전체 학생
과 교직원이 열심히
모은 쓰레기로 학교에
서 키우는 개를 위한
쾌적한 개집과 우리의
소비 패턴을 반성하게

쓰레기로 과학 하기 결과물 개집

생각하는 플라스틱

하는 '생각하는 플라스틱' 조형물을 만들었다. 쉽게 버려지는 쓰레기도 다시 탄
생시키면 쓰임이 있다는 사실에 학생들은 흥미로워했다. 무엇보다 불필요한 소
비를 줄이고, 물건을 최대한 재사용하는 것이 매우 중요하다는 것을 깨우치게
하는 활동이었다.

⑤ 비폭력 식단으로 비건 메뉴 개발하기

　육식의 문제점에 대한 인식과 채식에 대한 관심이 높아졌다. 고기 없이도 맛
있게 먹을 음식이 많다는 것을 알려주고 싶어서 TV 프로그램 '편스토랑'을 모티
브로 기획하였다. 4개의 모둠으로 조를 구성하고, 미리 지역 마트에서 장을 보
게 했다. 예산은 모둠당 3만 원이다. 식판과 밥은 학교에서 지원했다. 학생들은
밥을 제외한 식판의 나머지 공간을 제한시간 2시간 30분 동안 자유롭게 채운다.
조리가 끝난 모둠은 음식을 식판에 담아 메뉴 이름과 콘셉트, 지향하는 점을 발
표하였다. 교감 선생님과 가정 선생님, 영양 선생님이 심사위원단으로 참여하
여 맛과 멋, 영양의 관점에서 평가했다.

　학생들은 평소에 선호하지 않는 가지로 고기 없는 가지갈비덮밥과 가지 깐풍
기를 만들었다. 다양한 조리법으로 가지의 식감을 보완하여 고기와 비슷한 느
낌을 낸 점이 흥미로웠다. 또 가지만으로는 부족한 영양소를 보완하고자 멸치

볶음, 순두부찌개, 단호박찜도 만들었다.

> "완전한 비건은 아니지만 오늘처럼 요리하면 육류의 소비를 줄일 수 있겠다. 확실히 내가 직접 참여하니 환경과 육식의 문제에 대해 관심이 생기고 다양한 관련 활동을 실천하고 싶은 생각이 들었다."
> "물기를 뺀 두부를 으깨서 당근과 애호박, 파를 다져서 이가 안 좋은 어르신들이나 채소를 싫어하는 아이들, 질병을 앓고 있어서 입맛이 없는 환자들을 위해, 떡갈비 형태와 식감의 음식을 만들었다. 선생님들께서도 맛있게 드셔서 너무 기쁘고, 자신감이 생겼다. 어디에서나 해볼 수 없는 경험인 것을 알기에 더 열심히 임했다."

생각보다 많은 아이디어가 나왔으며, 무엇보다 맛있었고 보기에도 좋은 음식을 만들어냈다. 육식으로 인한 환경 파괴 문제, 동물복지 등에 대해 생각해 볼 수 있는 좋은 활동이었다.

⑥ 기타 강좌

그 외에도 다양한 강좌가 있었다. 환경 영화 관람은 소극적인 친구들의 참여를 이끌어준 고마운 강좌로, 참여 인원도 넉넉하게 최대 100명으로 조정했다. 시청각실을 영화관처럼 꾸며 진지하게 고민할 수 있는 다큐멘터리와 재미있으면서도 가볍게 시청할 수 있는 영상 두 편을 골라 연속 상영하였다.

환경 보드게임 활동에서는 재활용 상식, 멸종위기종에 대한 우려 등 다양한 환경 정보들을 보드게임으로 재미있게 익힐 수 있었다.

굿네이버스 캠페인은 '노담 캠페인' 전화 한 통화로 우연히 시작되었다. 보건 선생님은 관련 영상을 보여 주고, 자체 제작 활동지를 작성하였다. 그리고 학교 앞 공원에서 학생들과 함께 담배꽁초 줍깅을 했다.

프로젝트 2. 기후 소송 가상 재판 진행하기

5차시	정치와 법	#기후소송 #노르웨이 #국제관계 #영상촬영 #논리적글쓰기

교과	정치와 법	차시	5차시
단원/ 주제	Ⅰ. 민주주의와 헌법 Ⅵ. 국제관계와 한반도		
성취 기준	〔12정법01-03〕 우리 헌법에서 보장하는 기본권의 내용을 분석하고, 기본권 제한의 요건과 한계를 탐구한다. 〔12정법06-02〕 국제 문제(안보, 경제, 환경 등)를 이해하고, 이를 해결하기 위해 국제기구들이 수행하는 역할과 활동을 분석한다.		

교과 역량
☑ 공동체 역량 ☑ 자기 관리 역량 ☑ 심미적 감성 역량 ☑ 창의적 사고 역량 ☑ 지식정보처리 역량 ☑ 의사소통 역량

차시	활동 내용	전개 과정
1	기후 소송 안내	노르웨이 기후 소송 요약 영상을 보여 주고 우리가 진행할 기후 소송 쟁점과 역할 분담을 개략적으로 설명하였다.
2	역할 배분	모든 학생이 참여할 수 있도록 역할을 세부적으로 나누어 역량과 열전에 따라 효과적으로 배분하였다. 그리고 각자기 수행해야 할 대본, 잡지 제작 등 구체적으로 해야 할 일을 안내하였다.
3	재판 준비	각자 최선의 기량을 발휘하기 위해 맡은 역할에 몰입하였다. 메이킹 필름 담당자는 각각의 활동이 구체적이고 매력적으로 드러날 수 있도록 영상을 찍고 편집하였다.
4	재판	실제 법원처럼 책상을 배열하고, 필요한 영상을 준비한다. 한 시간 진행된 재판은 총감독이 여러 각도로 촬영하였다.
5	자기평가 및 보고서 작성	자신의 역할을 스스로 평가하고 재판 후 강천산 석유 시추에 대해 어떻게 생각하는지 논리적인 글을 작성하도록 하였다.

2022년 서울국제환경영화제에서 '노르웨이 기후 재판'을 인상 깊게 보았다. 북극에서 석유 및 가스 시추를 더욱 광범위한 지역에 허용한 것에 대해 노르웨이 환경단체들이 정부를 대법원에 세웠던 것처럼 학생들에게도 비슷한 고민을 경험해 보게 하고 싶었다.

처음에는 노르웨이의 상황에 처해 있다는 가정하에 대본을 짰는데, 공감을 얻기 힘들었다. 그래서 '지역 명산인 강천산에 석유가 있다.'라는 가정으로 본격적인 시나리오 작업에 들어갔다.

"순창군의 상징 강천산에 석유가 매장되어 있는 거야. 너희들은 환경 측, 정부 측 변호사로 재판을 하게 될 거고. 각각의 역할들을 잘 숙지해서 우리 멋진 재판을 한번 만들어 보자."

학생들의 역할을 조별로 나눠서 비슷한 콘셉트의 재판을 여러 차례 할 것인가, 아니면 한 반 전체를 대상으로 하나의 상징적인 재판을 진행할 것인가부터 고민이 되었다. 변호사 역할을 소화할 수 있는 자원이 많지 않았고, 재판의 주제와 내용이 다르지 않다면 비슷비슷해서 지루할 것 같았다. 그래서 모든 학생을 참여시키는 한 편의 연극 같은 재판을 구상하게 하고, 22명의 학생 모두에게 서로 다른 역할을 부여하였다.

	역할	할 일	학생 이름
1	판사	전체적인 재판이 매끄럽게 진행될 수 있도록 주어진 시간을 고려하여 정해진 순서에 따라 재판을 끌고 가서 배심원들의 결정을 듣고 최종 판결을 내린다.	○○○
2	배심원 1	양측의 논리를 충분히 듣고 어느 쪽의 내용이 훨씬 설득력 있는지 판단하여 생각을 밝힌다.	○○○
3	배심원 2	양측의 논리를 충분히 듣고 어느 쪽의 내용이 훨씬 설득력 있는지 판단하여 생각을 밝힌다.	○○○
4	환경 변호사 1	왜 소송을 제기하였는지 구체적인 법률 근거 하나를 들어 변론을 펼친다.	○○○
5	환경 변호사 2	왜 소송을 제기하였는지 구체적인 법률 근거 하나를 들어 변론을 펼친다.	○○○
6	환경 기자	환경 전문 기자.	○○○
7	정부 변호사 1	원고 측 변론을 방어하기 위해 구체적 법률 하나를 들어 변론한다.	○○○
8	정부 변호사 2	원고 측 변론을 방어하기 위해 구체적 법률 하나를 들어 변론한다.	○○○
9	정부 측 기자	경제 전문 기자.	○○○
10	환경단체 측 변호사 송무팀 팀장	환경단체 측 변호사의 논거를 튼튼히 하기 위한 도입 영상을 기획하고 제작한다.	○○○
11	환경단체 측 변호사 송무팀 팀장	환경단체 측 변호사의 논거를 튼튼히 하기 위한 도입 영상을 제작한다.	○○○
12	정부 측 변호사 송무팀 팀장	정부 측 변호사의 논거를 튼튼히 하기 위한 도입 영상을 기획하고 제작한다.	○○○
13	정부 측 변호사 송무팀 팀원	정부 측 변호사의 논거를 튼튼히 하기 위한 도입 영상을 제작한다.	○○○
14	속기사 1	재판 시작부터 끝까지 전 내용을 타자하여 활동 후 보기 좋게 편집본을 제출한다.	○○○
15	속기사 2	재판 시작부터 끝까지 전 내용을 타자하여 활동 후 보기 좋게 편집본을 제출한다.	○○○

16	수업 전체 촬영 감독	재판 처음부터 끝까지 전체 활동을 촬영한 후 5분 이내로 압축하여 핵심이 들어갈 수 있게 편집하여 제출한다. (자막, 효과음 등 허용 가능)	○ ○ ○
17	수업 전체 촬영 조감독	재판 준비 중인 학생들의 모습을 예고편처럼 촬영하여 5분 이내로 압축하여 영상으로 제작 후 제출한다.	○ ○ ○
18	엑스트라 및 소품 담당 1	송무팀에서 3분 영상 제작 시 필요한 소품 준비, 행인, 피해자 역할 혹은 변호사의 증인 출석 등 1인다역으로 언제든지 출연하여 영상의 품질을 위해 최선을 다한다.	○ ○ ○
19	엑스트라 및 소품 담당 2	송무팀에서 3분 영상 제작 시 필요한 소품 준비, 행인, 피해자 역할 혹은 변호사의 증인 출석 등 1인다역으로 언제든지 출연하여 영상의 품질을 위해 최선을 다한다.	○ ○ ○
20	엑스트라 및 소품 담당 3	송무팀에서 3분 영상 제작 시 필요한 소품 준비, 행인, 피해자 역할 혹은 변호사의 증인 출석 등 1인다역으로 언제든지 출연하여 영상의 품질을 위해 최선을 다한다.	○ ○ ○
21	엑스트라 및 소품 담당 4	송무팀에서 3분 영상 제작 시 필요한 소품 준비, 행인, 피해자 역할 혹은 변호사의 증인 출석 등 1인다역으로 언제든지 출연하여 영상의 품질을 위해 최선을 다한다.	○ ○ ○
22	엑스트라 및 소품 담당 5	송무팀에서 3분 영상 제작 시 필요한 소품 준비, 행인, 피해자 역할 혹은 변호사의 증인 출석 등 1인다역으로 언제든지 출연하여 영상의 품질을 위해 최선을 다한다.	○ ○ ○

역할별 순서	간략한 내용	소요 시간
경위	입정 및 개정선언	2분
재판장	재판 소개, 주의사항 안내, 모두 일어나게 하고 착석하게 한다.	2분
원고 측 변호사 1	소송 제기한 이유를 큰 틀에서 간단하게 안내한다.	1분 30초
피고 측 변호사 1	방어 논리의 큰 틀에서의 이유를 간단하게 제시한다.	1분 30초
원고 측 송무팀 영상	한눈에 시각적으로 파악할 수 있도록 미리 제작된 영상을 감상한다.	3분
피고 측 송무팀 영상	한눈에 시각적으로 파악할 수 있도록 미리 제작된 영상을 감상한다.	3분
원고 측 변호사 2	피고 측 영상에 대해 반박한다.	1분 30초

피고 측 변호사 2	원고 측 영상에 대해 반박한다.	1분 30초
원고 측 증인 심문	원고의 증인 심문 3분이 끝나면 피고가 3분을 추가로 심문한다.	각 3분
피고 측 증인 심문	피고의 증인 심문 3분이 끝나면 원고가 3분을 추가로 심문한다.	각 3분
원고 피고	자유변론한다.	10분
최종변론	원고 피고 측 최종변론한다.	각 1분 30초
배심원 1, 2	양측의 의견을 다 들은 후 배심원들의 생각은 어느 쪽으로 기우는지 구체적인 이유와 함께 들어본다.	3분
재판장	배심원들 의견을 참고하여 최종 판결을 내린다.	2분

재판 시나리오

행정재판 사건번호 2022구합 1004소
원고: 환경단체 툰벤져스
피고: 정부(국토교통부)

재판 주제: 피고의 석유 탐사 허가는 국민의 생명이나 신체 건강을 위협하는 기본권 침해에 해당하는가?
사건 개요: 인근 남원과 임실에서 수백만 배럴의 석유가 매장되어 있음을 확인하였다. 전문가들이 순창에도 수십만 배럴 정도의 석유는 있을 것으로 판단하여 정부는 순창 지역의 석유 시추를 허가하였다. 공교롭게도 석유 매장 예상 구역은 강전산, 체계산, 옹궐산 인근으로, 그동안 순창을 대표하는 명산들이어서 환경단체들의 반발이 거센 상황이다.

기후 재판 개요

핵심인 변호사 역할을 맡은 학생은 각자 재판의 시나리오를 직접 짜며 논리적으로 변론해야 하기에 여러 역량을 종합하여 신청받거나 잠재 능력이 있는 학생을 적극적으로 추천하여 선정했다. 그리고 양측 각 두 명의 변호사들의 실력이 어느 한쪽으로 쏠리지 않도록 힘의 균형을 맞추었다. 각 팀은 각자 알래스카 원주민, 칼텍스 직원을 증인으로 신청했으며, 전체적인 큰 틀의 내용만 정하고 실제 재판에서는 순발력과 기지를 발휘하여 변론하도록 했다.

기후 재판에서 학생들은 역할에 완전히 몰입하여, 강천산 지도를 띄워놓고 입구와 출렁다리를 직접 표시하며 석유가 있는지, 확실히 있는지, 정확히 어느 정도 가치의 석유가 있는지, 확실히 있는지, 있을 것이라는 추론인지 정확히 알려달라고 했다. 자료 조사도 많이 했고, 어려운 법률용어와 과학용어도 공부하여 실제 변호사처럼 소화했다.

송무팀 학생들은 양측의 주장에 힘을 실어줄 수 있는 인터뷰, 뉴스 형식의 영상을 준비해 주었다. 실제 소를 키우고 있는 친구를 방문해 소와 경운기 앞에서 생동감 있게 진행한 인터뷰를 영상으로 담았다. 물리 선생님을 카이스트 교수로 둔갑시켜 탐사보도 형식의 뉴스를 제작하기도 했다.

정부 측, 환경 측 기자 역할을 맡은 학생들은 재판을 다 지켜본 후 본인들의 논조를 은연중에 풍기는 시사잡지를 발행하였다. 같은 재판 결과를 바탕으로 만들어졌음에도 각자의 입장에서 유리하게 기술된 부분을 비교하는 작업이 꽤 의미 있었다. 그리고 속기사는 빠른 타자 솜씨로 재판 전체적인 내용을 작성해 기후 소송 대본집을 탄생시켰다.

영상 전문가는 준비 과정을 꼼꼼하게 담아 매력적인 섬네일이 가미된 메이킹 필름을 만들었다. 그리고 총감독은 그 모든 재판 과정을 촬영하고 10분짜리 영상으로 편집하여 하나의 단편영화를 완성했다.

주제

2

말과 글로
세상 변화시키기

프로젝트 1. 글로 세상 변화시키기: 생태시 쓰기

10차시 국어, 환경, 미술			#기사문 #멸종위기종 #생태사진 #생태시 #기후행동
차시	활동	관련 교과	2022 개정 교육과정 성취기준
1	• 생태시 쓰기 프로젝트 목적과 단계 설명 • 생태·환경 관련 용어로 배경지식 갖추기 • 기사문에 대한 이해 활동(예시 자료를 바탕으로 교사 설명) • 생태·환경 관련 기사문 읽기(관점 비교, 파악)	국어	[10공국2-02-02] 동일한 화제의 글이나 자료라도 서로 다른 관점과 형식으로 표현됨을 이해하며 읽기 목적을 고려하여 글이나 자료를 주제 통합적으로 읽는다.
1		환경	[EA-2] 끊임없이 진화하는 자연환경 속에서 인간과 지구(자연)의 관계를 성찰하기
2~3	• 생태 감수성 높이기 활동 - 식물로 나를 표현하기(패들렛에 소개하기) - 멸종위기종 조사 및 도안 작성 - '자연의 색을 입히다', 니콜라이 톨스티 회화법 응용, 미술 융합 수업 - 생태 사진 온라인 전시회 및 감상 나누기(패들렛)	국어	[10공국1-05-03] 작품 구성 요소의 유기적 관계와 맥락에 유의하여 작품을 수용하고 생산한다.
2~3		미술	[9미01-04] 삶과 미술의 관계를 이해하고 다양한 분야와의 연결 방안을 모색할 수 있다.
2~3		환경	[EA-5] 체험을 통해 환경의 아름다움과 신비함을 느끼고 자유롭게 표현하기
4~5	• 생태시집을 읽고 감상평 적기 - 자신이 좋아하는 생태시를 고르고 이유 발표하기 - 생태시를 읽고 주제 전달 효과 파악	국어	[10공국1-05-03] 상동
4~5		환경	[EA-4] 인간-생물-지구가 하나라는 개념을 바탕으로 새로운 환경윤리를 받아들이기
6~8	• 생태시 쓰기 - 소재 선정 및 주제 구상하기, 선택한 이유 발표 - 창작 노트 작성 및 초고 쓰기 - 모둠별 합평하기 및 고쳐 쓰기	국어	[10공국2-03-01] 언어 공동체가 공유하는 작문 관습의 특성을 이해하고 쓰기 과정과 전략을 점검하며 책임감 있게 글을 쓴다.
9~10	• 생태시 퍼뜨리기를 통한 기후행동 하기 - 온라인 플랫폼 활용 - 학생 편지와 함께 생태시집 전달하기(이웃, 지역 상점 및 각 시도 교육감)	국어	[10공국2-02-03] 의미 있는 사회적 독서 활동에 참여함으로써 타인과 교류하고 다양한 지식이나 정보, 삶에 대한 가치관 등을 이해하는 태도를 지닌다.
9~10		환경	[PS-9] 환경문제 해결의 어려움을 알고 개인적 실천을 넘어 사회적 전환 운동에 참여하기

생태전환교육을 위한 국어 수업이 소재 중심의 일회성 수업이 되지 않도록 프로젝트 수업으로 설계했다. 생태·환경 문제야말로 학습자가 스스로 문제의식을 가지고 다양한 방법으로 문제를 해결하는 전 과정에 적극적으로 참여해야 하기 때문이다.

'글로 세상 변화시키기 프로젝트'는 두 해에 걸쳐 진행되었다. 첫해에는 주변의 환경문제를 해결하는 건의문 쓰기 활동을 먼저 했다. 건의문의 형식을 익히고, 주변 환경문제가 무엇인지 묻고 해결방안을 건의하는 글을 관련자에게 보내어 답을 얻는 활동이었다. 학생들은 실제 일상의 문제점을 분석해 본 일, 문제를 해결할 수 있는 대상자가 누구인지 찾아본 일, 실무자에게 건의하는 편지를 직접 써본 일, 실무자의 답변을 받아본 경험이 인상 깊었다고 말했다. 이 프로젝트로 한순간에 세상을 크게 변화시킬 수는 없지만, 주변의 문제점을 함께 해결하는 차원에서 쓰기 활동을 할 수 있음을 깨달을 수 있었다.

다음 해에는 '생태소양'을 인식하고, 건의보다 온건한 방법으로 더 많은 대상과 함께 환경문제를 이야기하고 싶었다. 그래서 자연의 아름다움을 노래하며 환경문제를 적극적으로 해결해야 함을 전하는 '생태시 쓰기 프로젝트'를 진행하였다.

우리 사회 전반이 생태소양(ecological literacy)[1]이 부족한 생태적 문맹 상태라는 것을 깨닫고, 우리를 둘러싼 생태·환경을 이해하는 문식성에 소홀했다는 것을 반성하게 됐다. 이후 프로젝트 순서를 바꿔서, 생태시 쓰기 프로젝트를 먼저 하고, 건의문 쓰기 활동을 하고 있다.

인간과 자연의 상호연결된 시스템적 사고를 할 수 있는 생태소양 교육, 삶의 문제를 주체적으로 인식하고 해결하는 민주 시민 교육으로서, 생태적 전환이 교육 현장에서 적극적으로, 교과 융합적으로 일어나야 한다는 것을 생태소양이 높아질수록 더욱 명확하게 인식되었다.

차시	활동	비고
1	• 프로젝트 목적과 단계 설명 • 생태·환경 관련 용어로 배경지식 갖추기 – 모둠별로 생태·환경 키워드 조사하여 배경지식 함양 • 기사문에 대한 이해 활동(예시 자료를 바탕으로 교사 설명) • 생태·환경 관련 기사문 읽기(관점 파악) – 생태·환경 키워드 찾기 – 핵심 내용 및 주제 파악 – 질문하며 읽고 답 찾기(모둠 활동)	▢ 자료: 인터넷 활용, 환경 키워드 및 기사문 검색 ○ 평가: 환경 기사문을 읽고 주제와 관점 파악하기(수행)

생태소양과 문제 해결하기를 키워드로, 생태시 쓰기 프로젝트의 활동 목적과 진행 과정을 설명한다. 생태소양을 갖추기 위해서는 생태적 지식, 생태적 감수성, 생태적 실천이 함께 어우러져야 한다. 이를 위해서 국어 교과에서는 생태·환경과 관련된 텍스트를 다양하게 활용하여 학생들의 각성이 이뤄지도록 한다. 각성이 일어나면 자연스럽게 행동도 바뀌겠지만 지속성이 확보될 때 진정으로 생태전환적 삶을 산다고 할 수 있다.

1차시는 모둠 활동으로, 생태·환경에 대해 어느 정도 인식하고 있는지를 확인하고, 모르는 용어를 알아보는 것으로 시작한다. 〈활동지 1〉에는 같이 읽을 기사와 관련 용어를 비롯하여 좀 더 다양한 생태·환경 용어를 제시할 수 있다.

이 활동을 통해 학습자의 배경지식을 판단할 수 있는데, 안타까운 현실이지만 고등학생의 생태·환경에 대한 인식 수준이 전반적으로 낮고 편차가 크지 않은 동질 집단이다. 다행이라면 이 점 때문에 수업 진행에 개별 차가 적다. 학생들은 모둠 활동을 통해 함께 알아가는 즐거움을 느낄 수 있다.

생태 · 환경 기사문 질문하며 읽고 관점과 표현의 특성 파악하기

〔핵심 질문〕
생태 · 환경 기사(매체)에 드러난 글쓴이의 관점이나 표현 방법의 적절성을 어떻게 평가할 수 있는가?

▶ 자기 점검

1) 기후위기, 멸종위기종 동식물 및 해양 환경 오염, 청소년 기후 행동 중 친구에게 자신 있게 설명할 수 있는 배경지식이 있나요? 설명할 수 있는 부분을 짝과 이야기 나눠 보세요.

2) 기사문의 글의 구성요소를 설명할 수 있나요? 설명할 수 있는 부분을 짝과 이야기 나눠 보세요.

▶ 학습 활동 1: 생태 · 환경 관련 용어 알아보기(모둠 활동)

다음 용어의 정확한 개념과 이 용어를 사용하게 된 배경을 모둠원이 나눠서 조사하고 설명해 보세요.

① 기후위기	
② 탄소중립	
③ IPCC	
④ 기후행동	
⑤ 세컨슈머	

▶ 학습 활동 2: 기사문에 대해 알아보기(개념 학습)

　가. 기사문의 정의: 알릴 만한 가치 있는 사건이나 사실을 정확하고 신속하게 전달하는 글

　나. 기사문 글의 구성요소 알아보기: 제목–부제목–전문(리드)–본문–해설

　　(기사문 예시 텍스트를 화면에 제시하여 구성요소를 함께 확인함.)

　다. 기사문의 작성 원칙: 육하원칙(누가, 언제, 어디서, 무엇을, 왜, 어떻게)

　라. 기사문을 읽는 방법: 각 관점에 맞게 질문하며 읽기

　　· 사실적 관점–사실과 의견 구분하기, 육하원칙에 맞는지 판단하기

　　· 비판적 관점–내용이 공정하고 객관적인지 판단하기, 통계, 출처, 인용 여부 확인

　　· 윤리적 관점–사회적 가치와 윤리적 기준 부합, 공공의 이익 고려 여부

　　· 창의적 관점–기사를 바탕으로 대안을 생각하거나 자신의 견해를 정리

　　· 구조적 관점–기사의 형식과 구성의 전략 분석

▶ 학습 활동 3: 기사문을 읽는 방법에 유의하여 생태 · 환경 기사문 읽기 활동

| (가) 기후 변화 전투에 미래 세대도 참전해야 할까? ▷ BBC 뉴스, "기후 변화 전투에 미래 세대도 참전해야 할까?" | (나) '기후위기 세대 존엄 지켜주세요' 다시 나선 청소년들 ▷ 연합뉴스, "[당신에게 기후위기란] '평범한 시민들'에겐 시급한 '내 문제' 아니다" |

● 각 기사문을 질문하며 읽고, 자신만의 답을 정리한 후, 모둠 친구들과 이야기 나눠 보세요.

　(1) (가) 기사문 질문하며 읽기

〔나의 질문〕	
〔나의 답변〕	

(2) (나) 기사문 질문하며 읽기

〔나의 질문〕	
〔나의 답변〕	

(3) 모둠원과 (1)과 (2)에 관해 돌아가며 이야기를 나눈 후, 중심 화제 한 가지를 정해서 모둠의 질문과 답을 찾아 정리해 보기

〔모둠원 질문〕	
〔모둠원 답변〕	

(4) (3)의 활동을 다른 모둠원들에게 공유하는 발표 및 질의응답을 해 보기

(5) [개별 활동] (4)의 발표를 듣고 가장 인상 깊은 기사문을 찾아 읽어 보기

　① 가장 인상 깊은 기사문(생태환경 영역)은 무엇인가?

　② 같은 영역의 다른 기사를 추가로 더 찾아 읽고 구글 문서에 작성해 보자.

> · 표제 및 부제 작성 및 링크 표기

　③ 관점이 다른 기사문을 찾아보고 차이점이 무엇인지 질문하며 읽어 보자.

▶ 정리하기: 수업 성찰 내용을 작성해 보기

· 배운 점(새롭게 알게 된 점):

· 느낀 점:

· 더 알고 싶은 점(탐구 질문):

차시	활동	비고
2~3	• 생태 감수성 높이기 활동 − 식물로 나를 표현하기(패들렛에 소개하기) − 멸종위기종 조사 및 도안 작성 − '자연의 색을 입히다', 니콜라이 톨스티 회화법 응용, 미술 융합 수업 − 생태 사진 온라인 전시회 및 감상 나누기(패들렛)	▢ 자료: 인터넷, 멸종위기종 도안 ○ 평가: 식물의 특징을 찾아 자신을 표현하기, 생태 사진 3장 패들렛에 올리고 다른 친구들 작품을 보고 소감 남기기(수행)

2~3차시로, '자신을 식물로 표현하기'와 '멸종위기종 실루엣'으로 세상 보기(자연의 색을 입히다) 활동을 했다. 자신과 자연을 연결 짓고, 자신과 세상을 새로운 틀로 들여다보는 활동이 핵심인데, 이를 위해서 야외 수업을 선택했다.

야외 수업 전에 교실에서 먼저, 학생들이 좋아하는 식물을 찾고 그 속성을 소개하도록 한다. 학생들은 이 수업뿐만 아니라 국어 시간에도 이름 앞에 식물 이름을 붙여서 불렀다. 이 활동에 이어서 학생들이 생태시를 쓰고 출간한 책 〈세상을 바꾸는 생태시 사진첩〉에는 학생 저자를 식물 프로필로 표현했다.

"제비꽃수민, 율마휘재, 플록스원영, 소나무유진, 아스파라거스민재……."

다음으로, '니콜라이 톨스티'라는 미술가의 작품을 인터넷 자료를 통해 감상한다. 아이들에게는 종이 한 장씩 나눠 준다. 멸종위기종에 관한 자료 조사를 바탕으로 관심 있는 동물을 종이 위에 실루엣만 그리도록 한다. 동물 그림 테두리 안을 오려내면 가운데가 빈 실루엣만 남는다. 종이를 들고 밖으로 나가서 빈 공간에 자연(세상)을 담아 사진을 찍고, 함께 보며 이야기 나눈다. 교실로 돌아오는 시간을 정하고, 돌아와서는 최고의 사진 3장씩을 패들렛에 올리도록 했다. 그리고 TV로 연결해 사진 전시회를 열어 다양하고 새로운 각도의 세상 보기를 함께 했다. 이 수업은 교사가 크게 의도하지 않아도, 바람결처럼 절로 즐겁고, 몰랐던 식물이나 멸종위기종에 관심을 가지는 수업이 된다. 2차시로 수업을 진행하기 어렵다면, 식물 이름 짓기와 동물 실루엣 준비는 과제로 제시한다.

'식물로 나를 표현하기' 및 '자연의 색을 입히다'

〔핵심 질문〕
우리 주변의 생태를 새롭게 본다는 것은 어떤 의미가 있을까?

1. 식물로 나를 표현하기

– 식물로 자신을 표현한다면, 어떤 식물일까요?

자신을 닮았거나 닮고 싶은 식물, 멸종위기 식물 중 하나를 정하여 패들렛에 식물 사진과 식물이 가진 특징을 정리해 보세요. 그 식물을 선택한 이유를 적고, 자신을 식물로 표현하는 글을 써 보세요. (3줄 시 형태도 좋아요.)

2. 자연의 색을 입히다

– 멸종위기종 동물 중 하나를 선택하여 니콜라이 톨스티의 페이퍼 실루엣 아트 작품처럼, 멸종위기종 동물 실루엣을 만들어 보세요.

– 학교 주변을 산책하면서 생태 관찰을 하며, 조사한 멸종위기종 동물에 관해 이야기를 나누어 보세요.

– 영상을 시청하고, 우리 학교 생태 사진을 찍어서 패들렛에 올려 보세요. 우리 학교 생태 사진전(온라인)을 보면서 느낀 점을 글로 남겨 보세요. 자연을 쓰는 마니들

멸종위기종 동물 틀로 바라보는 세상 표현하기(학생 작품)

차시	활동	비고
4~5	• 생태시집 읽고 감상평 적기(패들렛) - 자신이 좋아하는 생태시(학생 창작 작품, 시인 작품 중 각 1개를 고르고 이유 발표하기 - 생태시를 읽고 주제 전달 효과 파악하기	□ 자료: 생태시집 ○ 평가: 환경 기사문을 읽고 주제와 관점 파악하기(수행)

　4~5차시에는 '생태시 읽고, 감상평 나누기' 활동을 한다. 학생들이 생대시에 대한 개념이 낯설 수 있으므로, 사전적 개념부터 정의한다. 그리고 학생들이 쓴 생태시 모음집과 시인들이 쓴 생태시집(〈해시태그 문학선〉 #생태_시)을 나눠주고 1시간 동안 읽고, 마음에 드는 시를 고르고 그 이유를 적는 활동을 한다. 도시화, 개발, 공해와 같은 환경 파괴, 멸종위기에 처한 동식물, 플라스틱, 쓰레기, 산불과 홍수 등 자연재해와 관련된 기후변화 문제, 자연의 경이로움과 생명의 소중함을 묘사하거나 자연과 인간을 연결하여 미래를 그리는 시 등, 특히 관심이 가는 영역의 시나 관련 환경 기사를 찾아보는 심화 활동도 안내한다.

　다음 시간에는 가장 많이 선택된 작품을 중심으로 주제를 전달하는 데 효과적인 표현은 무엇인지 파악하도록 한다. 이는 자신이 쓰고자 하는 생태시의 길잡이가 될 것이다. 수업을 마무리할 때, 생태시란 무엇인지, 자신만의 표현으로 개념을 정의해 본다. 생태시에 대한 개념을 귀납적으로 정리해 보는 활동이기도 하지만 다음 차시에 창작할 생태시의 방향을 명확하게 할 수 있다.

차시	활동	비고
6~8	• 생태시 쓰기 - 소재 선정 및 주제 구상하기, 선택한 이유 발표 - 창작 노트 작성 및 생태시 초고 쓰기 - 모둠별 합평하기 및 고쳐 쓰기	▢ 자료: 인터넷 기사문 검색

6~8차시 활동은 국어과 쓰기(작문) 과정인 '내용 선정 및 계획하기, 초고 작성, 퇴고하기와 발표'의 단계를 거친다. 퇴고하기 과정으로 '합평하기'를 배운다.

1~2차시 활동을 바탕으로 관심이 생긴 환경 영역에 관한 기사 검색을 추가로 하면서, 생태시의 주제 선정과 아이디어 생성, 독자 분석, 자료 수집을 하도록 시간을 준다. 관련 자료를 바탕으로 자유롭게 초고를 쓰도록 했다. 최초로 쓰는 초고는 줄글로 이어져도 되니, 부담 없이 하고 싶은 말을 표현하는 데 초점을 두고, 창작 노트를 꼼꼼하게 작성하도록 했다. 창작 노트와 생태시 초고는 구글 문서로 제출하고 온라인 피드백으로 시 창작에 대한 고민과 방법 찾기를 함께 나눴다.

합평할 때는 서로 존중하는 자세로 임할 수 있도록 안내한다. 자기 평가를 먼저 하고, 잘 해결되지 않는 부분은 친구들과 협력하여 풀어 나가는 것이 합평하기 시간임을 강조한다. 그리고 시는 운율을 가지고 있으므로, 그 운율을 느낄 수 있도록 꼭 창작자가 소리 내어 발표하도록 한다.

평가 항목은 합평하기 위한 기초 자료일 뿐이다. 전체 항목에 모두 맞출 필요는 없으며, 특히 합평자에 따라 같은 평가 항목에 대해 의견이 다를 수도 있다. 이때 각자의 의견을 시를 근거로 이야기 나누는 과정을 즐길 수 있도록 하며, 합평한 것을 바탕으로 고쳐 쓸 때는 어느 정도 반영할지는 창작자가 중심이 되어 선택할 수 있음을 강조한다. 합평은 내가 전하고자 하는 목소리가 독자에게 어떻게 전달되는지를 미리 살펴보는 시간이므로 이를 참고하여 수정할 부분을 고민하되, 독자들이 원하는 대로만 고쳐 쓰는 건 아니라는 것을 주지시킨다.

〈활동지 5〉처럼 '수정의 초점'이 무엇인지 적도록 하였으며, 이를 바탕으로 개인 피드백 및 퇴고를 진행했다. 합평 받은 부분과 생각이 다를 때 학생들의 상담이 많다. 학생이 고민하는 지점을 어떻게 표현하면 좋을지 질문 형식으로 되물으며 상담하다 보면, 학생 스스로 답을 찾는 경우가 많다.

생태시 읽기 및 좋아하는 생태시 소개하기

〔핵심 질문〕
생태시는 환경문제를 해결하는 데 어떤 역할을 할 수 있을까?

생태시란?
인간 중심주의를 비판하고 인간과 자연의 조화를 지향하는 생태학적 세계관을 담고 있는 시. 인간은 물론 생태계에 존재하는 모든 생명체의 생존을 위협하는 환경문제의 심각성을 드러내고 생물학적 약자의 편에서 그들의 다양성을 옹호하며 공존의 법칙을 모색하는 내용을 담는다.

1. 학생들이 쓴 생태시 모음집과 시인들이 쓴 생태시집을 읽고, 인상 깊은 시를 고르세요.
2. 자신이 좋아하는 시를 찾아 좋아하는 이유를 패들렛에 기록하고 발표하세요.
3. 내가 생각하는 '생태시'를 정의해 보세요.

생태시 쓰기 구상하기 및 작가 노트 작성(초고 완성)

〔핵심 질문〕
어떻게 하면 주제를 독자에게 효과적으로 전달할 수 있을까?

※ 클래스룸(구글 문서)에 생태시 쓰기 작가 노트와 초고 쓰기 활동 결과를 올리고, 모둠
  별 발표를 합니다.

제목: 축제

산천어 축제, 나비 축제
축제가 열린다
그들이 좋아할까?
인간들이 좋아하지!

철새 축제, 반딧불 축제
축제가 열린다
인간들만 좋아할까?
그들도 좋아하지!

잡고 먹고 괴롭히지 말고
살리고 지키고 즐기는
진짜 모두의 축제
지금부터다

시 창작 노트(작가의 말)

– 이 시의 화자는 어떤 사람이고, 어떤 말을 전하고 싶어 하나요? (창작 동기와 작품의 주제)

이 시의 화자는 산천어 축제 등 동물 축제가 동물의 생태계를 위협하며, 동물 학대라고 생각하는 사람일 것이다. 이 화자는 위와 같은 산천어 축제, 나비 축제 대신 동물들을 해치지 않고 모두가 함께 즐길 수 있는 방향의 축제를 추구해야 한다고 말하고 있다. 그리고 동물 학대의 심각성을 알고 이를 막아야 한다는 말을 전하고자 한다.

– 이 작품의 창작 포인트는? (표현하고 싶은 내용과 형식에 관한 이야기를 담아 보세요.)

이 작품의 창작 포인트는 1연과 2연을 유사한 형태로 표현해 화자가 말하고자 하는 바를 강조하여 나타낸다는 것이다. 1연에서는 지양해야 할 형태의 축제, 2연에서는 추구해야 하는 방향의 축제에 관해 설명하고 있다.

– 잘 표현되지 않는 점이 있거나, 더 고민해 봐야 할 점이 있나요?

각각의 축제가 어떤 형태로 진행되는지 모르는 사람들에게는 시가 와닿지 않을 수도 있겠다는 생각이 들었다. 이 부분을 보충하기 위해 각각의 연에 부연 설명하거나 다른 행들과 잘 어우러지도록 행을 추가해야겠다는 생각이 들었다. 이를 통해 시적 청자가 시에 더욱 깊이 공감하고 화자가 말하고자 하는 바를 정확히 이해할 수 있을 것이다.

– 작가의 덧붙임

시와 관련하여 이미지로 표현하고 싶은 것이 있다면 활용합니다.

생태시 초고 및 시 창작 노트(작가의 말) 작성 사례

생태시 쓰기 합평하기 및 고쳐 쓰기

〔핵심 질문〕
합평과 고쳐쓰기를 통해 시를 더 나은 방향으로 발전시킬 방법은 무엇인가?

1. 자기 평가 후, 이를 바탕으로 모둠원들과 시를 합평하며 의견을 적어 보세요.

자기 평가 및 친구와 합평하기			
시 제목			
평가 항목	최종 점검(상, 중, 하 및 의견 서술)		
	나	친구 1	친구 2
1. 화자가 말하고자 하는 바가 분명하게 드러나는가?			
2. 이 시만의 개성이 느껴지는가?			
3. 참신하고 진솔한 생각과 표현이 담겨 있는가?			
4. 쓸데없는 조사가 없는가?			
5. 삭제해도 좋을 불필요한 부분이나 고쳐야 할 애매한 부분은 없는가?			
6. 운율이나 반복적인 리듬을 살릴 만한 부분은 없는가?			
7. 연과 행은 제대로 구분되어 있는가?			
8. 나만의 경험과 느낌이 담긴 구체적인 장면이 있는가?			
9. 자신만의 평가 기준이 있다면 친구에게 설명하고 합평할 수 있는가?			

2. 합평 내용을 바탕으로 시를 고쳐 써 보세요. 그리고 어떤 점에 주안점을 두어 고쳤는

지 '시인의 말'을 작성해 주세요. (초고와 비교하여 제출하기)

〈예시〉

초고	최종본
축제	축제
산천어 축제, 나비 축제 축제가 열린다 그들이 좋아할까? 인간들이 좋아하지! 철새 축제, 반딧불 축제 축제가 열린다 인간들만 좋아할까? 그들도 좋아하지! 잡고 먹고 괴롭히지 말고 살리고 지키고 즐기는 진짜 모두의 축제 지금부터다	산천어 축제, 나비 축제 한쪽의 재미와 이익만을 생각하는 축제가 열린다 그들이 좋아할까? 인간들이 좋아하지! 철새 축제, 반딧불 축제 서로를 바라보고 공존을 다짐하는 축제가 열린다 인간들만 좋아할까? 그들도 좋아하지! 잡고 먹고 괴롭히지 말고 살리고 지키고 즐기는 진짜 모두의 축제는 지금부터

● 시인의 말

1. 모둠 피드백 활동 소감 및 창작 활동에 어떤 도움을 주었나요?

친구들의 피드백 중 여러 동물 축제가 익숙하지 않아 시에 언급되는 산천어, 나비 축제와 철새, 반딧불 축제의 차이점이 이해가 되지 않는다는 의견이 있었다. 읽는 이가 각 축제의 특징과 시의 의미를 직관적으로 이해 못 하지는 않을까 하는 고민을 자기 평가로 하게 되었다. 자기 평가를 통해 이런 고민을 하게 되고 수정해 나감으로써 더욱 완성도 높은 시 창작 활동을 할 수 있을 것이다.

2. 수정할 때, 어떤 부분에 초점을 두었나요?

각 연의 운율과 반복적인 리듬을 살릴 수 있도록 1연과 2연에 각각 축제에 관한 설명을 하는 행을 추가하였다. 이 수정을 통해 내가 말하고자 하는 바가 더 정확히 드러나고, 참신한 표현이 담겼으면 좋겠다.

차시	활동	비고
9~10	• 생태시 퍼뜨리기를 통한 기후행동 - 온라인 플랫폼에 올리기 및 독자평 - 생태시 전달하기(지역 사회 및 전국 교육감에게 편지하기)	▢ 자료: 온라인 플랫폼 활용 ※ 생태시 전달을 위한 편지쓰기

9~10차시는 창작과 실천의 의미를 연결하는 활동이다. 개인의 행동이 기후 위기 극복에 미치는 영향을 깊이 이해하며, 창작자로서의 사회적 역할을 성찰할 수 있다.

국어 시간에 쓴 생태시로 독자들이 생태·환경 문제 해결에 접근할 수 있을까? 어떻게 하면 '변화'를 이끌어 낼 수 있을까? 지역 내 특성을 살려 이 고민을 함께 해결할 수 있는 곳은 없을까? 지역을 넘어서 생태시에 담은 뜻을 널리 퍼뜨릴 수 있을까? 이런 문제를 함께 고민했다.

프로젝트를 마무리하는 차시에 이런 고민을 해결하기 위해 온라인 글쓰기 플랫폼에 생태시를 각자 올렸다. 교내 학생들끼리도 서로의 글을 읽고 댓글을 달며 상호작용이 이뤄지기도 하고, 가족과 지인에게도 링크를 전달하여 생태시를 퍼뜨렸다.

여기에 그치지 않고 생태시를 영상으로 제작하여 유튜브에 올리고, 편집 활동을 하여 학기 말에 〈세상을 바꾸는 생태시 사진첩〉도 출간하였다. 학생들은 책 출간과 함께 발생하는 인세는 전액 환경 기부금으로 쓰기로 서명하였다. 〈산소발자국을 따라서 지구 지키기〉를 쓴 선배들이 전국적으로 기부 환경 특강을 한 것처럼 환경 메시지를 전달하는 기부 특강도 하겠다고 했다. 〈세상을 바꾸는 생태시 사진첩〉의 학생 저자인 '생태 쓰기 작가단' 94명의 학생 중 일부 학생은 출간 활동에 그치지 않고 '함께 변화하기'를 촉구하는 환경 편지를 전국 시도교육감 및 여러 단체에 보내어 환경 캠페인 활동을 했다. 생태전환교육과 함께 각 지역에서 할 수 있는 노력을 함께하자는 편지를 써서 생태시집을 포장하고 택배에 마음을 담아 보냈다.

　이 프로젝트로 인해 늘 긴장되고 촉박한 일정을 보내는 학생들이 허리를 뒤로 젖혀 하늘을 바라보는 일이 생겼다. 허리 숙여 땅을 보기도 하고, 주변의 친구도 이웃도 생각하게 되었다. 먼 나라 이웃이 겪은 기후재난 이야기에 마음 아파하며 생태·환경 글 읽기를 넘어 행동하려고 노력하는 학생들이 하나둘 늘어나는 점이 큰 변화였다.

온라인 플랫폼 및 주변에 생태시 퍼뜨리기(기후 행동) 및 활동 소감 나누기

〔핵심 질문〕
1. 생태시를 통해 나의 목소리를 온라인과 대면으로 어떻게 확장할 수 있는가?
2. 생태시와 기후 행동이 어떻게 연결되어 있으며, 어떻게 더 큰 변화를 만들 수 있을까?

1. 기후위기 극복을 위해 생태시를 통해 나의 목소리를 온라인과 대면으로 어떻게 확장시켰는가?

2. 생태시를 공유하거나 편지를 전달하는 과정에서 무엇을 느끼고 배웠는가?

3. 기후위기 극복을 위해 내가 지금 실천할 수 있는 작은 행동은 무엇인가?

---

1)　생태소양이란 지구상의 생물을 가능하게 하는 자연 시스템을 이해하는 능력을 말한다. 이 용어는 미국 교육학자인 데이비드 오어(David W. Orr)와 물리학자인 프리초프 카프라(Fritjof Capra)에 의해서 1990년대에 만들어졌다. 수십 년 내에, 인간의 생존은 우리의 생태소양에 달려 있다고 말한다.

9차시   국어, 환경   #탐구문제 #매체읽기 #연설문 #주제토의

차시	활동	관련 교과	2022 개정 교육과정 성취기준
1	• 프로젝트 안내 • 탐구 설계하기(탐구 계획서 작성) 　- SDGs와 K-SDGs 이해 　- K-SDGs 문제 해결을 위한 탐구 질문 만들기 　- 탐구 질문을 해결하기 위한 탐구 과정 설계하기	국어	〔10공국2-02-02〕 동일한 화제의 글이나 자료라도 서로 다른 관점과 형식으로 표현됨을 이해하며 읽기 목적을 고려하여 글이나 자료를 주제 통합적으로 읽는다.
		환경	〔CT-1〕 지속가능하고 좋은 삶의 의미를 성찰하기
2~3	• 탐구 문제를 해결하기 위한 매체 읽기 　- 다양한 글이나 자료, 책, 매체를 주제 통합적으로 읽기 　- 탐구 문제 해결 과정 정리 및 해답 찾기	국어	〔10공국1-02-02〕 자신의 진로나 관심 분야와 관련한 다양한 글이나 자료를 찾아 주제 통합적으로 읽고 읽은 결과를 공유한다.
		환경	〔PS-4〕 환경문제-목표-해결책 사이의 의존 관계를 이해하고 최선의 대안을 선택하기
4~5	• 학생 전문가 회의 연설을 위한 연설문 작성하기 　- '동기화 단계'에 맞게 설득하는 글쓰기 원리 알기 　- 설득하는 글쓰기 및 효과 확인하기 　- 연설문 초고 쓰기 및 합평하기(교사 피드백)	국어	〔10공국1-03-01〕 내용 전개의 일반적 원리를 고려하여 사회적 쟁점에 대한 자신의 견해를 정교하게 표현하는 글을 쓴다.
		환경	〔PS-4〕 상동
6~8	• 학생 전문가 회의 연설 및 주제 토의 　- 탐구 질문과 관련하여 구체적인 '행동' 메시지를 전달 　- 학생 전문가 회의 연설 및 주제 토론: 3분 발표 및 질의응답, 주제 토의(7~8명 기준)	국어	〔10공국2-01-01〕 청중의 관심과 요구에 맞게 내용을 구성하여 발표하고 청중의 질문에 효과적으로 답변한다.
		환경	〔PS-7〕 임시방편적 처방을 넘어 탄소중립 사회를 향한 통합적, 근본적 해결책을 지향하기
9	• 주제 통합 글쓰기 　- 온라인 플렛폼 활용하여 퍼뜨리기 및 상호작용 댓글 쓰기	국어	〔10공국2-02-03〕 의미 있는 사회적 독서 활동에 참여함으로써 타인과 교류하고 다양한 지식이나 정보, 삶에 대한 가치관 등을 이해하는 태도를 지닌다.
		환경	〔PS-9〕 환경문제 해결의 어려움을 알고 개인적 실천을 넘어 사회적 전환 운동에 참여하기

최근 들어 지속가능발전, 지속가능성이라는 말을 흔하게 사용한다. 좀 더 진지하게 지속가능한 삶을 이야기해 보고 싶었다. 어떤 주제를 정하면 지속가능한 삶에 관한 이야기를 깊이 있게 다룰 수 있을까? 텍스트는 무엇으로 하면 좋을까? 어떤 문제가 더 중요하고 시급한지 고민할 때, 지속가능발전목표(SDGs)[2]를 알게 되었다.

이에 K-SDGs 콘퍼런스 프로젝트라는 이름으로, 국어와 환경 융합형 수행평가로 하여 주제를 탐구하고 현실의 문제 해결을 두고 토의하는 과정을 담은 수업을 진행하였다.

이 프로젝트의 의도는 함께 살아가기 위해 해결해야 할 문제와 해결책을 학생 수준에서 나름대로 심도 있게 다루고, 토의를 통해 견해를 효과적으로 전달하고 함께 해결책을 모색하는 경험을 하는 것이다. 컨퍼런스(conference)는 '공통의 전문적인 주제를 가지고 비교적 긴 시간에 걸쳐 열리는 대규모 회의'를 말한다. 학생들이 일상적 삶을 확장하여 타인과의 삶과 연결하여 좀 더 전문가적인 자세를 지니고 문제를 다루었으면 해서 콘퍼런스라는 이름을 덥석 사용했다.

두 번째 해에는 조금 더 수업의 의도에 가깝게 이름을 바꾸고 싶었다. 전문가 회의에 초대받은 우리 학생들이 학생 전문가로서 목소리를 내는 상황임을 가정하여 '학생 전문가'라고 명명하기로 합의했다. 그렇게 해서 '학생 전문가 회의 프로젝트'라는 이름이 만들어졌다. 과정 중심 수행평가로 진행하였으며, GRASPS 모델로 정리하면 다음과 같다.

평가 목표 (goal)	1. K-SDGs를 이해하고 관련된 사회적 쟁점, 문제를 파악하여 이를 해결하기 위한 학생 전문가 회의 및 청중 토의를 진행할 수 있다. 2. 지속가능성과 형평성의 측면에서 문제 해결 방안을 제안하며, 우리가 주체적으로 참여할 수 있는 활동을 찾아서 제안할 수 있다.
학생의 역할 (role)	K-SDGs 관련 문제 해결을 위한 학생 전문가 회의 연사
청중 (audience)	K-SDGs 관련 문제에 관심을 가지고 탐구 활동 중인 학생들
문항(상황) 제시 (situation)	당신은 'K-SDGs 관련 문제 해결을 위한 학생 전문가 회의' 참석 연사입니다. 회의에는 K-SDGs 상위 목표와 세부 목표에 관심을 가지고 탐구 활동을 진행 중인 학생들이 참석하였습니다. 각자 자신이 탐구한 문제와 해결책을 제시하여 발표하고, 청중 토의를 통해 관련 문제를 심도 있게 다루고자 합니다. 피상적인 해결 방안이 아닌, 구체적이고 즉각적 행동을 제안할 수 있도록 '동기화 단계'에 맞는 연설문(설득하는 글)을 준비해서 발표해 주세요.
평가 도구 또는 결과물 (product)	온라인 플랫폼에 제출한 연설문, 교실에서 실시한 '학생 전문가 회의' 연설 및 청중 토의 결과지, 주제 통합 글쓰기
평가 준거 (standards)	• K-SDGs 탐구 문제 인식이 명확하게 드러나는가? • K-SDGs 탐구 활동 계획서를 체계적으로 작성하고 탐구 활동을 진행하였는가? • K-SDGs 학생 전문가 회의 연설문이 동기화 단계와 전략을 활용하여 효과적으로 작성되었는가? • K-SDGs 학생 전문가 회의 연설이 논리적이고 설득력 있게 전달되었는가? • K-SDGs 학생 전문가 회의 연설을 잘 듣고 청중 토의 활동에 적극적으로 참여하였는가? • K-SDGs 학생 전문가 회의 연설문을 온라인 플랫폼에 공유하고 사회적 상호작용 후, 프로젝트 전 과정을 돌아보는 주제 통합 글쓰기를 완성하였는가?

차시	활동	비고
1	• 프로젝트 안내 • 탐구 설계하기 - SDGs에 대한 이해(영상 보기 및 세부 목표 살피기) - K-SDGs 문제 해결을 위한 탐구 질문 만들기 - 탐구 질문을 해결하기 위한 탐구 과정 설계하기	▢ 자료: 인터넷 기사문 검색 ○ 평가: 탐구 계획서 작성 (수행)

　　지속가능발전목표(SDGs:Sustainable Development Goals)에 관한 이해를 바탕으로 우리나라의 현실에 맞는 목표를 설정한 것이 K-SDGs(Korean Sustainable Development Goals)이다. '모두를 포용하는 지속가능 국가'라는 비전을 내걸고, 이를 실천하기 위한 17개 목표와 119개 세부 목표를 제시했다. 지속가능발전목표 포털에서 그 세부 내용을 살펴볼 수 있다. 첫해에는 17개 영역 중에 '환경'과 직접 연결되는 영역으로만 한정했지만, 두 번째 해에는 제한을 두지 않고 탐구하고 싶은 세부 목표를 고르도록 했다.

　　이후 세부 목표와 관련된 문제 상황을 제시한 기사문을 키워드 중심으로 다양하게 찾고, 그것을 바탕으로 자신만의 탐구 문제 인식 단계를 정리하도록 했다. 많은 학생이 문제 제기 및 탐구 과정 설계를 어려워했기 때문이다.

　　모둠원과는 각자의 과제를 어떻게 진행하고 있는지, 주제와 방법을 공유하고 어려움이 있을 때 서로 협의할 수 있도록 했다. 탐구 인식, 문제 해결을 위해 꼭 읽어야 할 도서 선정, 참고 문헌 목록 작성 등을 담은 탐구 계획서를 작성한다. 교사는 탐구 계획에 문제는 없는지 학생과 일대일 면담, 또는 모둠별 면담을 통한 피드백을 진행하여 방향성을 명확히 하도록 한다.

탐구 계획서 작성하기

〔핵심 질문〕
1. SDGs와 K-SDGs를 이해하고, 자신이 해결하고자 하는 문제는 무엇인가?
2. 탐구를 어떻게 진행할 것인지 탐구 계획서를 작성할 수 있는가?

1. 자신이 관심을 가진 SDGs와 K-SDGs 영역과 세부 목표를 적어 보시오.

2. 1에 답한 영역에 관심을 가지게 된 동기를 작성해 보시오. (관련 기사문이 있다면 링크를 제시하고, 기사문의 핵심 내용을 요약하여 탐구 동기 작성에 활용하세요.)

3. 1, 2를 바탕으로 탐구 계획서를 작성해 보시오.

K-SDGs 문제 해결을 위한 탐구 계획서		
구분		내용
① 탐구 주제		
② 문제 제기(관련된 기사문 링크, 요약문 포함)		
③ 탐구 질문(문제 해결과 직접 연관된 질문)		
④ 미리 알고 있는 지식, 정보 정리(간단하게)		
⑤ 다양한 매체 읽기(자료 수집 및 방법)	책 목록	
	논문 목록	
	영상(뉴스, 다큐멘터리, 전문가 인터뷰 등 포함)	

⑥ 예상되는 해결책	
⑦ 기타(탐구 설계 시 질문) ※ 모둠원 및 교사 피드백이 필 　요한 질문을 적도록 함.	

차시	활동	비고
2~3	• 탐구 문제를 해결하기 위한 매체 읽기 　- 다양한 글이나 자료, 책, 매체 내용을 주제 통합적으 　　로 읽기 　- 탐구 문제를 해결하기 위한 과정 정리 및 탐구 질문에 　　대한 답 찾기	▢ 자료: 인터넷, 도서, 　논문 검색 사이트 ◯ 평가: 탐구 질문에 　해답 찾으며 매체 읽 　기(수행)

　　2차시부터는 탐구 계획서에 적은 탐구 문제를 해결하기 위한 매체 읽기 활동
이 시작된다. 이 활동을 하기 전에 탐구 질문을 점검할 필요가 있다. 여러 점검
사항이 있겠지만, 범위가 좁고 구체적인 질문이 되도록 피드백하여 수정한다.
학생들이 정하는 탐구 질문의 범위가 넓어서 탐구 활동이 어려워지는 경우가 많
기 때문이다.

　　탐구 질문은 명확하고 간결하게 표현한다. 도서, 기사문, 논문, 영상 등 해답
이 될 만한 다양한 매체를 읽고 〈활동지 2〉를 바탕으로 내용을 정리하여 기록한
다. 이 과정을 주 1회, 2주로 진행하면서, 관련 도서를 항상 책상 위에 두고 수
시로 보도록 권했다. 수업을 마칠 때는 모둠원끼리 각자가 읽고 정리한 매체 내
용을 탐구 질문과 연관 지어서 설명하는 시간을 가진다. 이때 모둠원끼리 자연
스럽게 질의응답을 할 수 있으며, 그 내용은 메모해서 청중의 수준과 요구를 파
악하는 자료로 삼도록 한다.

탐구 문제를 해결하기 위한 매체 읽기

〔핵심 질문〕
1. 탐구 질문과 관련된 답을 찾고 통찰하려면 무엇을 해야 할까?

탐구 질문	
책/논문/영상/ 기사 등	1. 제목(지은이)을 적으시오. 2. 주요 내용을 요약하시오. 3. 탐구 질문과 관련된 부분을 메모하시오. (쪽수, 해결방안) 4. 새롭게 알게 된 점, 느낀 점을 적으시오.

차시	활동	비고
4~5	• 학생 전문가 회의 연설을 위한 연설문 작성하기 – '동기화 단계'에 맞게 설득하는 글쓰기 원리 알기 – 설득하는 글쓰기 및 효과 확인하기	□ 자료: 동기화 단계에 맞는 글쓰기 예시 자료 ○ 평가: 설득하는 글쓰기 (수행)

동기화 단계에 맞게 설득하는 글쓰기(연설문 작성하기)

〔핵심 질문〕
1. 연설 주제와 설득 전략을 잘 담은 연설문을 쓰려면 어떻게 해야 할까?
2. 청중이 연설에 관심을 가지고 행동할 수 있도록 유도하려면 어떤 경험과 사례를 제시해야 할까?

1. 설득하는 메시지 조직하기

　담화에서 메시지 수용 대상으로서의 청자를 면밀히 고려하지 않는다면 설득이라는 현상은 쉽게 일어나지 않는다. 그래서 설득 담화 구조는 인간이 메시지를 수용하는 내적 과정과 밀접하게 연관되어 있다. 설득력 있는 메시지를 조직하기 위해서는 논리적이면서도 상대가 이를 인지적, 심리적으로 처리하기 편하도록 내용을 구조화한다.

　'동기화'의 사전적 의미는 "자극을 주어 생활체로 하여금 행동하게 만드는 일"이다. 쉽게 누군가의 마음이 강한 내적 동기, 즉 의지에 의해 행동에 이르게 하는 것을 의미한다. 청자나 독자의 마음이 움직이는 과정을 5단계로 나눠 메시지를 조직하는 것을 동기화 단계라고 한다.

2. 동기화 단계 조직의 세부 단계

① 주의 끌기	청자나 독자의 주의를 환기한다. 설득에 앞서 청자는 화자의 주의를 끌어야 한다. 즉 화제에 대한 흥미나 관심을 유발하는 단계이다.
② 요구	문제를 청자나 독자와 관련지어 청자나 독자의 요구를 자극한다. 요구 단계에서는 현재의 문제를 규명하여 그 심각성을 상세히 부각하고, 변화의 필요성을 명백히 진술하는 것이다. 문제의 심각성을 입증하기 위해 통계, 연구 결과, 실례, 증언 등의 주장을 뒷받침할 수 있는 증거 자료를 사용하는 것이 효과적이다. 특히 문제가 청자 또는 청자가 속한 공동체에 영향을 미치며 그 피해가 크다는 것을 부각시키면 더욱 효과적이다.
③ 만족	해결방안을 제시하여 청자나 독자의 이해를 돕고 만족시킨다. 이 단계에서는 청자의 요구를 만족시킬 수 있는 구체적인 해결방안을 제시하고 그 실현 양상을 설명해 주어야 한다. 이때 너무 추상적이거나 모호한 것은 좋지 않으며 구체적이고 실현 가능성 있는 해결방안을 제시해 주어서 설득의 대상이 되는 화자가 이를 들음으로써 어느 정도 이해하고 예상되는 결과로부터 만족할 수 있도록 하는 것이다.
④ 시각화	해결방안이 어떤 도움을 주는지를 밝혀 청자나 독자의 요구를 강화한다. 해결방안으로 얻을 이익을 구체적으로 제시해야 하고 그에 대한 생동감 있는 이미지를 제시해 준다. 특히 이익의 개인적인 영향에 대해 구체적으로 개별 청자에게 어떻게 와닿을 수 있는지에 대해 구체적으로 설명하여 화자의 주장을 수용하고자 하는 욕망을 극대화하도록 한다. 시각적인 자료는 신뢰감을 더욱 줄 수 있도록 신중하게 선정해야 하며 너무 어렵고 복잡한 것보다는 이해하기 쉬운 것이 좋다.
⑤ 행동	구체적인 행동의 내용과 방법을 제시하여 청자나 독자가 행동하도록 한다. 이 단계에서는 청자에게 요구되는 행동을 구체적이고 명확하게 제시해야 한다. 호소력 있게 행동을 유발하여 전체 내용을 마무리하고 특히 화자가 주장하는 행동과 앞서 제기했던 문제의 해결을 연관 지어 설명하여 청자에게 해당 행동이 어떤 식으로 문제를 해결할 수 있는지에 대해 알려준다. 이 단계는 실제 행동으로 이어지도록 하는 단계이다.

3. 동기화 단계 조직의 예시 자료를 참고하여 연설문 조직하기

4~5차시는 '학생 전문가 회의 연설을 위한 연설문 작성'을 한다. 이 회의에서 연설은 실제 탐구한 과정과 자신만의 해결책을 기반으로 청중의 마음을 움직이고 행동할 수 있도록 설득하는 메시지를 효과적으로 전달하는 것을 목표로 한다.

동기화 단계로 연설문을 작성하기 위해 〈활동지 3〉과 같이 동기화 5단계(주의 끌기-만족-해결-시각화-행동) 구성 및 단계별 특징을 파악하고, 예시글을 바탕으로 동기화 단계로 전할 때의 설득력을 체감할 수 있도록 한다.

5단계로 구성한 연설문 예시 작품을 바탕으로 연설문을 쓴다. 3분 내 발표할 수 있도록 1,500자 이내로 작성하게 한다. 학생들은 주의 끌기와 만족 단계(문제 제기)에 많은 이야기를 담고, 뒤로 갈수록 문장이 짧아지는 경향이 있다. 자신만의 탐구 질문에 대한 해답을 제시하고, 이 해결책이 우리에게 너무나 이득이 되므로 바로 받아들이고 행동하고 싶은 마음이 들 수 있도록 제안하는 '해결-시각화-행동'의 단계까지 각 문단이 균형감 있게 글을 적을 수 있도록 안내한다. 동기화 단계가 익숙하지 않아 어려워하는 학생들은 개별 피드백을 하도록 한다. 필자는 동기화 단계를 활용한 글쓰기를 통해 설득력을 높이는 효과를 극대화할 방법이 있다는 것을 알게 하고 싶었다.

4차시에는 연설문 초고 쓰기까지 진행한다. 5차시에는 모둠원끼리 연설문을 돌려 읽으면서 질문 및 설득 전략이 좋다고 생각하는 부분을 확인하고 포스트잇에 적어서 전달하며, 상호 질의하는 과정을 꼭 거치도록 한다. 이때, 탐구 주제가 비슷한 영역의 학생들끼리 한 모둠원으로 구성하는 것도 좋다.

5차시를 마칠 때는 6~8차시에 이뤄질 발표와 청중 토의 과정 및 기록지 사용법을 간략히 소개하고, 발표에 사용할 PPT를 동기화 단계에 맞게 슬라이드 7~8장에 맞춰서 다음 수업 전에 제출하도록 한다. 슬라이드 수를 제한함으로써 발표 내용의 핵심을 담도록 한다.

차시	활동	비고

6~8	• 학생 전문가 회의 연설 및 주제 토의
	  - 탐구 질문과 관련하여 구체적인 '행동'메시지를 전달
	  - 학생 전문가 회의 연설 및 주제 토론: 3분 발표 및 질의응답, 주제 토의(7~8명 기준)
		□ 자료: 청중 기록지
		○ 평가: 청중 기록지 작성(수행)

9	• 주제 통합 글쓰기 - 온라인 플랫폼 활용하여 퍼뜨리기 및 상호작용 댓글 쓰기	□ 자료: 온라인 플랫폼 ○ 평가: 주제 통합 글쓰기 및 댓글(수행)

6~8차시 학생 전문가 회의 연설 및 주제 토의는 학생 수에 따라 차시를 조정할 수 있다. 전문가 발표 시간은 3분 이내로 하며, 발표 시간에 맞게 말하는 연습을 위해서 타이머를 보이는 곳에 두고 발표하도록 하였다. 모둠별 1명씩 순서대로 나와 발표하고, 전체를 대상으로 한 질의응답 시간을 가진다. 발표를 모두 마치면 각 모둠으로 돌아가서 한발 나아가는 주제 토의를 하였다. 발표자가 어떻게 탐구 계획을 하고 어떤 책을 읽고 정리하였는지, 연설문 초고를 어떻게 썼는지를 보면서 모둠 내에서 좀 더 심화된 주제 토의를 진행하도록 하였다. 전체 주제 토의를 하려면 비슷한 수준의 배경지식이 있어야 하므로 특정 주제로 한정하여 탐구 활동을 한다.

청중 기록지의 경우, 연설의 핵심 내용과 개별 질문, 청중 토의에서 다뤄지는 내용을 메모하는 용도로 활용했다. 청중에게 할 일을 꼭 줘야 하며, 나아가 연설자의 발표 내용이 얼마나 설득력이 있었는지, 발표 태도는 어떠하였는지와 관련된 항목도 점검한다. 다만, 연설 중 인상 깊게 들은 점 정도만 메모하고, 분석적인 기록 형태는 지양한다.

첫해에는 평가 항목별로(동료 평가는 아니었지만) 점검하고, 서술할 수 있도록 청중 기록지를 만들어서 줬다. 학생들은 3분 동안 기록지를 작성하느라 발표자에게서 시선을 떼고 있는 경우가 많았다. 그래서 다음 해에는 토의를 위한 질문을 작성하고 어떻게 이야기가 진행되고 마무리되는지를 메모하도록 하는 데 초점을 뒀다.

3부까지 반복적으로 이뤄지는 발표와 주제 토의 방식이 하나의 루틴이 되어서 학생들이 익숙하게 받아들이는 점은 반길 일이었으나, 청중 질의나 주제 토의가 피상적으로 흐르는 모둠이 생기는 반도 있었다. 발표 날마다 칠판에 종이 현수막으로라도 붙이고 공적인 연설과 토의의 장이 이뤄지는 분위기를 연출하여, 학생들이 그 장면에 더 몰입할 수 있도록 했다. 학생 수에 따라서 2부 발표로 마칠 수도 있다. 발표와 토의 기간을 마친 후에는 '주제 통합 글쓰기'를 마지막 단계로 진행한다. 탐구 과정에서 배운 점, 느낀 점, 개선할 점 등의 필수적으로 작성해야 하는 내용 요소를 제시하는 게 좋다. 탐구 과정에서 가장 어려웠던 점과 어려운 점을 어떻게 극복했는지를 묻기도 하고, 이 프로젝트 활동 이전과 이후, 가장 큰 변화는 무엇인지도 살펴보도록 한다. 발표 영역이 있었으니 자료 준비와 자기 평가도 포함한다.

이 프로젝트 활동을 통해 학생들이 가장 인상 깊어 했던 부분은 '연설' 장면이었다. 한 번도 배워 본 적 없는 동기화 단계로 청중을 설득하는 메시지를 전달하는 방법을 익힌 것, K-SDGs를 살펴봄으로써 사회적 현상과 갈등을 보는 안목이 생긴 점, 해결책을 찾아 토의하는 과정을 몸소 경험한 점도 흥미로웠다고 말했다. 긴 프로젝트가 가지는 어려움이 있지만, 그 과정에서 학생들은 사고력과 의사소통 능력을 종합적으로 발전시킬 수 있을 것이다. SDGs를 지역적 관점에서 삶의 문제로 연결하고 탐구해 본 경험자로서 학생들은 삶의 문제를 더욱 주도적으로 해결해 나가리라 믿는다.

---

2) 2015년 제70차 UN총회에서 2030년까지 달성하기로 결의한 의제인 지속가능발전목표(SDGs:Sustainable Development Goals)는 지속가능발전의 이념을 실현하기 위한 인류 공동의 17개 목표이다. '2030 지속가능발전 의제'이라고도 한다. '단 한 사람도 소외되지 않는 것(Leave no one behind)'이라는 슬로건과 함께 인간, 지구, 번영, 평화, 파트너십이라는 5개 영역에서 인류가 나아가야 할 방향성을 17개 목표와 169개 세부 목표로 제시하고 있다. (출처: 지속가능발전포털)

주제

3

활동했다면,
기록하고 공유하라!

프로젝트 1. 환경활동 하고 책으로 출판하기

11차시	동아리 활동	#환경윤리 #텃밭 #친환경제품 #무포장가게 #플로깅 #책만들기

차시	동아리 활동 계획	환경교육표준(수행기대에 따른 수준별 성취기준) 4단계(고등학교) 내용

1	환경문제
	의식 깨우기
	(교육 및
	향후 활동
	내용 논의)
		〔EA-4〕인간-생물-지구가 하나라는 개념을 바탕으로 새로운 환경윤리를
		받아들이기
		- 자연과 생명에 대한 다양한 윤리적 관점을 비교하고, 자신이 지지하는
		  입장이 무엇인지 근거와 함께 제시한다.
		- 인수공통감염병 사건 등을 활용하여 인간, 생물, 지구생태계의 건강이
		  하나로 연결되어 있음을 설명한다.

2	텃밭 가꾸기	〔EA-5〕체험을 통해 환경의 아름다움과 신비함을 느끼고 자유롭게 표현하기 - 하루 중에서 (또는 최근에) 생명의 아름다움을 느낀 순간을 글이나, 음 악으로 표현한다.

3	친환경
	제품 체험
		〔EA-2〕끊임없이 진화하는 자연환경 속에서 인간과 지구(자연)의 관계를
		성찰하기
		- 인류세가 어떤 의미인지 조사하고, 기후변화 속에서 인간과 자연의 관계
		  와 인간다움의 의미에 대해 토론하고 발표한다.
		〔EA-3〕인간 존재의 다면성을 이해하고 자연과 타인에 대한 의존성과 책
		임감을 인식하기
		- 인간의 사회적 위치와 역할에 따라 자연을 대하는 관점이나 책임감이 달
		  라짐을 사례를 통해 설명한다.

4	환경 책
	소개하기
		〔CT-5〕환경문제를 사회경제적 쟁점과 연결 지어 탐색하고, 대안을 모색하기
		- 기후 위기 현상을 이해할 때 제국주의, 차별, 가부장제 등을 중요하게
		  고려해야 함을 알고 지속가능한 미래를 위한 기후 위기 대응 방향과 관
		  련한 사례를 탐구한다.

5	환경 책
	만들기
	(1차
	편집회의)
		〔CT-8〕풍요와 성장의 한계라는 관점에서 지속가능한 사회의 조건을 제시
		하기
		- 환경 정의의 측면에서 지속가능성을 갖춘 탄소중립 사회를 만들기 위한
		  실천 사례를 조사하고, 이를 바탕으로 지속가능한 미래 사회의 모습을
		  제안한다.
		〔WT-4〕다양한 수준에서 소속감과 연대감을 가지고 집단지성을 발휘하기
		- 학교, 지역사회 등에서 구성원들과 환경문제 해결을 위해 정보·공간·
		  기술을 공유하는 프로젝트를 기획하고 참여한다.

6	요리 동아리와 협업	〔WT-2〕 개인과 집단 사이의 공통적이지만 차별화된 책임감을 인식하고 참여하기 - 환경문제 해결을 위한 개인, 집단, 국가의 협력과 노력 사례를 조사하고, 지구생태시민으로서 내가 기여할 수 있는 방안을 탐색한다.
7	쓰담 걷기 (플로깅)	〔WT-5〕 지속적인 소통과 교감을 통해 돌봄과 배려의 문화를 확산하기 - 환경문제 해결을 위해 온오프라인 공간에서 학교, 지역사회 등의 구성원들과 협력하여 돌봄과 배려의 문화를 확산하기 위한 프로젝트를 기획하고 실천한다.
8	지역 내 친환경 업소 탐방	〔EA-6〕 나와 지역(장소) 사이의 연결성을 깨닫고 소속감과 연대감 갖기 - 우리 지역만의 정체성을 사회적, 문화적, 생태적 차원에서 정리하고, 지역의 특징이 자신의 삶과 가치관에 어떤 영향을 주고 있는지 발표한다. - 기후변화와 생물다양성 감소 등 지구적 환경문제가 우리 지역에 미치는 영향과 이에 대응하기 위해 지역에서 함께 할 수 있는 것을 찾아서 제안한다.
9	환경 책 만들기 (2차 편집회의)	〔CT-8〕 풍요와 성장의 한계라는 관점에서 지속가능한 사회의 조건을 제시하기 - 환경 정의의 측면에서 지속가능성을 갖춘 탄소중립 사회를 만들기 위한 실천 사례를 조사하고, 이를 바탕으로 지속가능한 미래 사회의 모습을 제안한다. 〔WT-7〕 효과적인 소통과 협력을 위해 새로운 정보통신기술을 활용하기 - 환경 관련 정보의 소비자를 넘어 책임 있는 생산자로서 다양한 매체를 활용하기 위한 기술을 익히고 영상, 글, 그림 등을 제작하여 소통과 협력을 촉진하기 위해 노력한다.
10 ~11	동아리 발표회 준비, 최종 원고 검토 동아리 발표회	〔CF-5〕 불확실성으로 인한 감정적 변화에 대해 소통하고 우리 안의 변혁력에 대한 믿음을 갖기 - 다가올 미래의 불확실성에 대응하고 지속가능한 생태문명으로 전환하기 위해 개인적·사회적 차원의 활동에 주체적으로 참여한다. - 기후변화, 불평등의 심화 등 앞으로 다가올 미래사회 변화에 대해 다양한 주체가 서로 소통하고 공존하는 네트워크를 구성하여 창의적인 대응 방안을 제안하고 공동으로 실천한다.
특이 사항	동아리 활동 시간 외에도 텃밭 관리	
안전 지도 계획	• 대중교통 이용 시 안전 수칙을 지킨다. • 텃밭 관리 안전 수칙을 이해하고 농기구의 바른 사용법을 익힌다.	

동아리 활동을 통해 꼭 하고 싶었던 것은 '전문가 강의', '친환경 제품 체험' 그리고 '활동 내용을 책으로 출판하기'였다. 이런 활동들을 위해서는 기본적인 교내 동아리 지원금 외에 추가 예산을 확보하는 것이 중요하다.

3, 4월에 '환경'이나 '생태' 관련한 전국, 도 단위, 시 단위 등 지원금 공문이 많이 내려온다. 처음에 전국 단위 지원금을 도전했으나 떨어졌고, 시 단위 지원금 추가 신청 기간에 지원해서 100만 원을 받게 됐다. 지원금을 받았으므로 용인시 기후 위기 대응 환경 정책 제안 발표회와 환경 동아리 성과 발표회에 필수로 참가해야 했다. 금액을 집행하고 결산 보고서도 제출해야 한다.

한편 학교 동아리 활동 지원비를 통해서도 자금을 확보할 수도 있다. 보통 동아리별 예산도 있고 예비비로 잡아두는 금액도 있어서 한발 앞서 확인하면 동아리 지원금을 확보할 수 있다. 예산을 충분히 확보하면 학생들이 좀 더 다양한 활동을 금전적 부담 없이 할 수 있었고, 다른 학교와의 교류를 통해 식견을 넓히는 계기도 되었으니 한 번쯤 도전할 만하다.

자금이 확보되면, 동아리 활동 계획을 짠다. 흥미롭고 다양한 활동을 할 수도 있고, 이 중 한두 가지만 골라 꾸준히, 깊이 있게 할 수도 있다. 가장 중요한 것은 동아리 시간에는 학생들끼리, 교사와 학생 간에 충분히 라포르를 형성하고 환경문제에 대한 문제의식을 일깨우는 것이다.

무엇보다 동아리 활동은 학생 주도적이어야 한다. 그러나 모든 학습자가 모든 상황에서 주도성을 가지는 것은 어려운 일이다. 따라서 제한된 시간과 상황 속에서 어떻게 하면 교사와 동료에 의해 학생들의 주도성 역량을 극대화할지 고민하는 것이 중요하다.

차시	활동	비고
1	**〈환경문제 의식 깨우기〉** 1. 도입: 자기소개 및 가입 동기 발표 2. 전개: 환경전문가와의 온라인 실시간 만남 　가. '나'와 자연, 동물 연결 지어 생각하기 　나. 식재료와 관련된 환경 이슈 배우기 3. 정리: 느낀 점 나누기 및 동아리 활동 계획 　의논하기	※ 주의점: 강사 섭외 및 강 　사비 사전 내부 결재 ○ 방과후 미션: 집이나 주변 　마트에서 '팜유' 성분 확인 　하기 또는 난각번호 확인 　해서 인증 사진 보내기

　환경 동아리에 참여하는 교사와 학생들은 자연의 아름다움을 느끼고 소중히 하는 마음과 더불어, 우리의 일상이 환경 파괴나 동물권 등과 관련이 있다는 인식이 있어야 문제해결을 위한 고민을 시작할 수 있다고 생각한다. 그래서 공식적인 첫 동아리 시간에는 환경교육 전문가와의 실시간 온라인 만남을 가졌다. 우선 자기소개 및 가입 동기 발표하기로 시작했다. 각자의 구체적인 관심사는 조금씩 달랐지만 크게 환경이라는 주제로 한자리에 모인 학생들이 인사를 나눴다. 전문가 강의에서는 '연결'이라는 주제로 자연과 우리가 어떻게 연결되어 있는지 배웠다. 강의에서는 동물원에서 도망가지 못하도록 날개가 잘린 플라밍고, 감별과 동시에 알을 낳지 못한다는 이유로 죽임을 당하는 수평아리, 달걀에 찍힌 난각번호의 의미, 아보카도를 재배하기 위해 훼손되는 삼림과 농장을 차지하기 위한 쟁탈전 등에 대해 다루었다. 그리고 수입 식자재는 대부분 저개발국가에서 플랜테이션(대규모 단일 경작)의 형태로 재배되기 때문에 지역 자연을 훼손하고, 멀리 이동하는 과정에서 탄소발자국도 높다는 사실도 배웠다. 평소에는 자신이 환경 훼손이나 동물권을 침해한다는 의식이 없던 학생들이 강의를 통해 '나'와 연결된 자연 파괴, 동물권 침해 등을 깨닫고 약간의 충격에 빠졌다. 특히 학생들은 수평아리의 죽음과 여러 식품에 사용되는 팜유가 플랜테이션의 결과물이라는 사실에 놀라워했다. 강의 후 앞으로 동아리 시간에 어떤 활동이 이어질지에 대한 논의를 했고, 학생들에게 집이나 주변 마트에 가서 난각

번호 또는 식품 재료 항목에서 팜유 찾아보기 등의 미션을 주기도 했다. 그런데 시작이 너무 진지했던 것인지, 두 명의 학생이 동아리를 탈퇴했다. 나중에 책을 만들 것이라고 강조한 것이 부담스러웠을 수도 있고, 첫 시간부터 재밌는 활동이 아닌 강의를 잡은 게 문제였을 수도 있다. 학생들과의 라포르 형성이 부족했던 것 같아 아쉬움이 남는다. 환경 동아리를 시작해 보고 싶은 선생님들에게 꼭 첫 시간은 즐겁게, 학생들과 충분히 좋은 관계를 형성한 뒤 활동에 들어가길 권한다.

차시	활동	비고
2	〈텃밭 가꾸기〉 1. 도입: 옷 갈아입기 및 농기구 사용 시 주의사항 안내 2. 활동: 텃밭 정리 및 수확물 나누기 3. 정리: 느낀 점 나누기 및 동아리 역할 모둠 구성	※ 주의점: 텀블러, 텃밭 활동을 위한 편한 옷과 신발, 채소 담아 갈 장바구니 준비할 것 사전 공지 ○ 방과후 미션: 직접 수확한 채소 먹고 단톡방에 인증 사진 보내기

2차시에는 텃밭 정리 및 수확물 나누기를 하였다. 한 달 전에 함께 심은 쌈 채소가 풍성하게 자라 학생들과 함께 수확할 수 있었다. 잡초를 뽑고 무너진 고랑을 정리할 때 땅속에서 계속 나오는 검은 비닐을 보며, 썩지 않는 비닐 사용의 폐해 및 인간이 자연에 미치는 영향에 관해 의견을 나누었다. 수확물을 나눈 뒤 소감을 나누며 텃밭 활동을 통해 평소에 흔히 볼 수 있는 채소가 밥상 위에 오르기까지 얼마나 많은 노력이 필요한지에 대해 함께 이야기해 보기도 했다. 방과후 미션으로는 수확한 채소를 먹고 인증 사진 및 소감 보내기를 수행했다.

이 시간을 통해 학생과 교사 모두 텃밭은 주기적인 관리도 필요하고, 매번 텃밭에 가면 좋겠지만 동아리 활동 시간인 2~4시에 밭일을 하는 것은 무리라는 것을 깨달았다. 게다가 옥상에 텃밭이 있어 평소에는 잠가 두고 지도 교사가 있을 때만 갈 수 있었다.

그래서 회의를 통해 환경 깨우미, 환경 알리미, 텃밭 지킴이의 세 모둠을 만들었다. 환경 깨우미는 환경 관련 도서 선정 및 배분, 발표를 진행하고, 글쓰기를 독려하며 책 만들기를 돕는 모둠이다. 책 만들 때 디자인과 편집 관련 일도 도와주었다.

환경 알리미 모둠은 친환경 제품이나 업체를 조사하고 기타 환경 정화 운동을 기획하기로 했다. 친환경 제품 체험 시 물건을 배분하는 등 주도적인 역할을 했다. 그 외에도 쓰담 걷기, 친환경 업체 연락, 책 소개 글 쓰기, SNS에 동아리 활동 소개하기 등도 했다.

텃밭 지킴이는 말 그대로 텃밭 가꾸는 일정을 정해서 공지하고, 동아리 활동 시간 외에도 텃밭 관리가 가능한 학생들 위주로 구성했다. 다 같이 텃밭에 갔을 때 사진을 찍거나, 방과 후 텃밭 활동에 참여하며 텃밭에 올라오지 못한 친구들에게 작물 사진을 찍어 공유해 주기도 했다.

차시	활동	비고
3	**〈친환경 제품 체험〉** 1. 도입: 환경 퀴즈(띵커벨 사이트 활용) 　- 우수자에게 상품 선택권 제공 2. 활동 　가. 무포장 가게에서 구매한 친환경 제품 소분하기 　나. 밀랍 랩 만들기 3. 정리: 느낀 점 나누기	□ 자료 　- 물품 구매 내역 사전 결재 및 구매 　- 띵커벨 한경 퀴즈 사전 제작 　　(www.tkbell.co.kr) 　- 가스레인지, 프라이팬, 젓가락 준비 ※ 주의점 　- 장바구니 준비할 것 공지 　- 밀랍 랩 제작 시 불을 다루므로 사전 안전교육 철저 ○ 방과후 미션: 친환경 제품 사용 인증 사진 및 후기 작성하기(구글 클래스룸)

학생들의 체험을 위해 무포장 가게(제로웨이스트 숍)에서 미리 사둔 물건들을 숨기고 몸풀기 환경 퀴즈로 3차시 활동을 시작했다. 띵커벨 사이트에서 타일

러 라쉬의 〈두 번째 지구는 없다〉를 바탕으로 초성 퀴즈를 만들고, 학생들이 각자 휴대폰으로 참여하도록 했다. 이런 과정이 번거롭다면 PPT로 간단한 퀴즈를 해도 좋다. 학생들과 함께 읽는 책이 있다면 그 내용을 바탕으로 하거나 환경 상식, 분리 배출 방법, 환경 관련 기념일 등도 퀴즈 소재로 사용할 수 있다. 퀴즈 고득점자들에게는 모두가 나눠 가질 수 없는 삼베 목욕 수건, 코끼리 똥 종이 수첩, 양말목 소품, 커피박 연필 등의 친환경 제품 선택권이 돌아갔다.

동아리에서 구매한 친환경 제품 목록

가. 모두 나눠서 사용한 제품: 대나무 칫솔, 고체 치약, 소프넛(천연세제), 온몸 비누
    (샴푸바 대용품-플라스틱 없는 세정제), 천연 수세미, 고체 두유(가루로 된 대용
    량 제품)
나. 퀴즈 상품으로 사용한 제품: 코끼리 똥 종이 수첩, 삼베 목욕 수건, 양말목 소품,
    커피박 연필
다. 직접 만들어 본 제품: 밀랍 랩 만들기 키트

본 활동으로 각각의 제품이 왜 친환경적인지 생각하면서 제품을 나누고, 일회용 랩의 대체제인 밀랍 랩을 직접 만들었다. 샴푸와 바디워시의 대용품인 온몸 비누와 고체 치약, 핸드워시나 세탁세제로도 사용 가능한 소프넛, 천연 수세미 등을 학생들이 직접 소분하여, 사전에 공지하여 준비한 장바구니에 담았다. 밀랍 랩 만들기는 포장에 있는 QR코드를 스캔하면 과정을 설명하는 영상을 볼 수 있어 어렵지 않게 진행할 수 있었다.

온라인 주문보다는 지역의 무포장 가게를 직접 방문한다면 예산에 맞게 제품을 구매하는 팁을 얻을 수도 있다. 실제로 샴푸바를 학생당 1개씩 주고 싶었으나 예산이 부족한 상황이었다. 이때 가게 사장이 샴푸바 대용품으로 온몸 비누 대용량 제품 구매를 추천하였다. 비누를 자르는 데 사용하는 도구도 빌려주어 비누 소분하기 활동도 할 수 있었다.

이 활동은 학생들이 평소 얼마나 많은 불필요한 포장을 사용하고 있는지를 깨닫게 해 주는 계기가 되었다. 그리고 학생들과 인간이 만들어낸 플라스틱이 자연에 얼마나 악영향을 미치고 있는지, 어떻게 하면 플라스틱이나 인위적인 제품을 덜 사용하는 방법 등에 대해 고민해 보았다.

차시	활동	비고
4	〈환경 책 소개하기〉 1. 도입: 멸종위기종 보드게임(S.O.S. 생물카드) 2. 전개: 책 내용 정리 및 소개하기 3. 정리: 느낀 점 나누기	※ 주의점 - 물품 구매 내역 사전 결재 및 구매 - 사전 책 배분 및 읽어 오기 안내 ○ 방과후 미션 - 못 읽은 부분 읽기, 다른 친구들 발표 자료 살펴보기 - 단톡방에 기억에 남는 멸종위기종 이름 올리기

4차시는 '멸종위기종 알아보기 보드게임'으로 시작한다. 학생들은 즐겁게 게임을 하면서 멸종위기 동물에 대해 배운다.

책을 소개하려면 내용을 알아야 하는데 함께 책을 읽을 시간이 부족했다. 따라서 학생들에게 미리 책을 읽어 오라고 했다.

자료 제작 시 꼭 들어가야 할 내용

1. 책 제목, 저자, 책 사진, 발표자 학번과 이름
2. 읽은 부분 내용 요약
3. 가장 인상 깊었던 챕터와 문장(＋이유 설명)
4. 새로 알게 된 점, 책을 읽으면서 배우고 느낀 점

학생들은 발표를 준비하는 동안 칠판에 적어둔 유의사항을 참고하여 문서 작업을 한다. 문서 작성에 익숙한 학생들은 각자의 방식으로 발표 자료를 준비하도록 했다. 줄글이나 문단 글쓰기, 발표 자료 만들기를 힘들어하는 친구들은 구

글 프레젠테이션을 활용하도록 했다. 우리의 목표는 '부족해도 일단 무엇이든 해보자'였으므로, 최소한의 통일된 틀을 제공하여 부담을 덜어 주었다. 그 결과로, 대부분 학생이 자료 준비부터 발표까지 시간 내에 마칠 수 있었다.

다양한 환경 책 읽기 방법

- 각자 다른 책 읽고 정리하여 발표하기, 퀴즈 만들기
- 모두가 같은 책을 미리 읽어 오고 관련 주제로 토론하기
- 모두가 같은 책을 챕터별로 나눠 읽고 소감 나누기와 관련 미션 하기
- 모두가 같은 책을 소리 내어 함께 읽기(돌아가며 낭독)
- 모둠별로 다른 책 선정, 같은 모둠 안에서 같은 책 읽고 활동하기

환경 책 읽기에도 여러 가지 방법이 있을 수 있다. 동아리 활동을 통해 최대한 많은 책을 소개하고 싶어서 첫 번째 방법을 선택했지만 아무래도 각자 과제로 읽으니 잘 안 읽어 오기도 하고, 깊이가 부족한 면이 있었다. 따라서 한 권을 정해 여럿이서 함께 읽는 것도 추천한다.

어떤 책을 학생들과 함께 읽어야 할지 고민된다면 국가환경교육 통합플랫폼에서 2년에 한 번씩 선정하여 소개하는 우수환경도서 목록을 참고하면 좋다.[1]

차시	활동	비고
5	〈환경 책 만들기(1차 편집회의)〉 1. 도입: 직접 기른 토마토 맛보기 및 방학 중 환경보호 실천 아이디어 제안 2. 전개 　가. 책 구성 내용 및 담당자 정하기 　나. 담당 내용 조사 및 글쓰기 3. 정리: 느낀 점 나누기	※ 주의점 　- 텃밭 토마토 사전 수확 ○ 방과후 미션: 친구들이 제안한 환경보호 실천 아이디어 중 3가지를 선정하여 단체 채팅방에 올리고 실천하기

책 만들기 1차 편집회의를 시작하기 전에, 학생들의 참여를 유도하려고 '텃밭에서 기른 토마토'를 이용했다. 잘 익은 토마토를 넉넉하게 따서 냉장고에 넣어

두고, 아이들에게 일정을 공지했다. '편집회의'는 너무 딱딱하게 느껴질 수 있어 참여율 저조가 우려되었기 때문이다. 학생들과 즐겁게 토마토를 나눠 먹고, 직접 실천할 수 있는 환경보호 실천 아이디어를 나누는 것으로 활동을 시작했다.

책을 구성하는 데 마인드맵을 활용하여 아이디어를 모으는 것이 좋다. 처음부터 끝까지 학생들에게 자율성을 부여할 수도 있지만, 책 구성의 큰 틀은 교사가 제안하는 것이 시간 절약 및 효율성 향상에 도움이 된다. 필자의 경우 학생들과 1년 활동을 고려하여 마인드맵의 큰 가지로 글쓴이 소개, 환경 책 소개, 친환경 제품 소개, 텃밭 이야기, 우리 동네 친환경 지도 등을 칠판에 그려 주었다. 그리고 각 항목의 세부 사항은 학생들이 직접 마인드맵의 가지를 넓혀 가며 의논하도록 했다. 그림을 좋아하는 학생이 표지를 디자인하기로 하고, 교사가 제안한 내용에 추가하거나 뺄 것은 없는지, 각자의 자기소개 글은 어떤 순서로 배열하면 좋을지, 어느 모둠에서 어떤 꼭지를 맡을지, 평가 기간을 고려해 언제까지 글을 마감해야 할지 등에 대해서는 학생들이 토론을 통해 결정하고 역할을 분담했다. 목차까지 정리한 후 남은 시간은 각자 조사를 진행하거나 글을 썼다.

학생들은 자료를 조사하며 주고받는 과정에서 성장하는 모습을 보여 줬다. 먼저 나서거나 함께 무언가를 하는 것에 익숙하지는 않아도 맡은 일은 해내려고 노력했다. 모둠별 모임에서 서먹하게 굴다가 어느 순간 누군가 스스로 주도적인 역할을 하기도 하고, 의견을 활발히 나누기도 했다. 이날은 그 어느 때보다 더 진지하게 자신들의 현재를 배우고 미래를 설계하기 위해 집단지성을 발휘했다.

방과후 미션으로는 못다 한 조사 및 글쓰기 계속하기, 동아리 활동 시간 처음에 나눈 환경보호 실천 아이디어 중에서 3가지를 골라 방학 동안 실천하고 느낀 점 기록하기를 제안했다.

차시	활동	비고
6	〈요리 동아리와 협업〉 1. 도입: 요리 동아리와 협업 절차 설명 2. 전개 　가. 동아리 책 원고 작성 및 비건 소개 준비 　나. 동아리 활동 내용 발표 및 시식회 3. 정리: 느낀 점 나누기 및 뒷정리	※ 주의점 　- 식자재 구매 지출 결재 및 구매 　- 텃밭 채소 수확 ○ 방과후 미션: 비건식 체험담 적어 두기

　여러 학생들에게 환경문제를 알리자는 취지에서 요리 동아리와의 합동 수업을 준비했다. 요리 동아리 학생들은 텃밭에서 직접 수확한 채소와 비건 간편식을 활용하여 음식을 만들었다. 그동안 환경 동아리 학생들은 동아리 책에 들어갈 원고를 작성하고, 요리 동아리 학생들에게 환경 책과 비건 용어 등을 소개할 자료를 만들었다. 환경을 공부하는 친구들에게 '비건'은 너무도 당연한 용어지만 관심 없는 학생들에게는 낯선 용어이기 때문이다. 요리가 완성된 뒤, 환경 동아리를 대표하는 학생들이 '비건'의 개념 및 채식의 단계, 스스로 읽고 정리한 환경 책들에 대해 요리 동아리 학생들에게 소개했다. 그리고 감자전, 비건 현미 주물럭 덮밥, 비건 만둣국 등 요리 동아리 학생들이 준비한 요리를 먹으며 소감을 나눴다. '비건'이라는 말을 처음 들었다는 학생도 있었고, 고기가 들어가지 않은 냉동만두가 있다는 사실에 놀라워하는 학생들도 있었다. 음식이 환경에 미치는 영향에 대해 함께 생각해 보고, 무조건 '육식이나 간편식을 하지 말자'가 아니라 우리의 일상을 조금만 바꿔도 환경을 위한 노력이 될 수 있다는 사실을 알리는 시간이었다.

　메인 재료로 비건 간편식을 준비한 이유는 채식이 그렇게 어렵지는 않다는 점을 알리고, 요리에 실수가 있어도 어느 정도 맛이 보장되도록 하기 위해서였다. 다양한 재료를 사고 싶다면 인터넷에 '비건+원하는 재료'로 검색하면 된다. '비건 만두', '비건 치킨', '비건 어묵', '비건 참치' 등 다양한 재료를 찾을 수 있다.

단, 활동 전에 받아야 하므로 온라인 주문을 할 때에는 시간의 여유를 두는 것이 좋다. 비건 간편식으로 채식에 대한 마음의 거리감을 줄인 뒤 점차 진짜 채소만을 활용한 채식 메뉴 개발을 해보는 것도 좋다.

차시	활동	비고
7	〈쓰담 걷기(플로깅)〉 1. 도입: 학교 밖 활동에 대한 안전교육 2. 전개 　가. 학교 뒷산 쓰레기 줍기 　나. 비건 레스토랑 방문 3. 정리: 느낀 점 나누기 및 뒷정리	※ 주의점 　- 식사비 및 외부활동 계획 결재 　- 동아리 학생 외부활동 지도로 교사 출장 달기 　- 담당 부서에서 청소 용품 대여(집게, 장갑 등) 　- 비건 식당 사전 예약 ○ 방과후 미션: 쓰담 걷기 및 비건 레스토랑 방문 소감 적어 두기

쓰레기를 줍는 봉사활동을 위해 학교 뒷산 쓰담 걷기를 했다. 이때 가장 중요한 것은 안전과 일회용품 사용 안 하기이다. 활동 전날 편안한 옷과 운동화 착용을 공지하고, 나가기 전에도 걷기 코스와 주의사항을 알려주었다.

1) 너무 빠르게 이동하지 말 것.
2) 차도로 내려가지 않을 것.
3) 산기슭 등 위험한 곳에 있는 쓰레기를 무리해서 줍지 말 것.

그리고 환경 동아리가 쓰레기를 줍기 위해 일회용 비닐장갑을 쓴다면 모순이므로 일회용품을 사용하지 않도록 공지했다. 목장갑과 집게를 학교에서 미리 빌렸고, 비닐봉지 대신 교실의 다회용 부직포 분리수거함을 들고 길을 나섰다. 학생들은 돌 밑이나 울타리 구석 등 생각지 못한 곳에서 발견되는 썩지 않은 플라스틱 쓰레기에 놀라곤 했다. 올바른 쓰레기 처리를 위해 캠페인을 벌이거나 주기적인 쓰담 걷기 행사를 해도 좋겠다. 차라리 쓰레기통을 만들자는 등 다양한 의견을 나누며 행사를 이어갔다.

활동 후에는 근처 비건 레스토랑에서 식사하였다. 비건 식당의 경우 규모가 작거나 운영시간이 짧은 곳들도 많아서 예약하는 것이 좋다. 음식물 쓰레기 줄이기를 실천하기 위해 남은 음식은 미리 준비해 간 통에 담아 왔다. 모든 활동이 끝난 후 방과 후 미션으로 각자 쓰담 걷기 및 비건 레스토랑 방문 소감을 적도록 했다. 이렇게 매번 적은 글들은 후에 정리하여 동아리 책에 실리는 글의 바탕글로 활용하였다.

차시	활동	비고
8	**〈지역 내 친환경 업소 탐방〉** 1. 도입: 학교 밖 활동에 대한 안전교육 2. 전개: 마을버스 타고 무포장 가게 방문 3. 정리: 느낀 점 나누기 및 뒷정리	※ 주의점 - 무포장 가게 방문 예약 - 외부 활동 계획 결재 - 동아리 학생 외부활동 지도로 교사 출장 달기 - 버스카드 준비 공지 ○ 방과후 미션: 가족, 친구들과 새로 알게 된 물건들에 관해 이야기해 보기

학생들과 직접 친환경 제품을 판매하는 곳에 가보고자 지역에 있는 무포장 가게에 방문했다. 이동은 대중교통을 이용하였다.

방문할 가게에는 미리 연락해서 협조를 요청했다. 사장님은 학생들에게 다양한 친환경 제품을 소개하기 위해 원래 판매하지 않는 물건까지 준비해 주었다. 세제 나눔도 해 주었고, 제품 사용 방법과 우유팩 수거 방법에 대해서도 상세히 설명해 주었다. 덕분에 학생들은 기존에 경험해 봤던 고체 치약이나 샴푸바 외에도 담배꽁초 커버, 고체 향수, 면으로 된 여성 위생용품, 스테인리스 빨대, 폐지 재활용 연필 등 다양한 제품들을 꼼꼼하게 둘러볼 수 있었다.

무포장 가게들은 대체로 규모가 작고 매출도 많지 않아서 다른 일과 겸업하는 경우가 많다. 수지타산이 맞지 않아 몇 년 지나면 사라지기도 한다. 여러 사람이 가면 번잡할 수도 있고, 영업시간이 일정하지 않거나 당일 영업을 하지 않을 수도 있으므로 사전에 문의하는 것이 좋다.

평소에 관심이 없었던 장소에 자리 잡은 무포장 가게를 둘러보며 학생들은 지역사회에 대한 관심을 높이고 지속가능한 발전을 위해 개인과 기업, 지자체 등이 어떤 노력이 필요한지에 대해 고민해 보는 시간을 가질 수 있다. 그리고 '가족, 친구들에게 새로 알게 된 친환경 물건들에 대해 이야기하기'를 방과후 미션으로 주어 대화를 통해 자신들의 생각을 정리하고 다른 사람들에게도 배운 것을 전파할 수 있도록 한다.

차시	활동	비고
9	〈환경 책 만들기(2차 편집회의)〉 1. 도입: 활동 안내-원고 검토 및 당근 수확 2. 전개 　가. 환경 책 만들기 　－ 최종 원고 기한 정하기 　－ 환경 퀴즈 만들기 　－ 원고 검토 및 수정 　나. 생태교육: 텃밭 당근 수확 3. 정리: 느낀 점 나누기 및 뒷정리	※ 주의점 　－ 당근 수확 활동에 적합한 복장, 담아 갈 장바구니를 준비하도록 사전 고지 ○ 방과후 미션: 수확한 당근 먹고 느낌 적어보기

2차 편집회의에서는 동아리 책에 넣기로 한 환경 퀴즈 제작, 원고 검토 및 수정, 부족한 부분 채우기, 최종 원고 기한 정하기를 했다. 남은 시간 동안 학생들은 각자 읽은 환경 책의 내용을 바탕으로 동아리 책에 실을 환경 퀴즈를 만들었다. 그리고 학교의 태블릿을 활용하여 각자 개인 원고를 마무리하고, 내용의 수정과 보강까지 마쳤다. 2차 편집회의를 마친 후 텃밭에 가서 당근을 뽑으며 생태교육을 했다. 동아리든 학급 활동이든 학생들과 텃밭을 하면 좋은 점이 많다. 학생들은 식탁에 오르는 음식 재료가 어떻게 생겼는지, 그 재료를 얻기까지 얼

마나 큰 노력이 필요한지 배울 수 있다. 수확의 기쁨은 당연히 따라온다. 자연스럽게 생태 교육과 환경보호를 실천할 수 있는 것이다. 학생들이 책을 만드는 시간을 어려워하긴 했지만, 서로에게 환경 퀴즈를 내보는 등 자신들이 하는 작업에 뿌듯함을 느끼는 것을 알 수 있었다. 각자의 수확물을 들고 그날의 활동에 대한 소감을 나누는 것으로 동아리 시간을 마무리했다.

차시	활동	비고
10	**〈최종 원고 검토 및 동아리 발표회 준비〉** 1. 도입: 원고 배부 및 검토 계획 안내 2. 전개 　가. 최종 원고 검토 　나. 동아리 발표회 준비 3. 정리: 뒷정리	※ 주의점 　- 최종 원고 사전 출력(이면지 활용)

발표회 전 마지막 동아리 활동 시간에는 최종 원고의 인쇄본을 학생들이 직접 검토해 보도록 했다. 글의 전체 순서도 다시 생각하고, 필명이나 이름, 퀴즈 내용 등 읽으면서 틀린 곳이 없는지 찾아보도록 했다. 수정된 원고는 편집장, 부편집장이 다시 한번 검토했다.

발표회에서는 그동안 사용해 본 친환경 제품과 읽은 책, 보드게임, 동아리 출판 서적을 전시하기로 했다. 그리고 책에 실은 환경 퀴즈를 푸는 친구들에게 비건 간식을 주기로 했다. 퀴즈는 이면지에 인쇄하는 것으로 결정했다.

물건을 배치할 공간과 시간대별 부스 담당자도 정했다. 동아리 책 표지를 이면지에 출력한 포스터는 학생들이 꾸미기로 했다. 용인시 환경 동아리 성과 발표회 때 사용한 발표 자료를 이면지에 출력하여 칠판에 게시하기도 했다. 발표회 당일 아침에 준비 시간이 있어서 꾸미기에 관한 구체적인 사항은 다음 시간에 하기로 하고 교실을 정리하고 차시를 마무리하였다.

차시	활동	비고
11	〈동아리 발표회〉 1. 도입: 발표회 역할 정하기 및 부스 꾸미기 2. 전개 - 동아리 책 판매 - 환경 퀴즈 - 멸종위기종 보드게임 - 친환경 제품 및 함께 읽었던 책 소개 - 환경을 위한 약속 나무 지장 찍기 3. 정리: 뒷정리	※ 주의점 - 퀴즈 선물용 간식 구매 결재 및 구매 진행 - 꾸미기와 정리는 다 함께, 진행은 학생들을 3팀으로 나누어 돌아가며 진행

동아리 발표회는 오전 부스 운영과 오후 공연으로 이루어졌다. 발표회 준비 시간에 할 일을 단체 메시지로 공유하고 부스를 꾸미는 것으로 하루가 시작됐다. 환경 깨우미, 환경 알리미, 텃밭 지킴이들은 모둠별로 돌아가며 동아리 부스를 지키며 활동하였다. 원래 전시만 하려다가 선생님들의 요청에 동아리 책 판매도 하고, 멸종위기종 보드게임과 환경 퀴즈도 진행했다.

퀴즈는 전시된 환경 책을 참고하여 맞추도록 했다. 자연스럽게 부스를 방문한 학생들에게 여러 환경 책도 소개할 수 있었다.

전시된 친환경 제품들에 대한 설명도 이어갔고, 학급회의 때 사용했던 이면지 전지와 색 스탬프를 활용해서 환경 지키기 약속 나무 만들기두 진행했다.

소극적이었던 동아리 학생들이 자기 손으로 만든 책을 팔기 위해 목소리를 높이고, 게임 방법을 설명하며 적극적으로 변하는 모습을 볼 수 있어 보람되었다. 여러 환경 책, 친환경 물품, 멸종위기종을 전교생과 교직원에게 소개할 수 있어 알찬 발표회였다. 다음번에는 무포장 가게에서 대량으로 포장이 없는 비건 과자를 구매하고, 직접 맛보는 행사도 진행해 볼 생각이다.

---

1) 국가환경교육 통합플랫폼(www.keep.go.kr) 〉 프로그램·콘텐츠 〉 우측 상단 삼선 클릭 〉 우수환경도서. 혹은 플랫폼 홈에서 '도서 목록' 검색

우리가 알지 못하는 환경과 관련된 기념일들이 많이 있다. 여러 기념일에 대해 알아보고 왜 그날을 기념일로 지정했는지, 앞으로 어떻게 해야 할지 학생들과 이야기를 나누어 보는 것도 좋은 활동이다.

동아리 활동 초기에 여러 환경 기념일에 대해 알아본다. 그리고 해당일에 맞춰 관련 활동을 한다. 동아리 활동뿐 아니라 담임교사로서 조·종례 시간에 학급 특색 활동으로 진행할 수도 있을 것이다. 또 기념일을 찾아보다 보면 평소 접하지 못한 분야나 직업군에 대해 알 수 있어 진로 교육에도 활용할 수 있다.

각종 기념일 관련 수업 아이디어

1) 교사가 관련 자료를 만들어 학생들에게 소개하기(카드뉴스, 초성 퀴즈 등)

　　예) 10월 21일 세계 ㅈㄹㅇ의 날

2) 학생 중에서 월별 담당자를 정해 카드뉴스 만들고 학급에 홍보하기

미리캔버스로 만든 세계 벌의 날 카드뉴스

3) 표에서 서로 관련 있는 기념일 찾아보기, 가장 궁금한 날 조사해서 발표하기

월	기념일	
3	3/3 세계 야생 동식물의 날 3/20 세계 참새의 날 3/22 세계 물의 날(3/17부터 세계 물 주간) 3/23 세계 기상의 날 3월 마지막 토요일 지구의 시간(Earth Hour) 저녁 1시간 불 끄기	3/11 후쿠시마 사고일(2011) 3/21 국제 숲의 날 3/24 온난화 식목일
4	4/1 멸종위기종의 날(한국) 4/5 식목일 4/22 지구의 날 4/24 세계 실험 동물의 날 4/25 세계 펭귄의 날	4/4 종이 안 쓰는 날 4/7 세계 보건의 날 4/22 나무의 날(미국) 4/25 세계 말라리아의 날
5	5월 첫 주 일요일 국제 퍼머컬처의 날 5월, 10월 둘째 주 토요일 세계 철새의 날 5/20 세계 벌의 날 5/23 세계 거북의 날 5/31 바다의 날	5월 둘째 주 토요일 세 공정 무역의 날 5월 셋째 주 금요일 멸종위기종의 날(미국) 5/22 국제 생물 다양성의 날 5월 마지막 수요일 세계 수달의 날
6	6/3 세계 자전거의 날 6/8 세계 해양의 날 6/20 세계 난민의 날	6/5 세계 환경의 날 6/17 세계 사막화 방지의 날 6/28 철도의 날
7	7/3 국제 일회용 비닐봉지 없는 날 7/6 세계 인수 공통 전염병의 날 7/26 국제 맹그로브 생태계 보존의 날 7/29 국제 호랑이의 날	7/11 세계 인구의 날
8	8/8 국제 고양이의 날 8/12 세계 코끼리의 날 8/19 오랑우탄의 날 8월 셋째 주 토요일 미국 꿀벌의 날	8/10 세계 사자의 날 8/17 검은 고양이의 날(미국) 8/20 세계 모기의 날 8/22 에너지의 날
9	9/6 자원 순환의 날 9/7 멸종위기종의 날(호주) 9/16 국제 오존층 보호의 날 9월 셋째 주 토요일 국제 연안 정화의 날 9/21 탄소 배출하지 않는 날 9/22 세계 코뿔소의 날	9/7 푸른 하늘의 날 9/9 고양이의 날(한국) 9/22 세계 차 없는 날 9/29 음식물 쓰레기의 날(덴마크)
10	10/1 세계 채식인의 날 5월, 10월 둘째 주 토요일 세계 철새의 날 10/16 세계 식량의 날 10/18 산의 날(한국) 10/29 고양이의 날(미국)	10/4 세계 동물의 날 10/17 국제 빈곤 퇴치의 날 10/21 세계 지렁이의 날 10/31 세계 도시의 날

11	11/19 세계 화장실의 날 11월 넷째 주 금요일 아무것도 사지 않는 날	
12	12/5 세계 토양의 날	12/11 국제 산의 날
1	1/20 펭귄 인식의 날	
2	2/2 세계 습지의 날 2월 셋째 주 일요일 세계 고래의 날	2/22 고양이의 날(일본) 2/27 국제 북극곰의 날

텃밭 활동

① 추천 텃밭 활동

- 3월 초에 밭 준비
  - 땅 뒤엎기(큰 돌, 잡초 뿌리 등 골라내기)
  - 배양토, 친환경 비료를 뿌리고 기존 흙과 섞기(씨 뿌리기 열흘 전)
- 환경을 생각한다면 플라스틱 컵 모종보다는 씨앗 뿌리기를 한다.
- 추천 작물: 처음이라면 1~2 품종만 심는다. 너무 욕심내면 감당이 안 될 수 있다.
  1) 가성비 짱 쌈 채소, 허브, 고추, 토마토: 수확량 많음
     쌈 채소/허브는 물 자주, 고추/토마토는 땅이 마른다 싶을 때 충분히(주1~2회)!
  2) 손 안 가는 고구마: 모종 심고 초반 물 충분히, 수확 전에는 물 안 줌
  3) 탐나는 당근: 고른 흙 높게 이랑 만들기, 옮겨 심지 않기
- 멀칭은 비닐 말고 볏짚 또는 왕겨로 한다. (온라인 구매)
- 멀칭학교에 텃밭이 없다면?
  - 페트병, 커피 컵을 새활용(업사이클링)하여 채소 키워 보기
    (상추, 오이, 방울토마토, 허브 등)
- 3, 4월에 전통시장이나 동네 화원에 들러 질문하기
  - 각 지역의 기후와 시기에 맞는 씨앗과 모종 파는 곳이므로 무엇을, 언제, 어떻게
    심으면 좋을지 정보를 얻기

참고 서적: 송채만, 〈텃밭 채소 재배〉, 대가
참고 사이트: 네이버 카페 '텃밭과 채소 키우기'

② 한눈에 보는 일 년 텃밭 활동(중부지방 기준, 지역/날씨에 따라 달라질 수 있음)

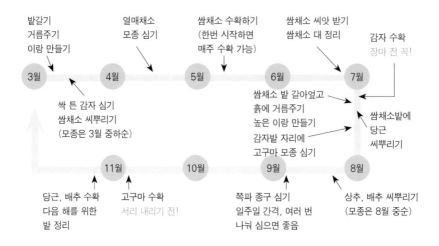

환경 용어 사전

- 무포장 가게: 제로웨이스트 숍을 우리말로 순화한 표현이다. 주로 친환경 제품을 판매하고, 화장품이나 세제 등을 원하는 만큼 소량으로 구매할 수도 있다. 물건 구매 시 쓰레기가 나오지 않도록 구매한 물건을 담을 용기(그릇)를 가져가야 한다.
- 비건(vegan), 비거니즘(veganism): 동물을 착취해서 생산되는 것을 우리 삶에 사용하지 않고, 생명의 소중함을 삶에서 실천하며 동물의 권리를 존중하고 옹호하는 가치관을 갖고 살아가는 것을 말한다. 단순히 채식하는 것이 아니라 먹고, 입고, 생활하는 모든 영역에서 이러한 가치관을 실천하는 것을 의미한다. (음식, 의류, 화장품, 생활용품, 주거환경 등)

왼쪽은 채식의 단계를, 오른쪽은 'Eating Our Way to Extinction'[2]을 검색하면 나오는 영상을 보고 그림으로 정리한 것이다. 단계별로 채식주의자들이 어떤 음식을 먹는지와 육식하기 위해 우리가 얼마나 많은 땅을 소비하고 있는지 잘 보여 준다.

그림으로 정리해 본 채식의 단계

식량 생산을 위해 사용되는 땅 크기

- 새활용(업사이클링, upcycling): 원자재를 바꾸지 않고 "용도"를 달리하는 것으로, 상대적으로 재활용보다 비용, 에너지가 덜 들어 더 친환경적이다. 예) 페트병을 잘라서 화분 만들기

비슷하지만 다른 표현들

* 재활용(리사이클링, recycling): 재료를 바꿔서 다른 거로 만듦. 아예 새 물건 만드는 것보다는 친환경적이지만 이 과정에 필요한 비용과 에너지 만만치 않음.
　예) 페트병을 섬유로 만들어서 옷 만들기
* 재사용(리유징, reusing): 단순히 같은 물건을 여러 번 쓰는 것.
　예) 콜라병, 화장품 병 등의 제품을 사용한 뒤 병을 소독하여 제품을 다시 넣어 사용하는 것. 개인이 할 수도 있지만, 기업에서 이 방법을 적극적으로 활용한다면 불필요하게 나오는 쓰레기를 줄이고 재활용에 드는 비용과 에너지를 절약할 수 있다.

- 플로깅(plogging): 스웨덴어 '플로카 업(plocka upp, 줍다)'과 영어 '조깅 (jogging, 달리다)'의 합성어. 달리면서 쓰레기를 주워 환경보호와 체력 향상 모두를 얻을 수 있는 활동. 쓰레기를 주우면서 조깅한다고 "줍깅"이라고 순화했다가, 좀 더 순화해서 "쓰담 달리기(쓰레기 담으며 달리기)" 또는 "쓰담 걷기"(쓰레기 담으며 걷기)라고도 함.

동아리에서 구매한 환경 도서 목록

1. 홍수열, 〈그건 쓰레기가 아니라고요〉, 슬로비
2. 조지나 윌슨 파월, 〈그러니까, 친환경이 뭔가요?〉, 문예춘추사
3. 서형석, 〈기후 위기, 마지막 경고〉, 문예춘추사
4. 리베카 헌틀리, 〈기후변화, 이제는 감정적으로 이야기할 때〉, 양철북
5. 호프 자런, 〈나는 풍요로웠고, 지구는 달라졌다〉, 김영사
6. 보선, 〈나의 비거니즘 만화〉, 푸른숲
7. 시어도어 C. 듀머스, 〈내일은 못 먹을지도 몰라〉, 롤러코스터
8. 케이트 메스너 글·매튜 포사이드 그림, 〈눈부신 바다〉, 봄의정원
9. 최원형, 〈달력으로 배우는 지구환경 수업, 블랙피쉬
10. 주현희, 〈바다에 대한 예의〉. 지성사
11. 아나 페구·이자베우 밍뇨스 마르칭스 글, 베르나르두 카르발류 그림, 〈바다의 생물, 플라스틱〉, 살림출판사
12. 산소발자국, 〈산소발자국을 따라서 지구 지키기〉, 북크루
13. 최재천, 〈생명이 있는 것은 다 아름답다〉, 효형출판
14. 최재천, 〈생태적 전환, 슬기로운 지구 생활을 위하여: 지속가능한 지구를 위한 마지막 선택〉, 김영사
15. 김예슬, 〈쓸모 있는 비움〉, 텍스트칼로리
16. 정유진 글·그림, 〈아직 봄이 오지 않았을 거야〉, 고래뱃속
17. 고금숙, 〈우린 일회용이 아니니까〉, 슬로비
18. 알렉산드라 하만·클라우디아 체아슈미트 공저, 외르크 휠스만 외 그림, 〈위대한 전환〉, 푸른지식
19. 곽재식, 〈지구는 괜찮아, 우리가 문제지〉, 어크로스출판그룹
20. 하루치 글·그림, 〈지구를 위해 모두가 채식할 수는 없지만〉, 판미동
21. 황대권 외, 〈지구별 생태사상가〉, 작은것이아름답다
22. 스티븐 부라니·폴 툴리스·조너선 왓츠·다르 자메일 공저, 〈지구에 대한 의무〉 1, 2, 스리체어스(threechairs)
23. 치원형 저, 반산호 그림, 〈한경괴 생테 쫌 아는 10대〉, 풀빛

2) https://youtu.be/LaPge01NQTQ

주제

4

특성화고등학교의
특별한 환경활동

프로젝트 1. 환경 동아리로 함께하는 공동체되기

#지속가능 #친환경활동 #텃밭 #플라스틱제로
#캠페인 #플로깅 #리사이클 #비건음식 #플리마켓

14차시 동아리 활동

차시	동아리 활동 계획	환경교육표준(수행기대에 따른 수준별 성취기준) 4단계(고등학교) 내용
1	지속 가능한 친환경 활동 조사	〔EA-2〕 끊임없이 진화하는 자연환경 속에서 인간과 지구(자연)의 관계를 성찰하기 - 인류세가 어떤 의미인지 조사하고, 기후변화 속에서 인간과 자연의 관계와 인간다움의 의미에 대해 토론하고 발표한다. 〔PS-4〕 환경문제-목표-해결책 사이의 의존 관계를 이해하고 최선의 대안을 선택하기 - 환경문제를 해결할 수 있는 여러 가지 대안 중 근본적 해결책에 해당하는 대안을 선택하고 환경정의와 지속가능성의 관점에서 평가한다.
2	텃밭 가꾸기	〔EA-5〕 체험을 통해 환경의 아름다움과 신비함을 느끼고 자유롭게 표현하기 - 하루 중에서 (또는 최근에) 생명의 아름다움을 느낀 순간을 글이나, 음악으로 표현한다. 〔ST-2〕 인간과 환경 사이의 복잡하고 상호의존적인 관계를 이해하기 - 기후변화로 인해 우리나라가 아열대 기후로 바뀌게 된다면 우리의 의식주에 어떤 변화가 나타나게 될지 시나리오를 작성하고 발표한다.
3	'플라스틱 제로' 캠페인	〔CT-5〕 환경문제를 사회경제적 쟁점과 연결 지어 탐색하고, 대안을 모색하기 - 환경정의의 맥락에서 지속가능성의 의미를 이해하고 일상적 소비 생활에 대하여 성찰한 후 지속가능한 사회를 만들기 위한 인간의 책무성을 인식한다. 〔PS-9〕 환경문제 해결의 어려움을 알고 개인적 실천을 넘어 사회적 전환 운동에 참여하기 - 개인적 실천과 사회적 실천을 분리하지 않고 연결하면서 사회적 전환 운동에 참여한다.
4	플로깅	〔EA-3〕 인간 존재의 다면성을 이해하고 자연과 타인에 대한 의존성과 책임감을 인식하기 - 인간의 사회적 위치와 역할에 따라 자연을 대하는 관점이나 책임감이 달라짐을 사례를 통해 설명한다. 〔PS-3〕 환경문제의 발생과정과 영향을 이해하고 피해자(인간, 비인간)의 고통에 공감하기 - 환경문제의 원인과 결과 그리고 그로 인한 영향을 고려하면서 문제해결을 위한 여러 대안을 비교하고 적응적 해결책과 근본적 해결책을 구분하여 제안한다.

5	일회용품 줄이기 리사이클	[CT-1] 지속가능하고 좋은 삶의 의미를 성찰하기 - 지속가능하고 좋은 삶과 사회의 의미를 자본주의와 성장의 한계와 관련 지어 설명하고 비판적으로 성찰한다. [WT-2] 개인과 집단 사이의 공통적이지만 차별화된 책임감을 인식하고 참 여하기 - 환경문제 해결을 위한 개인, 집단, 국가의 협력과 노력 사례를 조사하고, 지구생태시민으로서 내가 기여할 수 있는 방안을 탐구한다.
6	친환경 제품 체험	[CT-5] 환경문제를 사회경제적 쟁점과 연결지어 탐색하고, 대안을 모색 하기 - 환경 정의의 맥락에서 지속가능성의 의미를 이해하고 일상적 소비 생활 에 대하여 성찰한 후 지속가능한 사회를 만들기 위한 인간의 책무성을 인식한다. [CT-6] 지식과 언어에 깃든 인간중심성과 과학기술의 양면성을 분석하기 - 환경문제로 인하여 초래되는 문제를 자본주의와 성장의 한계라는 관점에 서 이해하고 환경문제를 해결하기 위해 첨단기술과 적정기술을 창의적 으로 조합할 수 있는 방안을 탐구한다.
7	비건 음식 만들기	[PS-8] 일상 속에서 지속가능한 생활양식과 삶의 기술을 익히고 적용하기 - 대안적 삶의 가능성과 한계를 확인하고 평가하고, 적정기술이나 전통생 태지혜 등 대안적인 삶의 기술을 익히고 생활에 적용한다.
8	자원 순환을 위한 플리마켓	[CF-5] 불확실성으로 인한 감정적 변화에 대해 소통하고 우리 안의 변혁력 에 대한 믿음을 갖기 - 다가올 미래의 불확실성에 대응하고 지속가능한 생태문명으로 전환하기 위해 개인적·사회적 차원의 활동에 주체적으로 참여한다. [WT-4] 다양한 수준에서 소속감과 연대감을 가지고 집단지성을 발휘하기 - 학교, 지역사회 등에서 구성원들과 환경문제 해결을 위해 정보·공간· 기술을 공유하는 프로젝트를 기획하고 참여한다.
9~ 14	운암 미용 축제 동아리 활동	[WT-1] 인간은 사회적 존재임을 인식하고 협력적 태도를 갖기 - 사회적 존재로서의 나의 가치관과 행동을 성찰하고, 공동체의 환경문제 를 해결하는 과정에서 입장이 다른 사람들과 공감적 소통을 실천한다. [WT-3] 구성원들 사이의 차이와 다양성을 존중하고 다양한 협력 방법을 적용하기 - 환경문제 해결을 위해 다양한 문화예술 양식을 활용하여 공동체 구성원 들과 창의적으로 소통한다.

특성화고등학교에서 근무하며 심리적, 정서적, 사회적 회복이 필요한 학생들을 많이 만났다. 이 학생들은 자신을 사랑하고 돌보는 힘, 자아존중감이 무엇보다 필요했다. 다양한 갈등 상황 속에서도 자신만의 방식과 속도로 이를 극복하며 성장하는 학생들을 볼 때 보람을 느꼈다. 하지만 자살을 시도하거나 학업을 중단하는 학생들을 마주할 때는 안타까움이 컸다.

학생들이 스스로 포기하지 않도록, 공동체 안에서 소속감을 느끼고 자신의 소중함을 깨닫길 바랐다. 이를 위해, 공통된 관심사를 밀도 있게 나눌 수 있는 환경 동아리를 제안했다. 환경 동아리 활동은 학생들이 자신의 존재 가치를 확인하고, 삶의 의미를 찾아가는 데 작은 디딤돌이 되었다. 그리고, 작은 변화를 기대하며 시작했던 활동은 자치 활동으로 이어졌다.

환경 동아리 '초록세상'의 탄생

특성화고등학교 전문교과 교사의 전공 관련 동아리 운영은 암묵적 합의다. 교외 활동(봉사활동, 지역축제 체험 부스 운영 등)뿐 아니라 교내 축제의 무대 행사 및 체험 부스 운영이 동아리 활동과 연결되기 때문이다. 전공 관련 동아리가 아닌 환경 동아리를 만들기 위해서는 특성화 부장과 교감, 교장 선생님을 설득해야 했다. 우려와 달리 기후 위기의 심각성에 따른 환경교육의 필요성, 환경 동아리 조직의 당위성 등에 공감과 지지를 받았다.

모집 대상은 1학년으로 결정했다. 라포르(rapport) 형성이 잘된 2학년이 있었지만, 전공 관련 동아리를 희망하는 그들의 성향이 우려됐기 때문이다. 환경에 관심 있는 학생들의 참여를 기대하며, 학급마다 홍보물을 게시하고, 동아리 취지와 활동 내용 등을 안내했다.

하지만, 예상치 못한 문제가 발행했다. 신청자 12명 중 절반 이상이 장기 결석이 우려되거나 지도가 어려울 것으로 보이는 학생들이었다. 이들과 함께 가꾸어야 할 텃밭은 돌이 가득한 돌밭이었고, 자율 동아리 신청까지 놓쳐 예산 확보가 어려워지면서 난항이 예상됐다. 심지어 창의적 체험활동 내 동아리 활동 시수는 총 14차시, 이 중 6차시가 9월 교내 축제(운암미용축제) 활동으로 배정되어 있었다. 결국, 쉬는 시간이나 방과 후 시간 등을 활용해야만 했다.

차시		활동	비고
1	도입	• 자기소개 및 가입 동기 발표 • 동아리 활동 목적 및 연간계획 안내	□ 자료: 영상 자료, 조사용 테블릿 PC, 실천 계획서 ○ 평가: 실현가능성 ※ 주의점 　- 조사의 신뢰성을 높이기 위해 다양한 출처를 활용하도록 안내 　- 실천 계획이 구체적이고 현실적인지 확인하고 피드백 제공
	활동	• 지속가능한 친환경 활동 조사 　- 친환경 활동 조사 　- 조사 내용 분석 및 발표 　- 토론 및 평가	
	정리	• 실천 계획 수립	

지속가능한 친환경 활동은 환경에 부정적인 영향을 최소화하고, 자원을 효율적으로 사용하며, 생태계를 보호하는 활동을 의미한다. 이러한 활동은 기후 변화, 자원 고갈, 생태계 파괴 등 환경문제를 해결하는 데 필수적이다.

학생들은 지속가능한 친환경 활동을 조사하고, 그 활동이 환경문제 해결에 미치는 영향을 분석한다. 조사 자료는 인터넷, 도서, 기사 등을 통해 수집한다. 조사한 내용을 바탕으로 발표를 진행하고, 이후 토론을 통해 실현 가능성과 효과를 논의한다. 마지막으로 함께 실천할 친환경 활동을 선정한 후, 구체적인 계획을 세워 동아리 활동에 반영한다.

이 과정을 통해 학생들은 친환경 활동에 대한 깊은 이해를 가지게 되며, 실질적인 실천 방안을 마련하여 환경 보호에 적극적으로 참여할 기회를 얻게 된다.

① 주제 선정: 지속가능한 친환경 활동의 다양한 주제(예: 재활용, 에너지 절약, 대체 에너지, 플라스틱 제로 캠페인 등) 중 하나를 선택한다.

② 자료 수집: 선택한 주제에 대해 인터넷, 도서, 연구 논문, 기사 등을 통해 정보를 수집한다.

③ 분석: 수집한 자료를 바탕으로 해당 활동의 장·단점, 실천가능성, 효과 등을 분석한다.

④ 발표 준비: 조사한 내용을 시각적 자료(프레젠테이션, 포스터 등)와 함께 발표 자료로 준비한다.

⑤ 발표: 조사한 내용을 발표한다.

⑥ 토론 및 평가: 각 활동의 실현 가능성과 효과에 대해 토론한 후, 그 결과를 바탕으로 실생활에 적용할 수 있는 친환경 활동을 선정한다.

⑦ 실천 계획 수립: 선정된 활동을 학교나 가정에서 실천할 수 있도록 동아리 활동에 반영하고, 이를 위한 구체적인 계획을 수립한다.

조사 주제	자료 출처	환경문제 해결에 기여하는 방법	장점	단점	실천 가능성	기대효과

조사 기록표 양식

실천 활동	활동 목표	실천 방법	실천 기간	제안자

실천 계획표 양식

차시		활동	비고
2	도입	• 안전사고 예방 교육 • 텃밭 도구 사용 방법 안내	※ 주의점 - 씨앗과 모종은 계절에 맞는 것으로 준비 - 학생들에게 안전 교육을 실시하여 삽과 같은 도구 사용 시 부상을 방지 - 텃밭은 쉬는 시간 및 점심시간 등을 활용하여 지속적으로 관리
	활동	• 텃밭 가꾸기 - 잡초를 제거하고 밭갈이 - 씨앗 뿌리기와 모종 심기 - 물주기	
	정리	• 활동 소감 나누기 • 도구 정리 정돈	

텃밭인가? 돌밭인가?

환경동아리 '초록세상'의 두 번째 만남은 텃밭을 가장한 돌밭에서 이뤄졌다. 학생들에서 농기구 사용법과 유의 사항을 설명하고 시연도 했다.

밭갈이를 위해 삽으로 땅을 갈아엎을 때마다 돌과 씨름해야 했다. 크고 작은 돌들에 막혀 삽은 쉽게 들어가지 않았다. 작물을 키울 터를 마련하고 나니 비료와 씨앗, 모종을 구입할 예산이 필요했다.

예산을 확보하기 위해 교육청과 지역사회에서 운영하는 환경 동아리 지원 사업에 응모했지만, 아쉽게도 원하는 결과를 얻지 못했다. 다행히, 텃밭을 가꾸는 동료 교사로부터 비료를 지원받고, 울산들꽃학습원에서 기증받은 모종 덕분에 급한 불을 끌 수 있었다. 이 일을 계기로 예산 확보의 중요성을 깨닫고, 자원 마련 방법에 대해 고민하게 되었다.

> **울산들꽃학습원**(https://use.go.kr/uwf/index.do)
>
> 초등 · 중 · 고등학교 교과서에 나오는 교재 식물과 울산 주변에서 자생하는 야생화를 심어 학생들에게 우리 꽃의 아름다움과 소중함을 일깨우는 자연 친화적인 식물생태학습 공간이다. 생태교육, 들꽃 체험 교실, 교원연수, 환경 관련 행사 지원, 시민체험 행사, 식물관찰 학습 도우미 등을 운영한다.

우선급식증이 불러온 오해의 결말

돌밭에 파릇파릇한 모종들이 채워지면서 제법 텃밭의 모습을 갖추기 시작했다. 농사의 결실을 보기 위해서는 하늘과 땅의 이치에 순응해야 하지만, 텃밭 물 주기는 우리의 몫이었다. 텃밭 물 주기 당번이 필요했다. 항상 같이 다니는 남학생 두 명을 목표로 삼아, 그들에게 거부할 수 없는 제안을 했다.

3학년, 2학년 그리고 1학년 순으로 시작되는 급식에서 3학년보다 먼저 먹을 수 있는 우선 급식이라는 카드를 꺼내 들었다. 놀랍게도 '우선급식증'을 받기 위해 학생들이 제 발로 찾아왔다. 그런데, 이상했다. 분명히 텃밭에 물을 주기로 약속하고, 우선급식증을 받아 가는데 작물은 점점 시들어만 갔다.

의문의 씨앗이 의심으로 싹트던 어느 날, 창문을 통해 사건 현장을 목격했다. 학생들은 다른 밭에 물을 주고 있었다. 조용히 학생들을 불러 텃밭의 위치를 다시 알려줬다. 시간이 흘러 사건이 점차 잊혀질 즈음, 물 주기 담당이었던 학생들이 복도 저편에서 해맑은 얼굴로 다가왔다. 그동안 열심히 물을 주며 가꾼 밭에서 감사의 뜻으로 받은 딸기 모종을 우리 텃밭에 옮겨 심었다며 자랑했다. 학생들이 행복해하는 모습을 보고, 사비로 모종을 추가로 구매해 주말에 직접 심어 두는 깜짝 이벤트를 준비했다. 새로 심은 모종을 보고 신이 난 학생들의 모습을 보니, 준비한 보람을 느낄 수 있었다.

텃밭에서의 사부작사부작

업무에 쫓겨, 텃밭을 살피지 못하는 일이 계속되면서, 텃밭은 온전히 학생들의 몫이 되었다. 학생들이 간간이 들려주는 텃밭 이야기는 한편의 동화였다.

"선생님, 밭에서 방울토마토 5개 따 먹었어요!"
"방울토마토? 우리 밭 방울토마토는 죽었는데?"

"네? 밭에 있어서 따 먹었는데요!"

"2달 동안 다른 밭에 물 줘서 말라 죽었잖니. 아직도 우리 밭이 어딘지 모르는 거야?"

"선생님, 밭에서 참외 따왔어요."

"개구리참외구나! 우리 밭 참외는 줄무늬가 없어. 이게 바로 서리라는 거야."

학생들이 만들어가는 텃밭 이야기는 공간의 중요성을 확인하는 기회였다. 타종에 맞춰 입실하는 교실 말고, 마음이 동해서 발길을 옮겨 갈 곳이 있다는 것은 때론 학생들에게 큰 위안을 준다. 학생들에게는 수업 이외의 시간을 보낼 공간이 필요하다. 찾아가고 싶은 공간이 필요하다. 그곳에서 공통된 관심과 목표를 공유함으로써, 서로를 더 잘 이해하고, 지지하는 관계로 성장할 수 있다. 학생 주도형 동아리를 활성화하기 위해서라도 공간은 필수다.

정해진 기준에 따라 만들어진 공간과 학생들의 의견이 반영되어 주체적으로 만들어가는 공간은 그 의미가 다를 수밖에 없다. 만들어가는 공간 안에서 들려오는 소리는 정제되지 못한, 어쩌면 서툴고 촌스러운 이야기일지도 모른다. 하지만, 학생들은 자신을 드러내는 진짜 이야기를 나누게 된다. 그 안에서 자신을 발견하고, 더불어 살아가는 삶의 자세를 배우며 성장할 거라 믿는다.

차시		활동	비고

3	도입	• 플라스틱 문제 소개
		• 캠페인 목표 설정
			▫ 자료: 영상 및 프레젠테이션 자료, 캠페인 포스터 제작 도구(종이 상자, 문구류 등)
			※ 주의점
			  - 학생들이 플라스틱 문제의 심각성을 충분히 인식할 수 있도록 자료 준비
			  - 실천 약속이 구체적이고 현실적인지 확인하고 피드백 제공
			  - 캠페인 활동이 지속적으로 이루어질 수 있도록 동기 부여

	활동	• '플라스틱 제로' 캠페인
		  - 플라스틱 대안 모색
		  - 캠페인 활동 계획
		  - 캠페인 포스터 제작	

	정리	• 실천 약속	

활동은 학생들이 플라스틱 문제에 대해 비판적으로 사고하고, 대안을 모색하며, 이를 통해 책임감 있는 생활 방식을 배우도록 설계한다.

학생들은 일상생활에서 사용한 플라스틱의 종류와 양을 기록하고, 이를 분석하여 플라스틱 사용의 문제점을 인식한다. 그리고 플라스틱을 대체할 방법(예: 친환경 소재, 재사용 가능한 용품 등)을 조사하고, 실천 가능한 대안을 마련한다. 이를 바탕으로 학교나 지역사회에서 실천할 수 있는 '플라스틱 제로' 캠페인 계획을 세우고, 발표한다. 발표 후 다함께 실천할 내용을 선정하여 실천 약속서를 작성한다.

캠페인에 참여하면서 학생들은 플라스틱 사용을 줄이는 방법을 직접 배우고, 경험할 수 있다. 이 과정을 통해 일상에서 플라스틱 사용을 줄이는 습관을 형성하고, 작은 노력이 모여 큰 변화를 이끈다는 점을 알게 된다.

'플라스틱 제로' 캠페인 실천 약속	
실천 다짐	나는 플라스틱 사용이 환경에 미치는 부정적인 영향을 깊이 이해하며, 이를 줄이기 위한 실천이 필요하다고 느낀다. 나아가 지속가능한 지구를 위해, 일상 속에서 플라스틱 사용을 줄이고, 대체할 수 있는 활동을 실천할 것을 약속한다.
실천 사항	• 비닐봉지 대신 장바구니 사용하기 • 플라스틱 빨대 사용하지 않기 • 일회용 용기 대신 다회용 용기 사용하기 • 플라스틱 제품을 재사용하거나 대체품 찾기 • 플라스틱 포장재가 없는 제품 구매하기 • 일회용 플라스틱 컵 대신 개인 텀블러 사용하기 • 기타:
실천 기간	

나는 위의 약속을 성실히 지킬 것을 다짐하며,
캠페인에 적극 동참할 것을 약속한다.

년   월   일   서명:

차시		활동	비고
4	도입	• 플로깅 개념 소개 - 지역사회의 쓰레기 문제 확인	☐ 자료: 영상 및 프레젠테이션 자료, 플로깅 도구(집게, 쓰레기봉투, 장갑 등) ※ 주의점 - 위생과 안전에 유의하도록 안내 - 쓰레기 분리 및 처리 방식에 대해 충분히 안내 - 플로깅은 점심시간, 방과 후 시간 등을 활용하여 지속적으로 진행
	활동	• 플로깅 - 플로깅 활동 - 쓰레기 분리 및 처리	
	정리	• 활동 소감 및 결과 공유	

마대와 싸리 빗자루가 등장한 플로깅

플로깅(plogging)을 하면 도구부터 규모가 남달랐다. 마대와 싸리 빗자루를 들고, 학교 주변이나 등하굣길을 따라 버스 정류장까지 걸어가며 담배꽁초를 주웠다. '뿌린 대로 거둔다.'라는 말처럼 학생들이 뿌린 담배꽁초를 줍는 시간이었다.

담배꽁초와의 질긴 인연을 함께하면서 '담배꽁초 어택'에 대한 새로운 접근을 구상하고 있다. 학생 스스로 깨닫고, 행동할 수 있는 생태 감수성 노출로 변화의 물꼬를 트려 한다. 학생 참여형 '담배꽁초 어택' 캠페인을 흡연예방교육과 연계한다. 담배꽁초 필터에 들어 있는 미세플라스틱의 위험성을 알리는 포스터 및 영상 공모, 담배꽁초 어택을 실천할 수 있는 아이디어 공모 등을 통해 인식 개선과 실천에 주안점을 둔다. 물론 가장 좋은 해결책은 금연과 흡연 예방이다.

차시		활동	비고
5	도입	• 일회용품 사용의 문제점 설명 - 대안적 소비 방식 안내	☐ 자료: 프레젠테이션, 양말목 공예 재료 ※ 주의점 - 일회용품 대체를 위한 아이디어 공유 - 후속 활동 계획은 실생활에서 지속적으로 실천 가능한 방안으로 논의
	활동	• 일회용품 줄이기 리사이클 - 리사이클 DIY(양말목 공예) - 일회용품 줄이기 운동으로 연결 - 나만의 친환경 키트 만들기	
	정리	• 활동 소감 및 결과 공유 • 후속 활동 계획 논의	

양말목을 활용해 일회용품 대신 사용할 수 있는 공예품(예: 장바구니, 컵 받침, 컵 홀더, 파우치 등)을 만들고, 이를 통해 자원을 재활용하는 방법을 학생들에게 소개한다. 이러한 활동은 자원 낭비를 줄이는 동시에, 일회용품을 대체할 수 있는 창의적인 대안을 찾는 기회가 된다.

양말목 공예가 진정한 친환경 활동으로 인정받기 위해서는 몇 가지 중요한 조건을 충족해야 한다. 원래 양말목은 양말을 제조하는 과정에서 발생하는 폐기물로, 이를 재활용하는 것이 공예의 목적이었다. 즉, 버려지는 자원을 활용하여 새로운 제품을 만드는 순환 구조에 그 의미가 있었다. 하지만 최근에는 다양한 색상의 양말목이 공예용으로 제작되면서, 원래의 목적이 퇴색되고 있다. 따라서 실제로 폐기되는 양말목을 준비하고, 양말목을 단순히 공예 재료로 소비하는 것이 아니라, 재활용과 자원순환의 의미를 담아 사용해야 한다는 점을 명확히 전달할 필요가 있다.

차시		활동	비고
6	도입	• 친환경 제품의 필요성 설명 - 체험활동 안내	▫ 자료: 영상 및 프레젠테이션 자료, 친환경 제품 ※ 주의점: 활동 후 학생들이 소감을 자유롭게 표현할 수 있도록 하고, 실생활에서 실천 가능한 제품을 선택하도록 격려
	활동	• 친환경 제품 체험 - 친환경 제품 체험 - 친환경 제품과 일회용품의 차이 비교	
	정리	• 활동 소감 나누기 • 친환경 제품 사용 다짐	

친환경 제품 체험활동은 학생들에게 일회용품 사용의 문제점과 친환경 제품 사용의 중요성을 알리는 데 중점을 둔다. 먼저, 일회용품이 환경에 미치는 부정적인 영향과 그 대안으로서 친환경 제품이 왜 중요한지 간단히 설명한다. 이 과정에서 프레젠테이션이나 시각 자료를 활용하여 학생들이 쉽게 이해할 수 있도

록 돕는 것이 좋다. 이후, 학생들이 체험할 친환경 제품의 종류와 사용 방법에 대해 간략히 안내하고, 직접 사용해 볼 수 있도록 지도한다. 활동 중에는 친환경 제품에 관한 퀴즈를 통해 참여를 유도하는 것도 효과적이다.

활동이 끝나면, 학생들이 체험한 제품에 대해 소감을 나누는 시간을 가진다. 어떤 제품이 가장 유용했는지, 실생활에서 사용할 의향이 있는 제품은 무엇인지에 대해 자유롭게 의견을 나눈다. 단순한 체험에 그치지 않고, 실생활에서 친환경 제품을 사용하려는 동기를 갖는 것이 무엇보다 중요하다. 이를 통해 학생들은 친환경 제품 사용의 필요성을 실감하고, 작은 실천들을 일상 속에서 이어나가고자 하는 의지를 다지게 된다.

차시		활동	비고

7	도입	• 비건의 개념과 종류
		  - 비건 음식 만들기 준비
			▢ 자료: 프레젠테이션, 비건 음식 레시피 자료, 비건 음식 재료, 조리 도구
			※ 주의점
			  - 조리 과정에서 안전을 유의
			  - 조리 도구와 사용한 재료는 위생적으로 정리

	활동	• 비건 음식 만들기
		  - 비건 음식 만들기 실습
		  - 음식 맛보기 및 평가	

	정리	• 활동 소감 나누기 • 비건 음식의 장점과 실천 방안 논의 • 조리 도구 정리 정돈	

비건 음식 만들기 활동은 학생들이 비건의 개념과 필요성을 이해하는 것에서 출발한다. 만들 음식을 사전에 결정하고, 이에 맞는 레시피, 재료, 도구 등을 준비한다.

활동 당일에는 준비된 비건 레시피를 참고하여 음식을 만든다. 조리 과정에서는 학생들이 각자의 역할을 맡아, 협력하면서 음식을 완성한다. 이때, 안전사고 예방지도를 철저히 함으로써 학생들이 안전하게 활동할 수 있도록 한다.

음식을 완성한 후에는 각 팀이 만든 비건 음식을 함께 나누어 먹고, 평가하는 시간을 갖는다. 학생들은 서로의 음식을 맛보며 사용된 재료와 조리 방법, 특징 등을 공유한다.

음식을 모두 먹은 후에는 활동 소감을 나누는 시간을 가진다. 학생들은 비건 음식을 맛본 느낌을 나누고, 실생활에서 비건 식단을 어떻게 실천할 수 있는지 토론한다. 예를 들어, 하루 한 끼 비건 식단 실천하기, 비건 간식 선택하기 등 구체적이고, 실천 가능한 방안을 논의한다.

마지막으로, 조리 도구와 사용한 재료를 깨끗이 정리하고, 청소하는 활동을 진행한다. 활동 후 정리하는 과정은 비건 철학의 중요한 부분인 책임감 있는 소비와 청결한 생활습관을 실천하는 데 필수적이다.

차시		활동	비고
8	도입	• 플리마켓 운영 준비	▢ 자료: 플리마켓 운영 물품(중고 물품, 제사용 가능한 물품 등), 가격표 등 ※ 주의점 　- 학생들이 준비한 물품이 재사용에 적합한 물품인지 사전에 확인 　- 물품 판매 시 가격을 합리적으로 책정하도록 지도 　- 활동 후 미판매 물품은 재활용하거나 기부하는 방안을 논의
	활동	• 자원순환을 위한 플리마켓 　- 플리마켓 운영 　- 물물교환 활동 　- 자원 재사용 관련 홍보	
	정리	• 판매 결과 공유 및 소감 나누기 • 미판매 물품 정리 및 기부 • 주변 정리정돈	

자원순환을 위한 플리마켓 활동은 학생들이 자원 재사용의 중요성을 직접 체험해 볼 기회가 된다. 플리마켓을 통해 학생들은 사용하지 않는 물건을 판매하거나 물물교환을 하면서 자원 재사용의 가치를 몸소 느끼게 된다.

사전에 학생들에게 가져올 중고 물품이나 재사용 가능한 물품에 대해 설명하고, 물품 가격을 합리적으로 책정하는 방법을 알려준다. 이 과정에서 가격표나 명찰을 미리 준비해 두는 것이 좋다.

활동 당일, 학생들은 플리마켓 부스를 직접 운영한다. 이 과정에서 학생들은 자율적으로 물품을 판매하고, 판매 금액을 기록한다. 플리마켓 운영 중간에는 자원 재사용의 중요성을 알리는 홍보물을 배포하거나, 간단한 퀴즈나 설명회를 열어 자원순환에 대한 인식을 더욱 높인다.

플리마켓이 끝난 후에는 학생들이 판매한 결과를 공유하고, 활동에 대한 소감을 나누는 시간을 가진다. 판매되지 않은 물품은 정리하여 기부하거나 재활용할 방법을 함께 논의한다. 이를 통해 학생들은 자원을 낭비하지 않고, 마지막까지 활용하는 방법을 배우게 된다.

차시		활동	비고

9
~14
	도입	• 동아리 활동 부스 준비
		• 활동 절차 안내
			□ 자료: 환경도서, 환경피켓, 친환경 물품,
			  양말목 등
			※ 주의점
			 - 부스의 목적과 주제를 명확히 전달
			 - 친환경 관련 정보는 정확하고 신뢰할
			  수 있는 자료를 기반으로 제공
			 - 참여자에게 친환경 물품을 제공하고
			  긍정적 경험을 통해 사용을 독려
			 - 체험 활동 시 안전에 유의

	활동	• 운암 미용 축제 동아리 활동 - 친환경 물품 소개 및 체험 - 양말목 공예 체험 - 환경 OX 퀴즈	
	정리	• 활동 소감 나누기 • 동아리 부스 정리 정돈	

교내 축제에서 환경 동아리 부스를 운영하는 목적은 학생들에게 환경 보호의 중요성을 알리고, 친환경 생활을 실천할 수 있도록 돕는 것이다. 체험 부스를 방문한 학생과 교직원에게는 플라스틱 제로 캠페인과 친환경 물품 사용의 중요성을 간단히 설명하고, 체험 부스 운영의 취지를 명확히 전달한다. 그리고 체험 가능한 활동과 절차를 안내하여 혼란 없이 참여할 수 있도록 돕는다. 이를 위해 설명 자료나 포스터, 간단한 안내문 등을 미리 준비하는 것이 좋다.

활동이 끝난 후에는 소감과 의견을 묻는 시간을 가져 피드백을 수집한다. 이를 통해 체험 부스 활동의 효과를 점검하고, 향후 개선 방향을 모색한다.

축제를 노리다! 협업을 이끌어 낸 환경 활동

축제는 학생, 교직원 모두에게 친환경 활동을 홍보할 좋은 기회다. 학생들은 동아리 부스 운영으로 환경 도서와 캠페인 피켓 전시, 친환경 물품 소개 및 체험 그리고 양말목 공예를 제안했다.

아이디어를 구체화하는 과정에서 환경 관련 OX 퀴즈 정답자에게는 친환경 물품을 선물하기로 했다. 환경 도서를 참고하고, 일상에서 실천할 수 있는 분리배출과 탄소배출에 관한 문제로 출제 범위를 제한해 OX 퀴즈가 완성됐다.

체험 부스를 제한된 시간 안에 준비하고, 운영하기에는 인력과 예산이 부족했다. 인력 확보를 위해 협업할 팀을 찾던 중, 미용 전공 동아리와 피부 미용 전공 심화 동아리 학생들, 두 명의 지도 교사가 협력해 주었다. 여기에 학생자치회와의 협업까지 더해졌다. 예산은 특성화고 혁신 지원사업 내 학생자치회 활동 운영비와 학생 참여 예산제로 확보되었다.

사업명	탄소중립을 위한 지속가능한 친환경 활동
제안자	학생자치회 2학년 부회장 ○ ○ ○
제안일	2022. 8. 19.(금)
사업 목적	기후 위기의 심각성을 인식하고 지속가능한 친환경 활동

사업 내용	• 운영 시기: 2022. 9.~2023. 2.
	• 세부 실행 내용
	1. 참여 학생: 20명
	  (본교 재학생 중 희망하는 학생은 누구나 참여 가능)
	2. 지도 교사: ○ ○ ○
	3. 활동 내용
	  가. 주기적으로 탄소중립을 위한 지속가능한 친환경 활동 홍보
	  나. 운암미용축제에서 '탄소중립을 위한 지속가능한 친환경 활동' 부스 운영
	  다. '플라스틱 제로를 목표'로 샴푸 및 린스바를 제작하고, 친환경 제품 사용 홍보

협업은 환경 캠페인 피켓과 샴푸바 만들기로 시작했다. 교무실 분리 배출함에 있는 택배 상자들을 수거하고, 미술실에서 빌린 꾸미기 재료로 피켓을 만들었다. 기후 위기의 심각성을 적극적으로 알리고, 생활 속 친환경 활동을 촉구하는 메시지를 명료하게 전달하는 것이 목표였다. 피켓 만들기는 다음과 같은 단계로 진행했다.

No.	단계	내용
1	목표 및 메시지 설정	환경 피켓을 만들게 된 목적과 전달하고자 하는 메시지를 명확히 설정
2	디자인 계획	글씨체, 이미지, 배경 등을 어떤 방식으로 표현할지 결정
3	소재 및 재료 선택	환경 피켓을 만들 때 사용할 소재와 재료 선택
4	도구 및 재료 준비	필요한 도구와 재료를 준비
5	내용 작성 및 디자인	메시지를 명확하게 작성 글씨 크기, 위치, 색상 등을 고려하여 디자인을 완성
6	일러스트나 이미지 추가	메시지를 시각적인 효과로 부각할 수 있는 디자인 추가
7	수정 및 검토	메시지가 명확하게 표현되었는지 확인하고 필요시 수정·보완

다음은, 전공(미용)을 접목해 플라스틱 제로를 목표로 샴푸바를 만들었다. 샴푸바는 방부제와 유해성분 대신 천연성분으로 만들고, 축제 당일, 환경 관련 OX 퀴즈 정답자에게 선물로 제공했다.

협업하는 과정에서 전공 과목에 환경교육을 반영하는 방안을 고민하게 되었다. 헤어, 피부, 네일, 메이크업 분야에서 사용하는 화학제품과 발생하는 폐기물은 환경오염의 원인이 될 수 있다. 따라서 미용 분야와 관련된 환경문제를 분석하고, 그에 따른 해결책을 제시하며, 탄소중립 실현을 위한 기술 개발과 실천 방안을 마련할 필요가 있다.

다음은 몇 가지 구체적인 교육 방안이다.

① 환경 친화적 제품 및 재료 사용 교육

미용 관련 제품과 재료가 환경에 미치는 영향을 설명하고, 환경 친화적인 제품을 선택하거나 화학물질 사용을 최소화하는 방법에 대해 교육한다. 실제로 환경에 미치는 영향을 시각화하고, 학생 스스로 대안을 찾는 활동을 구성한다.

② 에너지 효율 및 자원 절약 교육

미용 작업에서의 에너지 소비와 자원 이용에 대한 효율적인 방법을 교육한다. 미용 재료 절약과 전기 및 물 사용량 절감 방법 등을 익히고, 지속적으로 실천할 수 있도록 돕는다.

③ 폐기물 관리 및 분리배출 교육

미용 작업에서 발생하는 폐기물을 최소화하고, 재사용할 수 있는 재료와 폐기물의 처리에 대한 올바른 지식을 제공함으로써, 환경 부담을 줄이도록 교육한다.

④ 탄소중립 프로젝트 및 캠페인

탄소중립 프로젝트와 캠페인을 기획하고 실행하는 기회를 제공한다. 환경 친화적인 미용 제품 라인 개발, 미용 산업의 탄소발자국 줄이기 캠페인 등을 통해 실전 경험을 쌓을 수 있도록 지원한다.

친환경 활동은 더 이상 선택이 아니다. 전공 교과에 환경 교육을 반영함으로써 학생들이 친환경 활동을 배우고, 이를 미용 현장에서 실천할 수 있도록 기회를 제공해야 한다. 이를 통해, 학생들은 윤리적 책임을 지니고, 지속가능한 방식으로 활동하는 미용 전문가로 성장할 수 있을 것이다.

자율 동아리활동   #캣맘 #길고양이 #돌봄 #TNR

캣맘은 길고양이를 돌보며 그들의 생존을 돕는 사람들을 의미하며, 주로 먹이를 주고 건강 상태를 살피는 역할을 한다. 캣맘 활동은 길고양이를 굶주림과 질병으로부터 보호하고, 무분별한 개체 수 증가를 예방하며 조절하는 데 기여한다.

그러나 캣맘 활동은 사회적으로 찬반이 나뉘는 주제이다. 길고양이에 대한 애정과 책임감으로 시작된 활동이지만, 일부 사람들은 길고양이로 인한 소음과 위생 문제에 불만을 제기하기도 한다. 그럼에도 불구하고, 캣맘들은 길고양이에게 생존의 기회를 제공하고, 지역 사회 내에서 동물에 대한 책임감을 증진시키는 긍정적인 영향을 미치고 있다.

따라서, 캣맘 활동에 대한 깊은 이해를 위해서는 길고양이와 인간의 공존 방식, 동물 복지에 대한 고민, 책임감 있는 돌봄의 중요성을 인식할 필요가 있다.

'캣맘'의 길고양이 돌봄 활동은 학생들의 잠재력을 확인한 좋은 기회였다. 학생들은 수업 외 시간을 주도적으로 관리하며, 활동을 조직하는 과정에서 소통과 협력, 문제 해결 능력을 발휘했다. 그들은 함께 성장하며 스스로 서는 존재였다. 이는 타의가 아닌 자의에 기반한 자발적 참여였기에 가능했다. 이 활동을 통해 학생들은 교사가 이끌어야 할 대상이 아니라, 신뢰하고 함께 가야 할 존재임을 다시 한번 깨닫게 되었다.

우리는 '캣맘'이에요, '캣맘'의 탄생

비폭력 대화와 회복적 생활교육에 관심이 많은 교감 선생님이 먼저 길고양이 돌봄을 제안했다. 돌봄 활동은 심리적, 정서적, 행동 발달을 돕고, 학교 부적응과 대인관계 어려움을 극복하며 성장하는 데 도움이 된다는 이유였다. 바쁜 일상 속에서 교감 선생님의 제안을 잠시 잊고 지내던 중, 한 학생의 이야기를 전해 듣고, 길고양이 돌봄 활동을 추진하게 되었다.

"키우는 고양이에게 밥을 줘야 하는데, 내가 없으며 챙겨줄 사람이 없어요. 그래서 나를 다치게 하던 행동을 멈췄어요."

돌봄의 가치를 경험하고, 자신이 누군가에게 필요하며 소중한 존재임을 깨닫게 된 것이다. 그래서 돌봄의 필요성을 학생자치회 학생들과 공유했다.

취지에 공감한 학생들이 학생참여예산제 사업으로 '길고양이 돌봄 프로젝트'를 계획한 뒤, 지도 교사를 섭외하고 참여 학생을 모집했다. '캣맘'은 계획부터 실행까지, 모든 단계가 자율적으로 운영되어 학생 주도형 동아리의 시초가 됐다. 무엇보다 환경 활동이 학생자치회 활동으로 확장되어, 선한 영향력을 미친 좋은 사례가 되었다.

사업명	길고양이 돌봄 프로젝트
제안자	학생자치회 취업부장 ○○○
제안일	2022. 6. 16.(수)
사업 목적	생명 존중을 바탕으로 동물과 공존하는 삶의 자세 터득

사업 내용	• 운영 시기: 2022. 7.~2023. 2.
	• 세부 실행 내용
	 1. 참여 학생: 20명(본교 재학생 중 희망하는 학생은 누구나 참여 가능)
	 2. 지도 교사: ○○○, ○○○
	 3. 활동 내용
	   가. 학교에서 터를 잡고 생활하는 길고양이에게 안전한 휴식처와 건강한
	      먹이 제공
	   나. 주기적으로 길고양이 휴식처의 주변 환경을 정비하고, 건강 상태 체크

기대 효과	• 동물 사랑과 생명 존중을 통해 생명 감수성 발달 • 학생 주도적 자치활동 활성화로 즐거운 학교 문화 조성

예산 사용 계획	품목	산출 내역(금액×개수)	소요 예산(원)
	길고양이 쉼터	21,000원×4개	84,000
	캣타워	37,000원×1개	37,000
	강아지풀	3,000원×1개	3,000
	롱테일 낚싯대	3,500원×1개	3,500
	오로라 스틱	2,500원×2개	5,000
	스크래처	19,900원×1개	19,900
	츄르	14,900원×10개	149,000
	낚싯대 벌/새	4,500원×1개	4,500
	트릿	8,100원×5개	40,500
	고양이 사료	12,000원×12개	144,000
	길고양이 급식소	23,700원×4개	94,800
	합계		585,200

학생참여예산제사업 제안서–길고양이 돌봄 프로젝트

'캣맘'들의 사부작사부작

길고양이를 위해 마련한 쉼터와 캣타워 설치를 끝낸 다음 날, 민원 한 건이 접수됐다. 고양이 털이 바람을 타고 급식소 안으로 들어가면 발생할 수 있는 위생 문제였다. 민원을 받고 이사한 후, 4개의 구역에 길고양이 쉼터가 정착되기까지 3~4번의 이동이 있었다. 태풍 소식에 '캣맘'들이 총출동해서 길고양이 쉼터와 캣타워를 안전한 곳으로 이동시킨 일도 있었다.

'캣맘'들은 요일별로 팀을 나눠 사료와 물을 챙기고, 주기적으로 쉼터를 청소하며 길고양이의 건강 상태를 확인했다. 더불어 일지를 기록하며 서로의 활동을 응원하고, 피드백을 주고받으며 소통했다.

길고양이 돌봄 일지 중 일부

- 3학년 선배들이 현장실습 면접 준비로 바쁜 것 같아 대신 사료와 물을 배분했다. 이빨이 없는 웅이를 위해 물에 사료를 불려서 주었다. 요 몇 주간 길고양이 쉼터를 청소하지 못해 위생 상태가 엉망이다. 청소가 시급하다.
- 날이 추워지니 길고양이가 따뜻하게 쉴 수 있도록 담요를 준비해야겠다. (중략) 길고양이가 사료통 바닥에 남은 사료를 먹기 힘들어한다. 높이가 낮은 사료통을 준비하면 좋겠다.

'캣맘'의 위기 탈출, 예산 확보

학생들의 자발적 참여로 길고양이 돌봄 활동은 순조롭게 진행되는 것 같았다. 그러나 종업식을 한 달 앞두고 사료 부족이라는 비상사태가 발생했다. 물품의 관리 상태를 미리 챙기지 못한 필자의 불찰이었다. 다행히 주변의 도움으로 문제를 해결할 수 있었다. 이를 계기로 지속적인 운영을 뒷받침하는 데는 예산 확보는 필수임을 알게 되었다. 각종 단체에서 운영하는 환경 활동 지원 사업도 있지만, 무엇보다 교육청 지원 사업이 확대되어 예산 확보가 수월해졌다. 교육

청별 목적사업비 발표 내용이 담긴 공문을 확인하면 다양한 친환경 활동 지원 사업을 확인할 수 있다. 학교 구성원들과 공유하여, 환경교육이 지속가능하도록 예산을 편성하면 좋을 것 같다.

'캣맘'의 다음 행보는

'캣맘'의 가장 큰 고민은 길고양이의 건강이다. '캣맘'의 가장 큰 고민은 길고양이의 건강이다. 제한된 예산으로는 건강검진, 진료 및 치료 비용을 감당하기 어렵다. 현실적인 문제에 부딪혀 방법을 찾던 중, 길고양이 치료비 마련을 위한 모금 활동과 플리마켓 운영 사례를 발견했다. 이를 벤치마킹해 '캣맘'과 함께 '길고양이 치료비 마련 프로젝트'를 기획하고 실행해 보고 싶다.

'캣맘'의 선한 영향력

'캣맘' 활동의 영향으로 여러 가지 변화가 생겼다. 그중 하나는 동물의 권리에 대한 인식이 변화한 것이다.

다음은 동물권 관련 책을 읽고, 독서 토론에 참여했던 학생의 말이다.

"동물유기, 축산동물 사태에 공범이 되어서는 안 된다는 생각을 많이 했어요. 인간 중심적 사고에서 벗어나 동물을 하나의 생명으로 존중하고, 동물의 권리도 보장해야 한다는 것을 알았어요. 불편한 진실을 외면하지 않고, 목소리를 내야겠다고 다짐했습니다."

참여 소감을 들으며 학생들의 마음속에 일어나는 작은 변화를 느낄 수 있었다. 변화를 지켜보며, 눈에 보이는 환경 활동의 파급효과와 선한 영향력의 힘을 믿게 됐다. 드러내야 작은 변화라도 끌어낼 수 있다. 그리고 이 변화가 지속될 수 있도록 환경교육을 공유하고, 고민을 함께 해결하는 연대의 연결고리가 필요하다. 교육 현장뿐만 아니라 일상에서 환경교육을 실천하는 사람들의 네트워크가 활성화되고, 더 많은 연결고리가 만들어지길 바란다.

팅커벨 프로젝트(http://www.tinkerbellproject.org)

유기동물 구호 활동이다. 유기견 보호소에서 안락사되기 직전에 구해온 '팅커벨'이라는 이름의 몰티즈 강아지 죽음을 계기로 시작되었다. 유기견 보호소 후원, 길고양이 캣맘 후원, 동물보호단체 연대 활동 등을 추진한다. 자원봉사는 홈페이지를 통해 신청할 수 있다.

"세상에 하나뿐인 길고양이 엽서입니다."[1]

구내염에 걸려 고통받는 길고양이 치료비 마련 프로젝트이다. 캣맘이 직접 찍은 사진엽서를 판매하고 수익금은 길고양이 치료비와 환경조성 기금으로 사용한다.

한국고양이보호협회(https://www.catcare.or.kr)

2005년 길고양이를 돌보는 사람들이 뜻을 모아 만든 국내 최초의 길고양이 보호단체이다. 길고양이 구조 및 치료지원, 불법포획·도살·판매 및 학대방지를 위한 캠페인, 인도적 길고양이 TNR 프로그램 실천과 홍보 그리고 동물보호라는 이름의 무분별한 동물수용소 반대 캠페인 등을 진행한다.

길고양이 중성화 사업(TNR)

TNR은 Trap(포획), Neuter(중성화 수술), Return(제자리 방사)의 앞글자를 따서 줄인 단어로, 길고양이 개체 수 증가를 막고, 안정적 돌봄으로 인간과 조화롭게 공존하는 환경을 조성하는 사업이다. 일부 지방자치단체에서 시행하고 있다.

---

1) https://m.blog.naver.com/tinkerbell-project/221869957455

수업자료는 QR코드로 이용할 수 있습니다.

4
연대하며
함께 환경하기

 주제 1 자연에서 놀고, 자연스럽게 연대하기

주제 2 시민단체와 맺은 MOU의 힘

1

자연에서 놀고,
자연스럽게 연대하기

프로젝트 1. 일상에서 딱 한발 더 나가는 가볍고 느슨한 연대활동 11

#플로깅 #아이스팩 #옷되살리기 #기부#전시회관람
#지원사업 #환경기자단 #생태놀이 #버드피딩

자율   일상 활동

	일상에서의 활동	교육 현장 연계 가능 활동	비고
1	플로깅, '부모와 아이' 줍깅 100일 프로젝트	- 학급 또는 학년별 줍깅 챌린시 - 줍깅 UCC 공모전 - '담배꽁초 어택' 관련 포스터 및 영상 공모전	☐ 애플리케이션 '챌린저스 (Challengers)'
2	아이스박스와 아이스팩 나눔	- 주거지 주변 아이스팩 수거함 위치 찾고 지도 만들기 - 아이스박스 또는 아이스팩 나눔 (기부) 후 인증하기	☐ 리아이스팩 (reicepack.com)
3	'옷 되살림 운동' 참여와 담요 기부	- 자원순환을 위한 플리마켓 - 유기동물 보호시설 담요 기부 - (심화) 동물권 관련 활동	☐ 한살림옷되살림운동 (hansalimotsalim.modoo.at)
4	리사이클링과 업사이클링	- 재활용품을 이용한 생활용품 만들기 - 올바른 분리배출 안내판 제작 - 관련 업체 견학 및 체험 - 폐기물 처리장 견학	☐ 코끼리 공장 (www.kogongjang.com) ☐ 서울환경연합 (seoulkfem.or.kr)
5	환경 관련 영상 및 전시회 관람	- 환경 관련 영상 및 전시회 관람 - 친환경 영상 공모전 운영 및 도전 - 환경 도서 읽고 독후활동	☐ 주니어해양컨퍼런스 주니어해양피켓챌린지 (juniorocean.org) ☐ 서울국제환경영화제 (sieff.kr)
6	시민 아이디어 지원 사업 '풀씨'와 환경기자단 도전	- 친환경 관련 공모전 조사 및 참여 - 지속가능한 친환경 활동 계획(제안)	☐ 꿈나무 푸른교실 (www.e-gen.co.kr) ☐ 환경부〉'소셜기자단' (www.me.go.kr)
7	친환경 현수막 만들기	- 못 입는 옷 리폼하기 - 못 입는 옷으로 급훈 만들기 - 모두의 옷장 운영(공유 옷장 개념)	

8	생태 놀이 및 생태 그림 그리기	- 화전 굽기, 천연염색 - 열매, 이파리, 흙 등으로 그림 그리기 - 자연물 이용한 만들기 - 자연물을 이용한 계절밥상 차리기 - 단풍나무 씨앗 날리기 - 생태 그림 그리기	
9	텃밭 가꾸기	- 텃밭일지 기록 - 텃밭 지도 그리기 - 수확물로 요리하기 - 학교 급식소에 채식 식단 제안 - 비건 요리법 조사 후 공유 - 비건 카페 및 식당 조사 후 지도 만들기	□ 토종씨드림 (www.seedream.org) - 커피 찌꺼기 퇴비 만들기 - 달걀껍데기로 식물 영양제 만들기 - 막걸리 트랩 만들기
10	버드피딩	- 새 모이통 만들기 - 버드피더 만들어서 나무에 걸어 두기 - (연계) 조류 유리창 충돌 방지를 위한 활동	
11	일상에서 친환경 제품 사용	- 친환경 제품 소개하기 - 친환경 제품 사용 후 인증하기 - 제로웨이스트 숍 견학 - 제로웨이스트 숍 조사 및 지도 만들기	
기타	플리마켓 참여, 천연 모기 기피제 및 질경이 연고 만들기, 시나몬 가랜드(garland) 만들기, 밀랍 랩과 소창 주머니 만들기, 비건 음식 만들기, 그림책 리사이클링(팝업 북 만들기), 신문지로 옷 만들고 패션쇼, 작아진 옷으로 쿠션 만들기, 우유갑으로 새 모이통 만들기, 대나무를 활용한 새 모이통과 젓가락 그리고 연필꽂이 만들기, 도토리 모종 키워 옮겨심기, 천연세제 만들기, 어린 연어 키우며 관찰일지 기록 후 방류, 재활 용센터 견학, 비건 포틀럭 파티, 목련꽃 풍선불기, 밀랍초 만들기, 콩나물 키우기 등		

자연과의 상호 작용은 신체와 심리·정서, 사회성 발달에 도움을 준다. 자연은 생태 감수성을 기반으로 생명을 존중하는 마음을 키워 주며, 더불어 살아가는 삶의 태도를 가르친다. 자연은 공동 육아 동지인 셈이다.

자연의 돌봄을 받았던 우리가 보답하는 마음에서 시작한 친환경 활동. 환경 친화적인 삶은 자발적인 불편함을 감수하는 일이다. 그래서 관성의 법칙처럼 이전의 편리한 생활로 복귀하곤 했다. 불편함이 일상이 되기 위해서는 애써 자각하고, 실천하는 노력이 필요하다. 혼자였다면 외롭고 힘들어 포기했을지도 모른다. 함께하는 사람들이 있어 지속할 수 있었다.

우리는 모두 씨실과 날실처럼 연결되어 살아간다. 생태계가 균형을 유지하며 공존하는 모습을 흉내 낼 수만 있다면 지속가능한 삶은 실현될 것이다. 그래서 다양성을 존중하고, 협력이 강조되는 환경교육이 필요하다.

기후 위기 시대를 살고 있는 아이들에게 경쟁을 통한 무분별한 성장보다는 서로를 돌보고 연대하는 삶의 가치를 유산으로 남겨 주고 싶다. 이러한 가치를 전하고 실현하기 위해, 필자는 오늘도 자연을 찾고, 환경교육의 씨앗을 나눈다.

'초록보따리'와 함께 일상에서 실천한 친환경 활동

초록보따리는 자연에서 만난 사람들과의 연대를 바탕으로 만들어진 작은 공동체이다. 자연에서 뛰노는 아이들 덕분에 자연스럽게 환경문제에 관심을 갖게 되었고, 공통된 관심사는 연대로 이어졌다. 미취학 자녀들과 함께 시작한 초록보따리는 생명다양성재단 '뿌리와 새싹' 소모임에 가입하고, 일상에서 생태 감수성을 키우는 활동을 이어가고 있다.

> **생명다양성재단 '뿌리와 새싹'**
> '뿌리와 새싹'은 동물, 이웃, 환경을 생각하고 실천하는 전 세계적인 풀뿌리 환경운동 모임이다. 1991년 탄자니아에서 제인 구달 박사를 만난 16명의 청소년으로부터 시작되었다. 한국은 생명다양성재단이 소모임 운영관리와 지원 업무를 총괄하고 있다.

① 플로깅(plogging), '부모와 아이 줍깅 100일 프로젝트'

행동 변화 플랫폼 카카오프로젝트 100을 통해 '부모와 아이 줍깅 100일 프로젝트'에 두 차례, 총 200일 동안 참여하고, 수료했다. 100일 동안 쓰레기를 줍고, 해당 플랫폼에 활동 사진과 소감을 올려 인증을 받는 방식이었다.

유치원 등·하원 길을 걸으며 건강도 챙기고, 쓰레기도 주웠다. 하원 후에는 놀기 전, 몸풀기 하듯이 놀이터에 버려진 쓰레기를 치웠다. 주말은 숲과 공원, 해변으로 갔다. 줍깅을 하고 있으면 관심을 보이며 질문하는 어린이가 많다. 질문에서 멈추지 않고, 쓰레기 줍기에 동참하기도 한다. 평가하고 재단하는 어른들과 달리 자연스레 놀이로 받아들이는 아이들의 모습을 보고, 놀이를 통한 환경교육을 그려 본다. 놀이가 삶과 생태를 연결하는 다리 역할을 하는 것이다. 다양한 방식의 커뮤니케이션을 통해 생태 감수성을 키우는 생태 놀이를 공유하고, 연대하는 것이다.

줍깅을 할 때 가장 많이 줍게 되는 쓰레기는 담배꽁초다. 버려진 담배꽁초 필터에서 나오는 미세플라스틱은 수질오염, 대기오염, 토양오염을 유발한다. 하수구를 통해 강이나 바다까지 흘러간 미세플라스틱은 해양 생물의 먹이가 되고, 먹이사슬 최상위에 있는 인간의 식탁까지 올라온다. 이뿐만 아니라 토양에서 길러진 식자재를 통해서도 식탁까지 올라온다. 플라스틱으로 가득 차 있던 향유고래나 앨버트로스처럼 인간 역시 다양한 경로로 미세플라스틱을 체내에 저장하게 된다. 담배꽁초 무단 투기로 인한 환경오염의 심각성을 알리고, 휴대용 재떨이 사용을 의무화하는 방안이 필요하다. 플라스틱 필터 대체재 개발을 요구하고, 담배꽁초의 효율적인 수거와 재활용 체제 마련을 촉구하는 활동을 기획해 보면 어떨까?

보너스 TIP

플로깅 등 환경 관련 활동을 자원봉사 실적과 연계할 수도 있다. 1365자원봉사포털, 청소년자원봉사 두볼(DOVOL), 사회복지 자원봉사인증관리 사이트 등에서 환경 관련 봉사활동을 신청하고, 활동한 후 봉사활동 실적을 교육정보시스템(나이스)으로 전송하면 된다.

> ### 챌린저스(Challengers)
>
> '챌린저스'는 연대하고 서로 독려함으로써, 행동에 변화
> 를 이끄는 습관 형성에 유용한 애플리케이션이다. 학급
> 및 학년 단위별 프로젝트를 진행할 때 활용하기 좋다.
> 개설된 챌린지에 참여하거나 원하는 챌린지를 직접 개설하여 운영한다. 환경 관련 챌
> 린지는 카테고리 중 '환경'에서 선택하거나 관련 단어로 검색 후 참여한다. 직접 개설할
> 때는 초대받은 사람만 참여할 수 있게 하는 비공개 설정도 할 수 있다. 챌린지 제목, 인
> 증 빈도, 기간(최대 8주), 인증 가능 시간, 시작일, 인증 방식 등을 입력하고 시작한다.
> 단, 예치금(최소 1천 원부터 가능)이 있으므로 신중하게 참여해야 한다. 예치금은 참여
> 자가 챌린지의 85% 이상 성공하면 100% 환급된다.

② 아이스박스와 아이스팩 나눔 활동

아이스박스와 아이스팩은 필요한 사람들에게 나눔으로써 재사용할 수 있다.
아이스박스는 송장과 테이프를 잘 제거하고, 훼손되지 않도록 주의한다. 요즘
에는 지자체별로 아이스팩 수거함을 설치해 두었다. 설치 장소는 행정복지센터
(주민센터)나 앱 '내 손 안의 분리배출'을 통해 확인할 수 있다.

구글(Google), '나만의 지도 만들기'를 활용해 '아이스팩 수거함 위치도'를 만
들고, 공유하는 활동도 계획할 수 있다.

> ### 리아이스팩(Re-ice pack)
>
> 재사용할 수 있는 아이스팩의 반납 예약 시스템이다. 거주 지역 주변에서 나눔 받기를
> 희망하는 업체의 정보를 확인할 수 있다. 종이 아이스팩이나 파손 또는 오염된 아이스
> 팩은 되돌아올 수 있으니, 주의해야 한다.

③ '옷 되살림 운동' 참여와 담요 기부

의류 재사용을 위한 '옷 되살림 운동'은 매년 봄(3~4월), 소비자생활협동조합
한살림에서 진행한다. 더 이상 입지 않는 옷을 모아 판매한 수익금으로 도움이

필요한 곳을 지원한다. 자원순환 활동이 이웃 돌봄으로 연결되는 좋은 예다. 얇은 누빔 이불, 담요, 수건 등은 유기 동물 보호시설에 기부할 수 있다. 이때는, 사전에 보호시설에 연락하여 나눔 희망 여부와 필요한 물품 등을 확인해야 한다. 불필요한 물품을 보내면, 보호시설 측이 쓰레기로 처리해야 하는 부담을 지게 되기 때문이다.

④ 리사이클링과 업사이클링

리사이클링과 업사이클링은 환경오염을 줄이고, 사회적 비용도 절감할 수 있는 방법이다. 울산에 있는 코끼리 공장에 방문하면 장난감 분해 및 분해품을 활용한 작품 제작, 플라스틱 조각을 이용한 키링 만들기 등을 체험할 수 있다. 버려진 장난감을 활용한 정크아트와 키링 만들기 체험을 하면서 장난감이 발생시킨 환경문제도 배운다. 일반적으로 장난감은 플라스틱뿐만 아니라 전선, 금속, 고무 등이 섞여 있는 복합 물질로서 분리배출이 어렵고, 폐기되기 때문에 환경문제를 일으킨다. 코끼리 공장에 장난감을 기부하면 재사용이 가능한 것은 수리하여 필요한 아동에게 나누어준다. 수리가 어려운 장난감은 분해되어 업사이클링 제품으로 재탄생된다. 장난감 기부는 홈페이지에서 기부 가능한 장난감 목록을 확인한 뒤, 방문 또는 택배(배송비 본인 부담)로 참여할 수 있다. 더불어, 새 장난감을 구매하는 대신, 시도 및 시군구 육아종합지원센터에서 운영하는 장난감 대여 서비스[1]를 이용해 보자. 자원을 절약하고, 폐기물을 줄이며, 재사용과 순환 경제에 기여할 수 있다.

서울환경연합에서 운영하는 '플라스틱 방앗간 참새클럽'은 손바닥보다 작은 크기의 플라스틱 쓰레기를 수집하고, 분쇄하여 업사이클링 제품을 만드는 곳이다. 크기가 작은 플라스틱은 선별 공정에서 분리하기 어려워 폐기물로 버려지는 경우가 많다. 버려지는 플라스틱 쓰레기를 줄이고, 새로운 제품의 원료로 사용될 수 있도록 '플라스틱 방앗간 참새클럽'에 작은 플라스틱을 모아서 보내 보

자. 보상으로 튜브 짜개, 비누 받침대, 열쇠고리 등의 업사이클링 제품을 받을 수 있다. 참여 과정에서 자신이 배출하는 플라스틱 양을 직접 확인하고, 이를 개선하려는 노력이 이어지면 좋겠다. 직접 방문하거나 택배 발송으로 참여하던 방식이 현재는 방문 수거만 가능하다고 한다.

코끼리 공장

코끼리 공장은 장난감 플라스틱의 순환으로, 지속가능한 사회를 꿈꾸며 아이들과 환경을 생각하는 장난감 전문 자원순환 기업이다. 홈페이지를 통해 장난감 순환의 의미와 과정, 재생 소재 생산 과정, 정크아트, 다양한 환경교육 등에 대한 정보를 확인할 수 있으며, 체험 활동도 신청할 수 있다.

서울환경연합

서울환경연합은 생명·생태·참여의 가치를 향해 풀뿌리 환경보호 활동을 하는 NGO(비영리시민단체)이다. '프레셔스 플라스틱'[2] 프로젝트의 일환으로 플라스틱방앗간을 만들고, 국내에 플라스틱 작업 공간 확산을 지원하고 있다. 뉴스레터 '위클리어스'를 신청하면 주간 환경 이슈가 담긴 글을 이메일로 받아볼 수 있다.

※ 참고 사이트: 플라스틱방앗간 참새클럽(https://ppseoul.com/mill)

---

⑤ 환경 관련 영상 및 전시회 관람

　그림, 사진, 영상 등과 같은 시각 매체는 환경문제를 직관적으로 이해하는 데 효과적이다. 생태환경 사진작가 크리스 조던의 전시회 〈아름다움 너머〉와 다큐멘터리 〈Albatross〉, 〈잡식 가족의 딜레마〉, 〈우리의 지구〉, 〈산호초를 따라서〉, 〈플라스틱, 바다를 삼키다〉 등은 유용한 시각 자료로 활용할 수 있다. 연계 활동으로 영상 제작이나 공모전 참여에 도전해 보는 것도 좋다. 환경 관련 그림책이나 동화책을 읽고, 책 소개와 함께 느낀 점을 그림으로 표현하는 활동도 추천한다.

주니어해양컨퍼런스

주니어해양컨퍼런스는 기후 및 해양환경위기에 대한 인식을 확산하고, 주니어들의 제언 및 실천 방안을 듣고 나누기 위해 2021년부터 매년 열리는 행사이다. 주니어 해양피켓 챌린지 UCC 및 영상공모전 주제 및 참여 방법 등의 정보는 홈페이지를 통해 확인할 수 있다.

서울국제환경영화제

2004년을 시작으로 매년 세계 환경의 날(6월 5일)에 맞춰 열리는 환경 영화제로, 영화를 통해 지구와 인류의 공존에 대한 생각을 나누는 축제이다.

· 시네마 그린틴: 어린이와 청소년들에게 환경교육의 기회를 제공하는 프로그램이다. 청소년 그린 리더 양성을 목표로 환경 영화와 체험 워크숍을 제공한다. 모집 기간 및 신청 방법 등은 홈페이지를 참고한다.

· 디지털 상영: 관람료는 무료이다. 디지털 상영관 예매 및 관람 방법, 유의사항 등은 홈페이지를 참고한다.

⑥ 시민 아이디어 지원 사업 '풀씨'와 환경기자단 도전

　재단법인 숲과 나눔의 '풀씨'는 환경과 관련한 주제로 개인 또는 단체 누구나 참여할 수 있는 시민 아이디어 지원 사업이다. 아이디어가 채택되면 최대 300만 원까지 지원받는다. 홈페이지에 안내된 활동 성과 및 결과 자료집 등은 환경교육에 활용할 수 있다.

　시민단체, 기업, 지자체 등 학교 밖에서 진행되는 다양한 활동에 참여하면서 얻은 경험과 지식도 환경교육에 적용할 수 있다. 그리고 비슷한 가치를 공유하는 사람들과의 만남은 활동을 지속할 수 있는 중요한 동력이 된다. 예를 들어, 삼성엔지니어링이 운영하는 꿈나무 푸른교실, '꿈푸 환경기자단'은 만 10세부터 19세 청소년이라면 누구나 지원할 수 있다. 환경부 주관의 '소셜기자단'도 추천할 만한 활동이다.

　소식지를 만들면 주변에 환경 이슈, 환경 활동 등을 널리 알릴 수 있다. 소식지 이름 공모전, 이달의 기사 선정 같은 작은 이벤트도 겸하면 학생들의 흥미와

동기를 유발할 수 있다. 학교에 소식지가 발행되고 있다면, 환경 관련 코너를 신설하여 참여해 보자. 학생과 교직원들에게 환경문제에 대한 인식을 높이고, 지속가능한 생활방식을 실천할 수 있는 유용한 정보를 제공할 수 있다.

재단법인 숲과 나무, 시민아이디어 지원 풀씨

우리 사회를 더 안전하고 지속가능한 곳으로 만들기 위한 시민들의 창의적인 아이디어 발굴 및 실행 지원으로 대안을 마련한다.

꿈나무 푸른교실, 환경기자단

꿈나무 푸른교실은 삼성E&A의 대표적인 사회 공헌 프로그램으로 어린이와 청소년을 대상으로 다양한 온/오프라인 환경교육활동을 하고 있다. 재능 나눔을 통해 어린이들에게 다양한 환경 관련 전문 지식을 전파하고 하나뿐인 지구의 중요성을 인식시켜 미래 환경시민으로 자라날 수 있도록 한다. 꿈나무 푸른교실 사이트에 접속해 환경기자단 탭으로 들어가면 청소년 기자의 다양한 환경 관련 기사와 인터뷰 등을 볼 수 있다.

환경부, 소셜기자단

환경부 소셜기자단은 환경부 홈페이지와 네이버 블로그(https://blog.naver.com/mesns)를 통해 모집한다. 환경부 블로그에 접속해 환경톡톡 〉 소셜기자단 탭으로 들어가면 소셜기자의 다양한 기사와 환경 관련 활동 정보를 얻을 수 있다.

---

⑦ 친환경 현수막 만들기

친환경 현수막 제작은 오랜 기간 진행된 의미 있는 프로젝트였다. 입지 못하게 된 옷을 재단하고, 손바느질로 연결하는 과정에 미취학 아동들이 함께 참여했다. 이 현수막은 단순한 장식을 넘어, 사진 촬영 시 연대와 소속감을 상징하는 중요한 도구가 됐다.

행사나 캠페인용 현수막은 보통 일회성으로 제작되며, 짧게 사용된 후 버려진다. 버려진 현수막은 소각되거나 매립되어 환경 문제를 더욱 악화시킨다. 주기적인 행사에 사용되는 현수막에는 일정 정보를 제외하고, 행사명만 넣어 제작하면 재사용할 수 있다. 그리고 친환경 재료와 방법으로 현수막을 제작하고,

작은 공동체 '초록보따리' 현수막 만들기

지속적으로 활용하면 환경 보호에 도움이 된다.

가장 아끼는 공간에 직접 만든 친환경 현수막을 선물하면, 자신이 속한 모임과 활동 내용을 알릴 수도 있고, 단체 간의 유대감을 쌓기에도 좋다.

⑧ 생태 놀이와 생태 그림 그리기

자연을 오감으로 체험하는 놀이는 생태 감수성을 높인다. 놀이는 자연과 아이들의 삶을 자연스럽게 연결한다. 아이들은 놀이를 찾는 과정에서 자연을 유심히 관찰하고, 알아간다. 놀이를 통해 재미를 느낀 공간은 자주 찾게 되며, 그곳의 변화를 민감하게 받아들인다. 굳이 설명하지 않아도 계절의 변화를 체감하고, 생명의 소중함을 알아간다. 더불어, 소중한 공간을 지켜주고 싶은 마음이 자라기 시작한다.

아이들과 함께 지구별 동글쌤의 '생태 그림 그리기'[3]에 참여하고 있다. 월 1회씩 줌(Zoom)으로 만나 주제에 맞는 생태 그리기를 한다. 완성된 작품은 패들렛(Padlet)으로 만든 온라인 작품 전시관에 올려 함께 감상한다. 생태 그림 그리기의 가장 큰 매력은 '관심'과 '알아차림'이다. 우리가 살고 있는 생태 환경에 관심을 두고, 생명의 다양성을 존중하며, 살아 있는 것들에 대한 경이로움을 알아

떨어진 나뭇가지와 나뭇잎으로 가을 나무 표현하기　　　　자연물을 이용한 소꿉놀이

열매 으깬 물로　　　체에 곱게 거른 흙과 물을　　열매, 꽃잎, 나뭇잎을　　나뭇잎 가면 놀이
그림 그리기　　　　섞은 흙물로 그림 그리기　　이용한 천연염색

목련꽃 풍선 불기　　　봄꽃으로 화전 굽기　　　딱풀과 모래를 이용한　　도롱뇽 알 채집 및 관찰
　　　　　　　　　　　　　　　　　　　비밀 그림

차리는 것이다. 그림을 못 그려도 괜찮다. 그동안 무심코 지나쳤던 주변 환경에 눈길을 줄 수 있는 마음만 있으면 된다. 오감으로 받아들인 생태를 각자의 방식으로 표현하는 즐거움을 넘어 서로에게 집중하고, 가치를 공유하는 시간이 될 것이다.

⑨ 텃밭 가꾸기

　아이들은 텃밭에서 자라는 작물을 통해 흙의 생명력을 느낀다. 작물의 성장에는 토양뿐만 아니라 햇볕과 바람, 물, 양분이 필요함을 깨닫는다. 씨앗을 뿌리고 돌보며 수확의 기쁨을 누리는 과정에서 자연의 순환과 생명에 대한 원리도 배운다. 직접 재배한 파, 마늘, 양파, 무, 배추로 김치를 담그며, 땀 흘려 가꾼 먹거리의 소중함을 직접 체험하는 것은 매우 값진 경험이다.

학교에 텃밭이 없다면 화단이나 페트병, 화분 등을 활용해 미니 텃밭을 만들 수 있다. 연계 활동으로 패들렛(Padlet)을 활용한 텃밭 일지 기록, 텃밭 지도 그리기, 수확물로 요리하기 등을 추천한다.

올해는 토종 씨앗 받기(자가채종[4])에 도전하고 있다. 종묘상에서 판매하는 완두콩 씨앗을 본 적이 있는가? 녹색 완두콩을 상상했다면, 붉은색 씨앗을 보고 놀랄 수 있다. 종묘상에서 판매되는 씨앗은 살충제를 도포하거나 벌레들이 싫어하는 색의 염료를 살충제와 섞어 바르기도 한다. 고령화된 농민들의 작업 효율성을 개선하기 위해, 너무 작아 눈에 보이지 않거나 손으로 뿌리기 힘든 씨앗은 코팅하여 크기를 키우기도 한다. 이렇게 만들어진 씨앗은 자가채종이 어렵다. 그래서 해마다 씨앗을 재구매하게 된다. 이를 해결하는 방법이 토종 씨앗 살리기다. 토종 씨앗은 씨앗도서관을 통해 구할 수 있다. 후원금으로 운영되는 지역별 씨앗도서관에서 토종 씨앗을 빌려 한 해 농사를 짓고, 자가채종한 씨앗을 반납하면 된다. 토종 씨앗 나눔 행사도 많으니 관심 있게 살펴보면 좋겠다.

토종씨드림

토종 씨앗과 전통농업으로 생명을 지키고, 이웃과 나누려는 사람들이 결성한 민간단체이다. 각 지역의 특성에 맞는 토종 씨앗의 수집에서부터 활용, 증식하는 방법을 알려주며 교육과 활성화에도 힘쓴다.

※ 참고 영상
· 커피 찌꺼기 퇴비 만들기 [5]
  유튜브 〉 농촌진흥청 농사로TV 〉 [농촌진흥청 농업기술] 커피박을 이용한 유기농퇴비
· 달걀껍데기로 식물 영양제 만들기 [6]
  유튜브 〉 농촌진흥청 〉 친환경 농자재 ② 달걀 껍질로 만드는 '난각칼슘'
· 막걸리 트랩 만들기 [7]
  유튜브 〉 추현만119TV 〉 해충 잡는 막걸리트랩 만드는법

버드피딩

⑩ 버드피딩

한겨울, 감나무를 보고 까치밥 이야기를 들은 아이들이 솔방울 사이사이에 견과류와 곡식을 넣어 버드피더를 만들었다. 그리고 뒷산에 올라 나무에 버드 피더를 매달았다. 아이들은 새들이 모이를 잘 먹고, 건강하게 겨울을 보내기를 바라며 봄을 기다렸다. 날이 풀려 뒷산에 올라가 보니, 솔방울 속에 넣어둔 견 과류와 곡식이 모두 비어 있었다. 이를 본 아이들은 뛸 듯이 기뻐했다.

기후변화로 인한 생태계 변화, 무분별한 개발로 인한 서식지 파괴와 먹이 부 족 등 새와 관련된 환경 문제는 매우 다양하다. 그중 하나는 새들이 유리창에 충돌하는 문제이다. 한번은 아이가 아파트 입구의 유리문에 부딪혀 죽어 있는 새를 발견하고, 경비 아저씨에게 도움을 요청했던 경험을 이야기했다. 산소쌤 들은 조류 유리창 충돌에 대한 수업을 함께 구상하며 관련 자료를 공유했다. 관 련 자료는 '어쩌다, 산소쌤' 카페를 통해 확인할 수 있다.

⑪ 일상에서 친환경 제품 사용

초록보따리 모임에서 빠질 수 없는 준비물은 도시락이다. 일회용품 사용을 줄이기 위해 사용하던 일반 수저는 보관과 휴대가 불편했다. 그러던 중, 우연히 제로웨이스트 숍에서 접이식 수저를 발견하게 되었다. 이후 일회용품이나 플라 스틱, 비닐 등을 대체할 수 있는 친환경 제품에 관심이 생겼고, 일상에 많은 변화가 찾아왔다. 지금은 소창 주머니[8], 천연 수세미, 샴푸바, 린스바, 주방 비누, 대나무 칫솔과 고체 치약, 소창 행주, 와입스[9], 밀랍 랩[10], 유리 빨대 등이 생필품이 됐다. 텃밭에서 직접 키운 수세미로 설거지용 수세미를 만들어 사용하기도 한다.

이외에도 플리마켓 참여, 천연 모기 기피제 및 질경이 연고 만들기, 시나몬 가랜드(garland) 만들기, 밀랍 랩과 소창 주머니 만들기, 비건 음식 만들기, 그림책 리사이클링(팝업 북 만들기), 신문지로 옷 만들고 패션쇼, 작아진 옷으로 쿠션 만들기, 우유갑으로 새 모이통 만들기, 대나무를 활용한 새 모이통과 젓가락 그리고 연필꽂이 만들기, 도토리 모종 키워 옮겨심기, 천연세제 만들기, 어린 연어 키우며 관찰일지 기록 후 방류, 재활용센터 견학, 비건 포틀럭 파티, 목련꽃 풍선 불기, 밀랍 초 만들기, 콩나물 키우기 등 다양한 활동을 했다.

초록보따리와 땡땡마을

울산 상북면에 있는 울산마을교육공동체거점센터(땡땡마을)는 자연에서 활동하는 초록보따리가 실내 활동을 할 때 찾는 공간이다.

이곳은 정겨운 품앗이가 이루어지고, 자발적인 동기로 활동하는 마을 교사들의 따뜻한 환대가 있는, 사람 냄새가 나는 곳이다. 쳇바퀴 같은 일상에서 잠시 벗어나 엉뚱한 상상을 펼치고, 그 상상을 실현하며 배움과 성장이 함께 이루어지는 곳이기도 하다. 땡땡마을은 공간마다 생태 감수성이 배어 있어 친환경 활동이 자연스럽게 체화되는 곳이다. 학생들의 자원봉사로 운영되는 땡땡마을 자원 순환 가게를 통해 올바른 분리 배출 방법도 익힐 수 있다.

"땡땡마을에 놀러 온 사람들이 쓰레기를 버리지 못하게 하고 싶어요." 초록보따리 아이들이 땡땡마을 앞마당에서 쓰레기를 줍다가 즉석에서 캠페인을 제안한 적이 있다. 그래서 종이상자와 꾸미기 재료를 준비해, 전하고 싶은 메시지를 담은 피켓을 만들었다. 피켓은 땡땡마을 중앙 홀에 전시되었다.

목공, 제과, 된장과 장 담그기, 김치 담그기, 대나무 구조물 만들기 등에도 참여하며 적정기술[11]에 대한 관심도 키워 나갔다.

땡땡마을에서의 다양한 경험과 활동들은 아이들에게 자연과 사람, 기술과 환경에 대한 새로운 시각을 열어주고, 스스로 배우며 성장하는 기회를 제공했다. 아이들이 자발적으로 참여하고 상상력을 발휘하며 만들어가는 작은 변화들이 지속가능한 미래로 이어지길 기대한다. 땡땡마을은 그 시작점이자 함께 꿈을 실현하는 소중한 공간으로, 앞으로도 많은 이들에게 배움과 연대의 장을 열어줄 것이다.

---

1) 영유아 발달과 흥미에 적합한 장난감 대여를 지원하는 가정양육 지원 서비스이다.
2) 프레셔스 플라스틱(precious plastic): 오픈소스로 공개된 도면을 활용하여 플라스틱 가공 기계를 제작해 누구나 쉽게 플라스틱 업사이클링에 참여하도록 하는 글로벌 커뮤니티이다.
3) 이진미 선생님이 이끄는 '생태 그림 그리기'는 '어쩌다, 산소쌤' 카페 및 오픈 채팅방을 통해 참여할 수 있다.
4) 작물을 재배하는 농가에서 다음 해에 사용할 씨앗을 직접 생산하는 일(출처: 국어사전)
5) https://www.youtube.com/watch?v=HLu6P1qNOGo
6) https://www.youtube.com/watch?v=a9Ll7tZU8fc
7) https://www.youtube.com/watch?v=Ygxk6uNotqo
8) 일회용 비닐봉지 대신 사용하는 친환경 소재 주머니. 장바구니, 도시락 가방, 여행용품 보관 등 다양한 용도로 사용 가능하며 특히, 통기성이 좋아 식재료 보관에 좋다.
9) 휴지나 물티슈 대신 사용한다. 주로 소창으로 만들어 피부 문제를 유발하는 형광 증백제로부터 안전하다.
10) 벌집에서 나온 천연 밀랍과 면으로 만들어져 접착력과 방수 기능이 있어 비닐랩 대용으로 사용한다.
11) 해당 지역에서 지속적인 생산과 소비를 할 수 있도록 만들어진 기술로, 인간의 삶의 질을 궁극적으로 향상할 수 있다. (출처: 네이버 지식백과)

2

시민단체와 맺은
MOU의 힘

프로젝트 1. 2050 탄소중립 청소년 리더 프로젝트 1기

6차시	학교 밖 연대 활동		
차시	활동	활동 내용	비고
1	온라인 발대식	• 온라인 발대식(6월) - 발대식 인사말 - 양 기관 대표 격려사 - 프로그램 안내 - 탄소중립과 에너지 절약 사전 교육 - 질의응답	※ 사전 교육
2	청소년 홍보대사 피켓 캠페인	• 청소년 홍보대사 피켓 캠페인 진행(7월) - 빈 상자로 탄소중립 및 에너지 절약에 대한 피켓 만들기 - 학교 안, 교문 앞 등에서 피켓 캠페인 하기 - 인증 사진 및 후기 패들렛에 업로드하기	※ 개별 활동
3	도전! 우리 집 탄소중립 캠페인	• 도전! 우리 집 탄소중립 캠페인 진행(8월) - 8월 한 달간 각 가정에서 에너지 절약 실천하기 - 인증 사진 및 소감 패들렛에 업로드하기	※ 개별 활동
4	온라인 환경특강	• 고등학교 선배가 들려주는 환경 특강(8월) • 서울대 환경공학과 윤순진 교수 특강(9월)	※ 온라인 교육
5	소감문 쓰기	• 2050 탄소중립 청소년 리더 프로젝트에 대한 소감문 작성하기 • 활동사진과 함께 e-mail로 제출하기	※ 개별 활동
	결과 발표	• 에너지 절감 결과 발표 • 활동 우수자 및 학급 상장 수여 • 보도자료 배포 및 홍보	
6	간담회	• 제1기 탄소중립 청소년 리더 간담회 - 양 기관의 실무자 및 참석자(학생, 교사, 학부모) 등 - 프로젝트 결과 발표 및 2024년 계획 협의	

2021년 기후 위기 대응의 해를 맞이하여, '학교 안 그린 생활 실천 교육'을 주제로 '기후 위기 대응의 해 TF팀(이하 기대해 팀)'이 결성되었다. 기대해 팀은 학교와 가정에서 실천할 수 있는 기후 위기 대응 활동을 알리는 다양한 캠페인을 기획하고 전국적으로 릴레이를 실시했다. 기대해 팀의 첫 업무는 단체 채팅방 입장이었다. 전국에서 모인 여러 선생님들과 소통하고 각자 '환경교육'에 대한 고민을 나누기 위해서였다. 온라인 회의를 통해 월별로 담당자를 두고, 플로깅, 비건, 분리배출, 자원 순환, 제로웨이스트 등 다양한 주제의 캠페인과 특강을 진행하기로 결정했다. 담당자들은 매월 캠페인 주제를 공부하고, 웹자보 등 홍보물을 만들어 온라인으로 배포했다. 매월 주제별 캠페인 홍보 카드 뉴스와 함께 주제에 맞는 환경 도서도 소개했다.

처음 모일 때부터 모든 사람의 생각을 당장 바꿀 수는 없다는 것을 알고 시작했다. 중요한 것은 담당자들이 지치지 않고 더 많은 사람들에게 꾸준히 알리는 일이라며 서로를 다독이며 활동을 이어갔다.

시민단체와의 업무협약(MOU)

기후 위기 대응을 위해 '에너지 절약'을 주제로 캠페인을 진행할 계획을 세우면서, '에너지시민연대'에 협조를 요청했다. 환경 분야에 대한 전문성과 캠페인 경험을 갖춘 시민단체와의 협업과 연대가 중요하다고 느꼈다.

에너지시민연대에 '기대해 TF팀'의 활동을 소개하고, 교사들도 학교에서 학생들과 함께 기후 위기 대응을 위해 애쓰고 있다는 점을 강조했다. 사전 협의와 조율을 거쳐 두 기관은 '지속가능한 미래 사회를 만들기 위해 상호 협력하겠다.'라는 업무협약(MOU)을 체결하기로 했다.

두 기관의 업무협약 체결 절차는 다음과 같다.

- 실무자 간 상호 기관 소개 및 협의
- 기관의 장 또는 위원회의 합의(결재)
- 업무협약서 만들기와 상호 검토
- 업무협약식 실시

만약 환경단체와의 업무협약을 고민하고 있다면, 우선 학교에서 가까운 환경단체의 활동부터 탐색하고, 홈페이지 등을 통해 그 성격과 기존 활동을 파악한다. 교사가 먼저 개인 후원과 활동을 해 본 후에 학생들과 함께할 만한 프로그램을 찾아 연대 활동을 추진해 보는 것도 추천한다.

업무협약(MOU)

MOU(Memorandum of Understanding)는 각 기관 간에 업무를 원활하게 수행하기 서로 협력하거나 사안에 따라서는 공동으로 진행하기 위한 약속을 할 때 주로 체결한다. 에너지시민연대와 '기후 위기 대응 및 지속 가능한 에너지 사회를 실현하기 위해' 업무협약(MOU)을 체결했다. 협약식은 코로나19가 확산되던 시기라 온라인으로 진행하자고 제안했고, 사전에 조율한 업무협약서는 등기 우편으로 주고받았다.

양 단체는 ▲기후 위기 대응 및 에너지 절약을 위한 지식 정보 교환, ▲에너지의 날(8. 22.) 캠페인 추진, ▲기타 지속 가능한 에너지 전환을 위한 홍보 등의 분야에서 적극적으로 상호 협력할 것을 합의했다.

업무협약식 이후에는 '보도자료'를 작성하여, 사진과 함께 언론사에 보냈다.
만약 학교가 다른 단체와 업무협약을 진행한다면, 업무협약서를 작성하고 양 기관의 상호 검토가 필요하다. 협약식 날짜를 정하고, 양 기관의 대표가 업무협약식을 진행·체결하면 된다. 협약식이 종료된 후 지역신문 기자들에게 미리 작성해 둔 보도자료를 발송하여 지역 사회에 홍보도 할 수 있다.

탄소중립 청소년 리더 프로젝트

양 기관의 업무협약을 기반으로 청소년 대상의 탄소중립 캠페인 프로젝트를 공동 주최하기로 했다. '청소년'들이 주체적으로 신청하고, 참여하는 프로젝트면 좋겠다는 고민을 했다. 청소년들이 기후 위기의 당사자로서, '리더'가 되어 기후 위기의 심각성을 알리고 지속적인 실천을 하도록 돕는 것이 우리의 목표였다. 일회성 활동이 아닌, 탄소중립의 생활화와 습관화를 위한 지속가능한 캠페인을 만들기 위해 함께 고민했다.

① 프로젝트 공동 주최

두 기관의 장점을 살려 초·중·고등학교 학생을 대상으로 탄소중립 캠페인 프로젝트를 공동 주최하기로 했다. 실무자 협의를 2, 3번 거친 후에 '청소년'을 주체로 하는 탄소중립 캠페인 프로젝트에 대한 기획의 초안을 완성했다.

'에너지시민연대'에서는 환경 콘텐츠와 캠페인 활동에 대한 경험을 공유해 주었고, 우리는 우리가 가장 잘 알고 있는 학교와 청소년들에 대한 경험을 나누었다. 활동 내용뿐 아니라 모집 방법과 기념품, 상품, 봉사 시간 부여 여부 등 이야기할 것이 많았다.

② 사전 준비

- 프로젝트 협의 및 기획 회의(3월)
  - 프로젝트 내용, 프로젝트명, 참가 대상, 일시, 참여 방법, 필수 활동, 선택 활동, 신청서 양식, 업무 분담 등
- 사전 프로젝트 준비(4월)
  - 관련 기관 협조 구하기(한국전력공사, 1365자원봉사센터 등)
  - 사전 학습 공간 만들기(패들렛)
  - 신청서 양식 만들기(구글 폼)
  - 홍보용 공문 양식 만들기

- 홍보 및 신청 접수(5월)
  - 교육청 및 학교에 공문 발송
  - 홍보(각 기관 홈페이지, SNS)
  - 참가자 모집 및 신청서 취합
  - 참가자에게 공지 사항 안내
  - 기념품 발송(절전용 2구 멀티탭)

이 프로젝트를 도와줄 교사들로 서포터즈단을 꾸렸다. 그들과 함께 청소년 리더들이 실천 활동 전에 스스로 환경에 대해 공부하도록 도와줄 방법을 고민하고 패들렛으로 '사전학습공간'을 마련했다. 사전학습공간을 채우며, '해양환경정보포털', '인천광역시 교육청 기후생태환경교육 자료실', '환경교육포털', '탄소중립포털' 등의 사이트에서 도움을 받았다.

그리고 '탄소중립 기록장'이라는 이름의 온라인 개인 공간을 만들어 참여한 청소년들이 실천 활동을 인증하고 소감을 작성하도록 했다. 전체 학생이 참여하는 온라인 소통 공간이 마련되었다면 더욱 좋았겠지만, 익명성이나 온라인 공간에서 예상치 못한 문제가 발생할 수 있다는 이유로 개별 공간을 마련 제공하게 되었다. '탄소중립 기록장'은 '기록장 안내', '위촉장', '사전학습 공간', '필수미션 1, 2, 3', '수료증' 등의 부문으로 구성되었다. 프로젝트에 참여한 청소년들은 총 세 가지 미션을 수행했다. 스스로 에너지 절약을 실천하고, 학교에서 친구들을 대상으로 캠페인을 진행했다. 모든 미션을 이수한 참여자들에게는 '이수증'과 활동 사진 및 소감이 담긴 '수료증'을 전달했다.

③ 프로젝트 소개

청소년 개인 신청과 지도 교사 신청이라는 두 가지 방법으로 학생을 모집했다. 각 시도교육청에 홍보 공문을 발송하고, 커뮤니티와 SNS에도 홍보했다. 전국에서 모인 초등 · 중 · 고등학생 청소년 리더들이 2022년 6월부터 9월까지 수행한 세 가지 필수 미션은 다음과 같다.

• 첫 번째 미션: 온라인 발대식에 참석하고 후기 남기기

　6월 11일에 온라인으로 발대식을 진행하였다. 학생들은 이 프로젝트를 주최한 대표들의 격려사를 듣고, '가정에서의 에너지 절약'에 대한 교육을 받았다. 전반적인 '활동 안내'와 탄소중립 기록장 사용법 소개로 발대식은 마무리되었다. 당일 참여하지 못한 참여자들에게는 유튜브를 통해 발대식 내용을 공유했다.

• 두 번째 미션: 청소년 홍보대사, 나도 툰베리처럼

　7월 중에는 '청소년 홍보대사, 나도 툰베리처럼'이라는 주제로 활동했다. 청소년 기후 행동가가 되어 '피켓'을 만들고, 학교 앞에서 기후 위기 대응과 탄소중립에 대해 알리는 캠페인을 진행하였다. 1365자원봉사포털과 연계하여, 신청자에게는 봉사 시간도 부여했다.

• 세 번째 미션: 우리 집 에너지 절약 실천

　세 번째가 가장 중요한 미션으로, 청소년들이 각 가정에서 8월 한 달 동안 에너지 절약 실천에 도전했다. 에너지 절약의 생활화 및 습관화를 목표로 한 활동이었다. 그리고 전년도 같은 달과 대비하여 얼만큼의 에너지를 절감했는지 그 결과를 수치로 받았다. 참여자들의 동의하에 한국전력공사와 도시가스공사의 협조를 받았는데, 그 결과는 표와 같다. 청소년들이 사회를 바꿀 수 있다는 우리의 믿음이 결과로 되돌아왔다. 특히 초등학교 저학년 학생들의 적극적인 실천과 높은 참여율이 인상 깊었다.

- 우리의 도전 목표!

전년도 8월 대비 각 가정의 에너지 5% 절약하기.
(300명의 학생 가구가 1개월간 전년 대비 5%, 4,560kWh 절약 달성 시 온실가스 2,094㎏ 절감의 효과가 있다.)

- 우리의 도전 결과!

8월 한 달간, 총 611개의 가정이 참여하여 전력 10,642kWh(온실가스 4,512㎏[1]) 절감에 성공했다! (목표 대비 258.6% 달성)
1) 제1기 2050 탄소중립 청소년 리더(도전 가구: 194가구)
 · 전력 절감량: 4,355kWh(전년 대비 가정당 10.28% 저감)
2) 도전! 우리 집 탄소중립-에너지 리더 학급(도전 인원: 417명)
 · 전력 절감량: 6,287kWh(전년대비 가정당 8.05% 저감)

④ 선택 활동―탄소중립 특강

　필수 미션은 아니지만 희망하는 학생과 교사, 보호자를 대상으로 한 '탄소중립 특강' 시간을 마련했다. '탄소중립'의 의미와 활동 실천 이유에 대해 함께 생각해 볼 수 있었다.

　첫 번째 특강은 2022년 8월 20일에 진행되었다. 생태환경교육을 실천하고 책을 쓴 작가를 초빙했다. 〈산소발자국을 따라서 지구 지키기〉의 공동 저자인 고등학생이었다. 대구과학고 산소발자국 동아리 학생으로서 고등학교 시절에 했던 다양한 활동부터, 기후 위기의 심각성을 인식하게 된 계기들을 생동감 있게 들려주었다. 간단하지만 재미있는 환경 퀴즈도 진행해 '탄소중립 리더' 친구들의 적극적 참여를 유도했다. 전국 각지에서 접속한 어린 학생들이 직접 목소리를 내거나 채팅창을 통해 환경에 대해 소통했다.

　강의 내용의 하이라이트는 2050년에 자신이 몇 살인지 계산해 보는 시간이었다. 특강에 참석한 청소년들이 기후 위기의 당사자임을 다시금 실감했다. 특강의 마지막은 참석한 모든 사람이 탄소중립에 대한 의지와 실천을 담은 피켓을 들고, 온라인에서 캠페인을 하며 마무리했다. 청소년 리더들은 교사나 전문

강사가 아닌 고등학교 선배가 해 주는 환경 이야기라 더욱 깊이 공감했다.

두 번째는 윤순진 서울대 환경대학원 교수의 전문가 특강이었다. 탄소중립 청소년 리더뿐 아니라 보호자와 일반 교사들의 신청도 받았다. 기후 위기의 개념과 경제적 의미로 살펴보는 탄소중립에 대한 설명이 이어졌다. 기후 위기에 대한 편견을 깨고, 우리가 기후 시민이 되어야 하는 이유를 명확하게 알 수 있는 시간이었다.

프로젝트 2. 2050 탄소중립 청소년 리더 프로젝트 2기

#특강 #우리집캠페인 #청소년홍보대사
#소감문 #간담회 #결과발표 #시상

차시	활동	활동 내용	비고
1	탄소중립 온라인 특강	• 전 국립과천과학관 '이정모' 관장이 들려주는 전문가 특강(7월) • 탄소중립과 에너지 절약 사전 교육	※ 사전 교육
2	도전! 우리 집 탄소중립 캠페인	• 도전! 우리 집 탄소중립 캠페인 진행(8월) - 8월 한 달간 각 가정에서 에너지 절약 실천하기 - 인증 사진 및 소감 패들렛에 업로드하기	※ 개별 활동
3	청소년 홍보대사 피켓 캠페인	• 청소년 홍보대사 피켓 캠페인 진행(9월) - 빈 상자로 탄소중립 및 에너지 절약에 대한 피켓 만들기 - 학교 안, 교문 앞 등에서 피켓 캠페인 하기 - 인증 사진 및 후기 패들렛에 업로드하기	※ 개별 활동
4	소감문 쓰기	• 2050 탄소중립 청소년 리더 프로젝트에 대한 소감문 작성하기(10월) • 활동 사진과 함께 e-mail로 제출하기	※ 개별 활동
5	간담회	• 제2기 탄소중립 청소년 리더 간담회 - 양 기관의 실무자 및 참석자(학생, 교사, 학부모) 등 • 에너지 절감 결과 발표 • 활동 우수자 시상 • 보도자료 배포 및 홍보	

2022년 2050 탄소중립 청소년 리더 프로젝트가 600명이 넘는 청소년들의 참여로 성공리에 끝나고, 업무 담당자로서는 벅찬 보람과 함께 이 프로젝트를 어떻게든 이어가고 싶다는 의지가 생겼다. 에너지시민연대와 프로젝트 2기에 대해 미처 논의하기도 전에, 1기를 수료한 학생과 학부모들에게 먼저 연락이 왔다. 2기는 언제 시작하느냐, 어떻게 접수할 수 있느냐 하는 것이었다. 그렇게 에

너지시민연대와 함께하는 탄소중립 청소년 리더 프로젝트 2기가 시작되었다.

그러나 2023년 7월은 홍보가 쉽지 않은 시기였다. 그래도 전국에서 총 31팀, 청소년 213명이 프로젝트 2기에 함께했다.

① 사전협의

1기 프로젝트 이후 '탄소중립 청소년 리더 간담회'에서 실무자 및 참석자(학생, 교사, 학부모)가 함께 나누었던 이야기를 바탕으로 2기 프로젝트를 개선했다. 1기와 달라진 점은, 개인과 학급 두 가지 형태로 접수받았던 것을 3인 이상의 '팀'으로 통일했다는 점과, 개별로 제공했던 탄소중립 기록장 패들렛을 팀별로 제공했다는 점이다. 개인의 공간에 인증 사진을 올리고 소감을 작성하는 것도 의미가 있었지만, 아무래도 다른 친구들과 경험이 공유되고 확산되는 경험을 해 보는 것이 더욱 효과적일 거라고 기대했다.

② 첫 번째 미션: 온라인 탄소중립 특강

온라인 발대식을 생략하고, '탄소중립 특강'을 시작으로 프로젝트를 열었다. 이번에 초청한 전문가는 전 국립과학관 이정모 관장이었다. 강의 도입부에 희망자 5명에게 패널로서 사전 질문을 할 수 있는 기회를 제공했다. 청소년 리더가 탄소중립과 기후 위기에 대해 궁금한 점을 직접 질문하고 답을 듣는 시간이었다. 청소년 패널들의 질문이 때로 날카롭고 엉뚱했는데, 전문가가 진지하게 답변해 주니 모두가 집중하는 것이 느껴졌다.

강의를 듣고 탄소중립과 에너지 절약에 대한 사전 교육을 진행했다. 프로젝트를 시작하기 전, 탄소중립 청소년 리더로 거듭나는 시간이었다.

③ 두 번째 미션: 도전! 우리 집 탄소중립

1기에서도 가장 좋은 평가를 받았던 것이 '도전! 우리 집 탄소중립' 활동이었다. 일회성 활동이 아닌, 한 달의 시간 동안 직접 에너지 절약을 실천하고 그 결과를 수치로 확인할 수 있기 때문이다. 올해도 역시나 한국전력공사와 도시가스공사에서 지난해 8월 사용한 에너지의 양과 올해 8월 사용한 에너지의 양을 비교하여 수치로 제공해 주었다. 팀별 기록장에 에너지 절약 실천 인증 사진과 소감이 차곡차곡 올라왔다. 팀별 1인의 지도교사가 활동 안내와 독려를 함께 하니 더욱 참여율이 높아졌다.

④ 세 번째 미션: 탄소중립 에너지 홍보대사 활동

지난해에 이어 '빈 상자' 뒷면에 에너지 절약과 탄소중립에 대한 캠페인 구호를 적어 피켓을 만들었다. 탄소중립 특강과 8월 한 달 동안 에너지 절약을 실천한 경험을 바탕으로 더욱 진지하게 홍보대사 역할에 임했다. 1기에는 개인별 활동이 많았는데, 2기에는 팀원들과 함께 학교 정문 앞, 공원, 도로 등에서 캠페인을 진행한 참가자들이 많았다.

⑤ 제2기 탄소중립 청소년 리더 프로젝트 결과

제2기 탄소중립 청소년 리더 프로젝트를 마무리하며 간담회를 가졌다. 프로젝트의 운영 경과 및 결과 보고, 참여자의 소감 발표, 지속가능한 사회를 실현하기 위한 학교 및 사회에서의 협력 방안을 모색해 보는 자리로 마련되었다. 적극적으로 프로젝트에 임한 참가자 학생과 보호자, 지도교사가 함께 참석하여 자리를 빛내 주었다. 2기에는 총 213명이 참여한 결과, 절감에 성공한 팀도 있었지만 전체적으로는 에너지 사용량이 증가한 것으로 나왔다. 1기 때와 같이 드라마 같은 결과가 나오지는 못했지만 참가자 한 명 한 명은 더운 여름 날씨를 이겨내고 에너지 절약을 직접 실천하고 탄소중립을 왜 해야 하는지에 대해 진지하게 고민해 보는 귀한 시간이었을 것이다. 많은 청소년 리더들이 프로젝트에 참여하여 에너지 절약 행동을 실천한 덕분에 에너지 절감을 더 크게 할 수 있었다고 생각한다. 에너지 절감 1위 팀을 대표하여 참석한 9살 참가자에게 에너지 절약의 비결을 묻자 "우리 집은 원래 에어컨을 잘 안 틀어요. 평소와 똑같이 했어요."라는 답변을 들었다.

1기에는 '탄소중립 청소년 리더' 프로젝트가 계기가 되어 우리의 환경과 생태에 관심을 갖게 된 참가자들이 많았는데, 2기 참가자들은 생활 속에서 탄소중립을 실천하고 있는 참가자들이 많았다.

탄소중립청소년리더 프로젝트를 마치며

프로젝트에 참가한 한 학생은 자신의 소감문을 통해 '나 스스로 할 수 있는 일에 중점을 두고 실천할 수 있다는 점이 좋았다.'라고 밝히며, 무엇보다 '함께' 하는 일의 중요성을 강조했다. 에어컨의 설정 온도를 높이거나 끄는 일, 빈방의 불을 끄고, 안 쓰는 플러그를 뽑는 일이 쉽고도 어려운 이유는 '나 혼자'만 애쓰고 있다는 고립감 때문일지도 모른다. 교사나 부모가 아이들을 변화시키는 것 같지만 때로 아이들이 어른들의 세계를 바꾸어 놓을 때가 많다. 스펀지 같은 아이들은 본인들이 배우고 경험한 것을 각 가정으로 그리고 친구들에게 더 힘있게 전파한다. 탄소중립 청소년 리더의 학부모들이 그 증인이다.

환경교육 업무를 하면 무엇보다 교사들이 배우고 성장한다. 프로젝트를 기획하고 홍보와 진행을 하려면 더 많이 알아야 하기 때문이다. 기후 위기 대응이나 생태환경교육은 실천해야 변화하는 것들이 있었다. 아무것도 하지 않으면 아무것도 달라지지 않는다. 누군가는 환경을 위해 법을 바꿀 것이고, 누군가는 연구해서 보고서를 쓸 것이다. 그리고 우리는 학교라는 공간에서 할 수 있는 일들을 찾아야 한다. 혼자서 하기 어렵다면 학교 밖에서 비슷한 고민을 하며 길을 찾고 있는 동료를 만날 수도 있다. 연대는 힘이 세다.

---

1) 배출계수: 0.4240kg CO2eq/kWh(출처: 한국전력 CO₂ 계산기)